ŠIUOLAIKINIAI VAIKAI
Kaip augti kartu?

Integralaus auklėjimo metodika

ISBN 978-1-77228-137-8

Copyright © ARI (Ashlag Research Institute), 2023

TURINYS

PRATARMĖ 7
ĮVADAS 15

PIRMOJI DALIS
ŽMOGAUS VYSTYMASIS NUO 0 IKI 20 METŲ 19
   Integralus pasaulis 21
   Vystymasis įsčiose 28
   Gimimas 35
   Maitinimas ir pirmasis ryšys 41
   Nuo 3 iki 6 metų 46
   Mokykla mažiesiems 58
   Nuo 6 iki 9 metų I 68
   Nuo 6 iki 9 metų II 77
   Lytinės brandos pradžia 89
   Paauglystė 99
   Pavydas ir prievarta 109
   Partnerio ir profesijos pasirinkimas 117
   Paauglystės problemos 125
   Kaip teisingai pasirinkti gyvenimo draugą I 130
   Kaip teisingai pasirinkti gyvenimo draugą II 135
   Virtualus ryšys 146

Vyresnysis moko jaunesnįjį I 153
Žmogus ir visuomenė 162

ANTROJI DALIS
INTEGRALUS AUKLĖJIMAS – KLESTĖJIMO GARANTAS 169
Baimės šaltinis 171
Baimės rūšys 178
Fantazijos ir stebuklai I 189
Fantazijos ir stebuklai II 198
Hiperaktyvumas 206
Depresija 215
Gėris ir blogis 223
Berniukų ir mergaičių auklėjimas 235
Auklėjimas kartu ir atskirai 246
Auklėjimo metodikos įgyvendinimas ankstyvame amžiuje I 255
Auklėjimo metodikos įgyvendinimas ankstyvame amžiuje II ... 261
Teismas I 270
Teismas II 281
Vyresnysis auklėja jaunesnįjį II 291
Bausmės I 303
Bausmės II 317
Feisbukas 331
Pagarba ir vertinimas 343
Grupė 353

Priedas 365

PRATARMĖ

Profesoriaus Michaelio Laitmano pokalbių su rašytoju Ilja Vinokuru ir psichologe Irina Jakovič knyga „Šiuolaikiniai vaikai" yra unikali savo netradiciniu stiliumi ir labai reikšminga turiniu, nes knygoje vyrauja humanistinis požiūris į ugdymą, skatinantis daugiausia dėmesio auklėjant skirti ne žinių sistemos formavimui ir būsimai profesinei veiklai, bet pamatinėms žmogiškojo prado vertybėms, asmenybės ugdymui visuomenėje užmezgus teisingą ryšį su kitais žmonėmis. Šioje knygoje akcentuojama ypatingos nūdienai svarbos ugdymo koncepcija – integruotas ugdymas, apimantis darnų individo intelekto, jo veiklos ir jo socialinės aplinkos vystymąsi.

Šiuolaikinis pasaulis tampa ne tik globalus, bet sykiu ir integralus, vis daugiau susietas visose žmonijos veiklos srityse bendrais procesais ir bendromis tendencijomis. Kultūrų asimiliacijos ir internacionalizacijos sąlygomis pedagogai, tėvai ir ugdytiniai susiduria su naujais, tradiciniam ugdymui nebūdingais iššūkiais, ugdymo sistema tampa vis atviresnė aplinkai ir tuo vis labiau pažeidžiama. Todėl ypatingą svarbą įgyja knygos autorių akcentuojama žmonijos ir gamtos vienybė. Integrali žmogaus ir gamtos sistema, jos dėsningumų analizė tapo visos knygos leitmotyvu.

Žmogus nuo gimimo yra auklėjamas visuomenėje, konkurencinės aplinkos sistemoje, bet jį veikia ir gamtos dėsniai, reikalaujantys suvokti visuomenės santykių integralumą, kuris atsiskleidžia siekiant bendrystės, jaučiant atsakomybę už kitus, vienijantis. Susidūręs su dviem sistemomis žmogus raginamas ne tik suvokti šių sistemų priešybes, bet ir atskleisti jų vienybę, o tai – pamatas formuojant globalų sąmoningumą. Be kita ko, laikmetis reikalauja suvokti globaliai mąstančio žmogaus vaidmenį kuriant santykius integralioje globalioje visuomenėje.

Nūnai jaunimas labai pamėgo virtualias bendravimo aplinkas. Naujos informacinės technologijos leidžia bendrauti čia ir dabar su bet kuriuo planetos gyventoju, keistis informacija ir idėjomis. Virtualios technologijos turi jaunimui vis stipresnį ugdomąjį poveikį, formuoja pasaulėžiūrą. Virtualioje aplinkoje atstumai bereikšmiai, todėl pasaulis akivaizdžiai virsta „globaliu kaimu". O kaimas, gatvė, socialinė aplinka visada turėjo ir tebeturi labai didelę įtaką jaunuolio saviugdai. Todėl ir ši virtualaus bendravimo su visu pasauliu aktualija skatina daugiau domėtis integruotu ugdymu, akcentuojančiu ugdytinių platų ir gilų ryšį su aplinka bei jos galingomis jėgomis.

Lietuvos švietimo sistemoje žinomas ir vykdomas tradicinis *integruotas ugdymas,* kai įvairių dalykų pamokose jungiami keli dalykai, akcentuojamas žinių ir gebėjimų integralumas. Toks integruotas ugdymas grindžiamas H. Gardnerio daugialypio intelekto galimybių teorija. Lietuvos mokslininkai integruotą ugdymą plačiai nagrinėjo mokomųjų dalykų integracijos, teminio integravimo, žinių įgijimo ir įtvirtinimo, emocinio imitavimo, ugdymo procesų vadybos aspektais.

Integruotas ugdymas Lietuvos mokyklose turi du išeities taškus: tai gamta ir žmonijos sukurta kultūra. Natūralistinio (gamtinio) prado integracija su visuomenės vertybėmis, jos raida ir dėsningumais atspindi žmogiškąją aplinką ir vis dažniau akcentuojama kaip kiekvienos ugdymo sistemos pagrindas. Gamta ir kultūra – pagrindinės tikrovės ir žmogiškosios būties integravimo priemonės. Žmogus auga veikiamas jį supančios aplinkos: gamtos ir visuomenės, todėl integruotas ugdymas sudaro tinkamas prielaidas brandžios, integraliai mąstančios asmenybės formavimui, visavertei saviugdai ir savivadai. Integruotas ugdymas prasmingas tik tada, kai atsižvelgiama į daugialypę intelekto struktūrą ir daugelio aplinkos procesų integralumą.

Integracija (lot. *integer* – visas, ištisas, pilnas) – tai visuminis, holistinis požiūris į reiškinius. Integruotas ugdymas apima platesnį nei vadovėlių turinį, yra orientuotas į plataus ir įvairiapusio mąstymo, analitinių gebėjimų ugdymą. Šiuo metodu skatinami ugdytinių kritinio mąstymo, reiškinių ir procesų analizės bei sintezės, abstrahavimo ir interpretacijos, savaiminio suvokimo, patirties apibendrinimo gebėjimai.

Pastaruoju metu Lietuvos švietimo sistemoje randasi *projektinis integruotas ugdymas,* kai pasirinktai aktualiai problemai spręsti pasitelkiami ne tik įvairūs mokomieji dalykai, bet ir sudaromos sąlygos pasireikšti subrandintiems ir besiformuojantiems įgūdžiams, atrandamos naujos raiškos formos. Šis metodas įgalina ugdyti asmenybės intelektualumą, emocinę kultūrą, valią, moralę, bendravimo ir bendradarbiavimo įgūdžius, pratina ugdytinius mąstyti integraliai ir projektuoti galimus sprendinius atsižvelgiant į plačią ir sudėtingą aplinkos sistemą. Taip ugdytinis tampa kūrėju, savąja kūryba prisideda prie gamtos ir visuomenės santykių harmonizavimo ir jų tolesnio darnaus vystymosi. Pamažu jaunimas įpranta ir savo asmenines perspektyvas, būsimo gyvenimo viziją formuoti ir pagrįsti kaip sudėtingą, su daugeliu veiksnių siejamą projektą.

Pasaulis – nuolat kintanti visuma, todėl svarbiausia ne suteikti jaunimui žinių, bet išmokyti jį mąstyti, matyti pasaulį ir jame vykstančius procesus integraliai, neatsiejamai nuo visa apimančios sistemos. Taigi, ne tik ugdymo turinys, bet ir visas ugdymas turi būti visuminis, integralus, orientuotas į sisteminį struktūruotą mąstymą. Nuo senų laikų akcentuojama harmoningos asmenybės svarba, tačiau technokratiniame ir vartotojiškame nūdienos pasaulyje neretai pamirštamos pamatinės vertybės ir žmogaus ryšys su gamta, visuomene.

Žymiausi JAV integruoto ugdymo pradininkai F. Parkeris ir F. Adleris akcentavo: kuo mažiau išorinio diferencijavimo nagrinėjant aplinką, nes gamtos ir visuomenės reiškiniai yra glaudžiai tarpusavyje susiję. Tačiau ugdymo aplinka paprastai yra heterogeninė: kiekvienas jaunuolis yra labai savitas, unikalus, pasižymi specifinėmis, tik jam būdingomis savybėmis. Vienoje klasėje mokosi labai skirtingų gebėjimų, interesų, socialinių grupių vaikai. Todėl pedagogui labai sudėtinga taikyti integruoto ugdymo metodą, kai ugdant dažniausiai tenka elgtis priešingai – diferencijuoti ugdymo turinį pagal ugdytinių interesus ir gebėjimus.

JAV mokslininkas P. Serčas ugdymo integralumo pagrindu mato gamtos pažinimą, glaudžiai jį siedamas su aplinkotyra. Vaikas stebi, bando, renka faktinę medžiagą, ją apdoroja ir apibendrina, dirba analitinį darbą. Visa tai kyla iš prigimtinių vaiko norų veikti, tirti, judėti, žinoti. Pedagogui sudėtinga matyti ir atsižvelgti į kiekvieno ugdytinio „interesų centrus" ir jų pažinimo galimybes. Integruotas ugdymas reikalauja didelio pedagogų veiklos lankstumo, ypatingų empatijos gebėjimų, plataus visuminio požiūrio į mokomojo dalyko ir viso ugdymo proceso turinį.

PRATARMĖ

Integruoto ugdymo teorija ir praktika nuėjo ilgą istorinės raidos kelią nuo antikos laikų iki šių dienų. Ugdymo turinio integravimo ir diferencijavimo santykis visais laikais buvo ir tebėra aktualus ir diskutuotinas klausimas. Šia tematika publikuota daug mokslo darbų, sukaupta daug žymiausių pedagogų patirties ir išminties. Kiekviena publikacija savitu požiūriu praturtina šiuos sudėtingus ir įvairiapusius klausimus. Taškas šioje tematikoje dar nepadėtas. Iš principo jis ir negali būti padėtas, nes vis greičiau kintanti ir sudėtingėjanti realybė vis naujais elementais praplečia ugdymo turinį, priverčia keisti ugdymo procesus, tobulinti ugdymo metodus.

Knygų žmogaus visuminio ugdymo, integruoto ugdymo metodų tematikomis Lietuvoje nėra daug. Pasigendama plataus sistemingo požiūrio į žmogaus ugdymą, jungtinių kelių mokslo sričių mokslininkų darbų. Todėl ontologijos ir pažinimo teorijos profesoriaus M. Laitmano, integruoto ugdymo specialisto J. Vinokuro ir psichoterapeutės I. Jakovič knyga Lietuvoje, tikimasi, sulauks didelio pedagogų ir kitų su ugdymo sritimi susijusių specialistų, tėvų ir visų skaitytojų, neabejingų jaunosios kartos ugdymo procesų tobulinimui, dėmesio. Kartu ši knyga turėtų sukelti nemažai naujų, neįprastų Lietuvos švietimo sistemai minčių ir idėjų, nes netradicinis knygos stilius bei gili, turininga, originali jos autorių patirtis skatina naujai pažvelgti į daugelį ugdymo sričių ir iškelti naujų klausimų. Nekyla abejonių, kad kiekvienas skaitytojas šioje knygoje ras sau naudingo peno naujiems ir originaliems apmąstymams, šios knygos skaitymas suteiks daug malonių emocijų ir bus įprasmintas konkrečioje veikloje.

TEODORAS TAMOŠIŪNAS,
Šiaulių universiteto Viešojo administravimo katedros profesorius,
socialinių mokslų (edukologijos) daktaras

ĮVADAS

ĮVADAS

Vaikai – mūsų ateitis. Rytoj jie šeimininkaus mūsų pasaulyje ir mes jau nieko nepajėgsime pakeisti, tačiau šiandien jų vystymasis daugeliu atvejų priklauso nuo mūsų.

Knygoje „Šiuolaikiniai vaikai" aptariami žmogaus formavimosi etapai: pradedant vaisiaus vystymusi ir baigiant 20 metų tarpsniu – įėjimu į suaugusiųjų gyvenimą.

Knyga neįprastai, įdomiai gvildena auklėjimo klausimus. Joje aptarta vaiko raida, jo savimonė, aplinkos suvokimas, pirmųjų ryšių su kitais žmonėmis užmezgimas ir kt. Žingsnis po žingsnio, žodis po žodžio nagrinėjami visi amžiaus tarpsniai bei lūžio taškai tampant suaugusiu žmogumi.

Knyga „Šiuolaikiniai vaikai"sudaryta iš prof. Michaelio Laitmano pokalbių su rašytoju Ilja Vinokuru bei psichologe psichoterapeute Irina Jakovič.

Knyga padalyta į dvi dalis. Pirmojoje nuosekliai aptariami žmogaus augimo tarpsniai nuo 0 iki 20 metų, pateikiama praktiškų rekomendacijų, kaip elgtis sudėtingose, nevienareikšmėse situacijose, kuriose atsiduria tėvai, auklėtojai ir mokytojai. Rasime ir apie vaikų hiperaktyvumą, nenorą mokytis, agresiją, smurtą vaikų kolektyve bei daugybę kitų temų. Šioje dalyje išsamiai nagrinėjamas vaiko augimo pobūdis, atskleidžiama, kokios pagalbos reikia vaikui, kad jis realizuotų save ir taptų sveikas bei laimingas visuomenės narys.

Antrojoje dalyje konkrečiais amžiaus tarpsniais kylančios problemos sprendžiamos šiuolaikinio pasaulio kontekste, prasiskverbiant į kiekvieno reiškinio priežasčių gelmes. Be to, paliečiamos tokios temos kaip socialiniai tinklai, vaikų baimės, berniukų ir mergaičių tarpusavio santykiai, vaizduotės galia, gėrio ir blogio supratimas, bausmės ir kt.

Knygos turinys pateikiamas pokalbių forma, leidžiančia skaitytojui lengvai ir be didesnių pastangų susidaryti vaizdą apie naująją, mūsų laikais gyvybiškai būtiną auklėjimo sistemą ir jos esminius principus. Šioje auklėjimo sistemoje daug dėmesio skiriama vaikų tarpusavio santykiams, bendravimui. Aptariama, kaip turėtų atrodyti naujosios vaikų ir paauglių bendruomenės, kuriose vyresnieji mokytų jaunesniuosius, kur vaikai būtų atsakingi už savo draugus ir palaikytų vienas kitą.

„Šiuolaikiniai vaikai" atskleidžia kitokį požiūrį į mus supantį pasaulį. Kalbama apie gamtos dėsnius, kurių norom nenorom turime laikytis, idant nepakenktume sau. Mūsų gerovė priklauso tik nuo to, ar gerai išmanome šiuos dėsnius ir jų pasekmes.

Priešais mus atsiveria ypatingas dėsnis – visos gamtos ir žmonijos vienybės dėsnis. Jį vadiname globalaus, integralaus pasaulio dėsniu. Mūsų pasaulyje itin sparčiai atsiskleidžia totalus visų pasaulio dalių tarpusavio ryšys ir diena iš dienos vis aiškiau jį pastebime.

Šis procesas rutuliosis, kol nepajausime visiškos priklausomybės: kad visi priklauso nuo kiekvieno, o kiekvienas nuo visų. Jis pasieks tokį lygį, kai niekam nebus gerai tol, kol visi kiti Žemės gyventojai nesijaus gerai.

Tai naujas pasaulis, kita plotmė, grįsta absoliučios meilės dėsniais. Mes dar nesuvokiame, kaip įmanoma taip egzistuoti. Mes tik tariame žodžius „globalus", „integralus", tačiau mums reikia išsiaiškinti, kas yra ta sistema.

Naujame pasaulyje gyvensiančių vaikų – mūsų ateities kartos auklėjimo principai iš esmės nėra keičiami. Ir šiandien tampa aišku, jog šie principai – pražūtingi, būtent dėl jų mūsų visuomenė susiskaldžiusi, susipainiojusi, silpna. Mes nežinome, ką daryti, esame visiškai sutrikę, matome, kaip mūsų vaikai nesutinka su tokiu mūsų požiūriu, jie sukuria sau alternatyvą internete, ne namuose, toli nuo tėvų.

Tačiau pasistengę, kad mūsų vaikai kuo labiau įsitrauktų į šį naują pasaulį, suteiksime jiems maksimalaus saugumo jausmą. Tokiam žmogui pasaulyje niekas nepakenks, jis neturės priešų, jam netrūks būtiniausių dalykų, o gamtoje, ir pirmiausia – ryšyje tarp žmonių, jis pajaus slypinčią tobulybę, harmoniją, kitaip tariant, jis iš tiesų bus laimingas.

Ši knyga kaip tik apie tai.

Ar galite įsivaizduoti, jog tai iš tiesų įmanoma?

PIRMOJI DALIS

ŽMOGAUS VYSTYMASIS NUO 0 IKI 20 METŲ

Integralus pasaulis

Kaip psichologė jau daug metų gilinuosi į vaikų ir tėvų santykius. Darbuojuosi jau 13 metų, mokausi, dėstau, mėginu sujungti įvairias žmogaus vystymosi teorijas ir metodikas. Jūsų metodika mane labiausiai stebina universalumu, ji grįsta principais ir sampratomis, kurias galima plėtoti toliau, ir jos neprieštarauja viena kitai. Mane stebina metodikos vientisumas ir aš labai norėčiau sužinoti, kaip pasitelkus vieną metodiką galima paaiškinti skirtingus reiškinius, kuriems paaiškinti egzistuoja daugybė skirtingų metodų.

Esmė ta, kad kaskart kreipdamiesi į pasaulį atrandame pasaulį, kurio nepažįstame. Bet koks tyrimas priklauso nuo žmogaus savybių, jo suvokimo, nuo tų, su kuriais jis bendrauja, nuo laiko ir vietos, kur jis atlieka savo tyrimą. Todėl kiekvienas tyrimas paklūsta laiko ir vietos sąlygoms. O mūsų tyrimo pagrindas yra bendras visiems, tai gamtos pagrindas – noras mėgautis, noras patirti malonumą.

Tai stebime visame gamtos vystymosi procese: iš pat pradžių atsirado negyvojo lygmens noras ir dėl jo susikūrė negyvoji materija. Negyvojo noro lygmens noras vystėsi, kol atsirado visos negyvosios materijos rūšys, paskui jis peraugo į augalinio lygmens norą. Šis davė pradžią įvairiausioms augalų rūšims. Augalinis lygmuo virto gyvūniniu lygmeniu ir suformavo visą gyvūnijos pasaulį. Paskui atsirado žmogaus lygmens noras.

Mes matome, kad gamtoje viskas kuriasi vystantis egoizmui, norui mėgautis, kuris yra kiekviename žmoguje ir stiprėja iš kartos į kartą.

Kitaip tariant, požiūris, kurio jūs laikotės, paaiškina ne tik žmogaus, bet ir visos gamtos vystymąsi?

Studijuodami žmonijos raidą matome, kad iki mūsų laikų vystėmės augant egoizmui, norui patirti malonumą. Žmogiškasis egoizmas vertė mus visus tobulėti, išmokti tai, kas nauja, atverti pasaulį, kurti naujas bendruomenes.

Tačiau nūnai įžengiame į naują raidos tarpsnį – vystomės jau nebe spaudžiami egoizmo; šis lyg ir pasiekė savo maksimumą, t. y. tobulėjame ne kiekybiškai, o kokybiškai. Mūsų egoizmas tarsi užsiveria, tampa globalus ir integralus. Vis aiškiau pastebime, kad visi priverstinai priklausome vienai, bendrai sistemai. Todėl mūsų pasaulis tampa vis labiau nenuspėjamas. Juk esame egoistai ir staiga atsirandame tokioje „vietoje", kur ima galioti visiškos tarpusavio priklausomybės dėsniai.

Ankstesniais laikais žmogus tiksliai žinojo, kaip jis gyvens, ėjo pramintu taku.

Viskas buvo iš anksto žinoma. Jam buvo aišku, kad ves kaimyno dukterį, kad čia stovės jo namas ir t. t. O šiandienos kartos visiškai atskirtos viena nuo kitos, tėvai neturi supratimo, apie ką galvoja jų vaikai, ko jie nori, tėvai negali suprasti vaikų požiūrio į gyvenimą. Ir ne tik todėl, kad vaikai labiau pažengę už tėvus, kaip būta ir tarp praeities kartų. Jie kokybiškai kitokie – gamta juos paruošė gyventi integraliame pasaulyje. Tik dar ne visiškai, nes mes gyvename pereinamuoju laikotarpiu.

Tai lemia kantrybės trūkumą. Aš stebiu vaikus, kurie nuo pat mažens itin nekantrūs, jiems net mokykloje sunku ištverti.

Jų egoizmas ne šiaip išaugo, jis tapo kitoks, todėl mūsų pasaulis negali jo patenkinti. Ir patys vaikai nežino, kur jiems rasti pasitenkinimą: kur eiti, kokią profesiją pasirinkti, kuo užsiimti, kuo užpildyti jaučiamą tuštumą? Vaikas yra tokios būsenos, kad niekur nemato prasmės.

Tėvai mano, kad tai „bloga karta", kurios nieko neišmokysi, kuri nenori mokytis ir kuriai trūksta uolumo dirbant...

Net jeigu vaikas iš tikrųjų norės ką nors paaiškinti tėvams, ką jis pasakys?! Kuo jis, jūsų manymu, turi tapti: gydytoju, architektu, advokatu, auditoriumi? Jis iš pat pradžių mato tuštumą, ir ne šiaip tuštumą, o kalėjimą. Jis įžengia į gyvenimą, kur per dieną reikia dirbti 10–12 valandų, ir netgi gaudamas padorų materialų atlygį neįžvelgia čia sau prasmės!

Jie taip ir sako: „Aš nenoriu sunkiai dirbti, kad paskui ilsėčiausi. Aš noriu ilsėtis dabar ir nenoriu stengtis!" Nejau tai pažangesnė karta? Manding, ankstesnės kartos buvo pasiekę kur kas aukštesnį lygmenį! Mes galvojome, tobulėjome, troškome ko nors pasiekti, kažkur veržėmės, turėjome tikslą... O čia viskas atvirkščiai – nėra siekių, nėra troškimų... Tai juk degradacija.

Mūsų vaikų norai – aukščiau mūsiškių, mūsų norai vaikams tušti. Viskas vyksta pagal hiperbolės principą: jaunuoliai stengiasi suprasti, ko verta siekti, o mokytojai ir tėvai suglumę. Jie nežino, kaip spręsti šią problemą.

Aš nematau nė vienos geros sistemos. Nei vaikai, nei mokytojai, nei vadovai, nei specialistai nėra patenkinti esamomis sistemomis. Ir nėra jokios metodikos...

Užuot ieškoję metodikos, stengiamės sumažinti nuostolius, nuraminti. Mūsų ginklas – ritalinas (psichiką stimuliuojantis vaistas). Tačiau jeigu savo naująjį santykį su pasauliu grįsime globaliu egoizmu, kuris atsirado vietoj individualaus egoizmo, tai būdami šios būsenos atskleisime gėrį, naująjį pasaulį. Mums būtina išsiaiškinti, kokia gi ta mūsų naujoji prigimtis.

Matome, kad naujoji karta – sutrikusi, iš ateities nesitikinti nieko gero. Netgi narkotikai ir alkoholis greitai liausis ją tenkinę. Ateis laikas, kai žmogus niekuo nebeįstengs savęs pripildyti – jis pajaus žiojėjančią bedugnę ir skausmą...

Mes jau supratome, kad bus blogiau.

Štai dėl to ir reikia skleisti metodiką, kaip gyventi naujajame pasaulyje. Turime paaiškinti, kaip pasitelkti gamtoje slypinčias jėgas. Jėgas, kurios mus sukūrė ir kurios dabar gali pakeisti mūsų egoistines savybes į altruistines. Būtent šitai turime pasiekti gyvendami globalioje, integralioje sistemoje.

Matome, kaip lengva vaikams susijungti, bet labai dažnai tėvai jiems trukdo, kurstydami konkurenciją ir ambicijas. Noriu paklausti, kaip ši integrali metodika gali paaiškinti žmogaus vystymąsi? Kas daro didžiausią įtaką jo raidai: supanti aplinka, paveldėti ypatumai? Kas veikia žmogaus augimą?

Žmogus vystosi veikiamas dviejų veiksnių: savo vidinių savybių ir supančios aplinkos. Viskas priklauso nuo to, kiek vidinis žmogaus pasaulis ir žmogų supanti aplinka dera tarpusavyje. Vidinės žmogaus savybės apima jo prigimtinius polinkius, taip pat tai, ką gavo tėvų namuose iki 3–4 metų amžiaus, t. y. iki tol, kol tapo atviras visuomenės įtakai.

O iki šio amžiaus jis dar kaip gyvūnas?
Iki 3–4 metų vaikas nejaučia ryšio su aplinka, draugais, jis ugdo įgimtus ir gautus iš tėvų polinkius. Tai sudaro jo vidinį pasaulį. Bet nuo 3–4 metų aplinka ima jį veikti. Ir jeigu teisingai organizuojame vaiką supančią aplinką, tai ši ištaisys pačius įvairiausius auklėjimo trūkumus ir išmokys vaiką teisingai naudotis visomis savo savybėmis. Vadinasi, pirmiausia turime auklėti būsimas mamas.

Šiandien man tenka susidurti su visišku tėvų prislėgtumu. Jie nežino, ko imtis.
Auklėjimo sistema turi prasidėti nuo tėvų, bent jau nuo tada, kai susikuria jauna pora, ir iki tol, kol šie jaunuoliai tampa tėvai. Mes turime žinoti apie žmogaus norus, apie egoizmą ir apie tai, kas yra jo raidos pagrindas, ko norime iš savęs, kodėl nusiviliame ir jaučiame tuštumą savo gyvenime, kodėl mūsų kartoje tai itin akivaizdu, ko, skirtingai nei ankstesnės kartos, siekia jaunoji karta. Be to, žmogus, ypač vyras, kai tampa tėvas, patiria psichologinį virsmą.

Taip, jis jaučia dramatiškus pokyčius!
Vos tik aš tampu tėvas, o mano žmona – motina, mes abu iš žmogiškojo lygmens nusileidžiame į gyvūninį lygmenį! Mes elgiamės su savo vaiku kaip gyvūnai – ir tai jį saugo. Gamta pažadina mumyse saugančią jėgą. Ir čia turime išmokyti tėvus teisingai su-

prasti, kad jų rankose auga visiškai naujas žmogus, kuris pareikalaus iš jų teisingo vystymosi. Jeigu tėvai trokšta suteikti vaikui galimybę įsitvirtinti naujame globaliame pasaulyje ir realizuoti jo vidines savybes bei polinkius, tai jie privalo pranokti save pačius.

Iš jūsų aiškinimų matyti, kad tai ne tėvų klaida. Man teko dalyvauti daugelyje TV programų, skirtų vaikų auklėjimui ir tėvų mokymui. Tėvai jaučia, kad kažką daro ne taip, ir nori išmokti daryti tai geriau, juk problemų kyla nuolatos.

Pirmiausia reikia paruošti medžiagą, pateikti teisingus paaiškinimus, aiškią metodiką, o paskui sukurti sistemą, kuri šias žinias perduos kiekvienam tėvui, išmokys jį. Čia itin svarbus žiniasklaidos vaidmuo, antraip neteksime kitos kartos.

Ką Jūs patartumėte jauniems tėvams šiandien? Kaip galiu prisidėti prie šio proceso? Ką man vertėtų skaityti, ko turėčiau mokytis? Tarkim, mums netrukus gims mažylis.

Gyvename tokiu laiku, kai mums visiems teks mokytis apie globalaus, integralaus pasaulio prigimtį. Tai nereiškia, kad turėsime iš pagrindų gilintis į visą mokslą. Jūs studijavote psichologiją, bet tai nereiškia, kad privalote į jus besikreipiančius tėvus mokyti visos psichologijos. Juk Jūs, pasitelkusi visas žinias, pateikiate tėvams aiškius, praktiškus patarimus.

Žmonėms reikia pateikti trumpus, paprastus patarimus, lengvai suprantamas žinias apie žmogaus prigimtį, apie jo globalų vystymąsi, apie tai, prie kokio etapo artėjame, kas ypatingo mūsų kartoje, kokį vidinį virsmą ji patiria, palyginti su ankstesnėmis kartomis. Juk tai pirmoji karta, kuri turi pakilti į lygmenį, kai žmonės tarpusavyje susiję, o ne egoistiškai išnaudoja vienas kitą. Gamta įpareigoja mus šitaip elgtis, parodydama mums, kad tarpusavyje esame susiję globaliu, integraliu ryšiu.

Mes stovime ant globalios krizės slenksčio, ir ši krizė – tai žmonių tarpusavio santykių krizė. Mes negalime sukurti vieningos visuomenės, negalime teisingai elgtis ekosistemų, savo pačių, žmonijos bendruomenės atžvilgiu. Visa tai reikia suvokti kaip vieną problemą, ir kaip tik čia galėsime pasitelkti tėvus. Neprisibelsi iki paprasto žmogaus, juolab iki valdžios, organizacijų, Švietimo ministerijos – jie nesuinteresuoti klausytis. Bet tėvai, kuriems šis klausimas skaudus, yra pasirengę išgirsti.

Jų motyvacija pati didžiausia.

Tėvai trokšta matyti, kaip jų vaikai klesti, džiaugiasi ir yra užtikrinti gyvenimu. Ir jeigu paaiškinsime jiems, ką reikia daryti, tai, manau, mums pasiseks.

Vystymasis įsčiose

Norėčiau stabtelti prie vaisiaus vystymosi įsčiose ir jo auklėjimo bei formavimosi. Apie šį laikotarpį medžiagos nėra daug, o ir publikuojama ji itin atsargiai. Naujausi tyrimai kalba apie vaisiaus gebėjimą suvokti. Iš pradžių kalbėta, kad jis suvokia garsus. Po to pastebėta, kad kuo daugiau jis girdi savo šeimą, tuo greičiau ją atpažįsta gimęs. Kitaip tariant, galima parengti embrioną motinos įsčiose: užmegzti ryšį su juo, pasakoti apie šeimą. Be to, tyrimai, atlikti su dvyniais, atskleidė, kad tarp jų egzistuoja ryšys – jie jaučia vienas kitą. Pasirodo, jog vaisius suvokia pakankamai daug, o mes to visiškai nepaisome.

Nieko stebėtino. Mes tyrinėjame gamtą dalimis, atskiriame mūsų raidos etapus, nes taip patogiau. Taip elgiamės apskritai su visa gamta: skirstome ją į mokslus, nors ji vientisa. Kūną skirstome į dalis ir gydome jas atskirai. Ir visą savo gyvenimą dalijame į tarpsnius, tiriame juos, atskiriame vieną nuo kito. Šitaip elgiamės dėl savo egoistinės prigimties, kuri ir atskiria mus vienus nuo kitų. Beje, tokia pozicija patogi mūsų ego – juk jaučiuosi esantis aukščiau gamtos ir su kiekviena dalimi galiu elgtis kaip tinkamas. O jei sakau, kad gamta – vientisas mechanizmas, judantis viena kryptimi, tai šitai pirmiausia įpareigoja mane ištirti ją visą ir laikytis jos globalių, integralių dėsnių. Todėl vystymasis įsčiose, maitinimas, kiti tarpsniai, iki tampama suaugusiuoju, yra neatsiejamai susiję su tapimo žmogumi etapais ir tiesiogiai veikia vienas kitą.

Tačiau kiekvieną tarpsnį vertiname skirtingai...
Nors tai sistema, kurios visos dalys sujungtos nepertraukiamu ryšiu kaip kūno organai, kur kiekviena ląstelė susieta su kitomis. Todėl, kai kalbame apie vaisių, tai nejau jis priklauso tik motinai? Nejau jis neteko ryšio su savo tėvu?

Psichologija dvejoja dėl tėvo vaidmens pirmaisiais metais.
Bet juk per visą žmonijos istoriją tėvas buvo labai svarbus: vaikui suteikdavo tėvo pavardę, jis paveldėdavo jo turtą ir t. t. Tai ne atsitiktinumas...

Manau, kad toks požiūris susijęs su vienos sistemos egzistavimu kitoje. Tam, kad kūdikis gautų tai, kas būtina, motina pirmuosius dvejus metus sukuria jam supančią aplinką. Šiuolaikiniai tyrimai rodo, jog kūdikis tėvą suvokia kaip išorinę jam ir motinai aplinką. Kitaip tariant, tėvas vis dėlto yra. Tačiau mes šiek tiek paskubėjome. Į kokius etapus Jūs skirstote vaisiaus vystymąsi įsčiose?
Dalijama taip: trys absorbcijos dienos, kai sėkla įsitvirtina gimdos sienelėje. Po to prasideda vaisiaus formavimosi periodas. Pirmasis jo raidos etapas baigiasi po 40 dienų, įskaitant 3 pirmąsias sėklos absorbcijos dienas. Kai baigiasi 40 dienų, laikoma, kad vaisius jau egzistuoja, kad jau yra žmogus. Jis jau turi būsimą formą, jau egzistuoja ateityje atsiskleisiantis savarankiškumas. Atsižvelgiant į tai ir reikia su juo elgtis.

Tikrai?
Taip, nes jame jau viskas yra.

Įskaitant norus ir savybes?
Visiškai viską. Jam dar reikia vystytis, kad užmegztų ryšį su mumis, bet jis jau egzistuoja. Su juo reikia elgtis kaip su žmogumi.

Tačiau šiuo tarpsniu mes paprastai net nežinome, kad jis egzistuoja.
Nežinome, nes mūsų jutimo organai jo nesuvokia. Tačiau tai jau baigtinė būsimo žmogaus forma.

Ar įmanoma veikti šią formą jos kūrimo etapu?
Taip, viskuo: muzika, eilėmis, įvairiausiais dalykais, kaip ir suaugusį žmogų. Netgi pastojant ir iki to.

Tačiau pirmąsias 40 dienų moteris nė nežino, kad laukiasi.
Tai nesvarbu, nes viskas priklauso nuo to, kaip organizuota teisinga aplinka vaisiui. O mes kalbame apie tai, kas vyksta pagal gamtos dėsnius. Tai, kiek įstengsime juos apibrėžti ir paruošti motiną, – jau kita problema. Apskritai vystymasis įsčiose dalijamas į tris periodus po tris mėnesius. Žinoma, mėnesiai skaičiuojami pagal Mėnulio kalendorių, nes moters organizmas susijęs su Mėnuliu, o vyro su Saule.

Kas būtent vystosi per kiekvieną iš trijų periodų?
Pačios svarbiausios savybės vystosi per pirmuosius tris mėnesius – tai, kas svarbiausia, vystosi pirmuoju etapu.

Tai sutampa su klinikiniais smegenų pirmųjų trijų mėnesių vystymosi tyrimais. Todėl šis periodas laikomas svarbiausiu ir reikalauja ypač atsargaus elgesio.
Moteris turi būti rami, jausti pusiausvyrą. Kad vaisius tinkamai vystytųsi, ji turi galvoti apie jį, elgtis su juo kaip su gyva būtybe. Ji

turi su juo šnekėti, kaip šiandien pataria gydytojai, dainuoti, žaisti, skatinti jo reakcijas, juk po 40 dienų atsiranda būsimo žmogaus užuomazgų. Reikia jausti savyje jo asmenybę.

Kaip suteikti moteriai galimybę įsivaizduoti šį ryšį, kuris atsiskleidžia tik jausmų lygmenyje?
Yra galimybė palaikyti ryšį su vaisiumi pasitelkus žinias, jausmus, bendravimą.

Jausti, jam gera ar bloga?
Netgi labiau nei jausti save, juk mama gyvena vadovaudamasi jo norais.

Jūs sakėte, kad reikia šnekėtis su vaisiumi, įjungti jam muziką. Kokio žanro muzikai teiktina pirmenybė?
Motina pajaus tai įsiklausydama į savo vaiką, į konkrečią jo būseną. Tereikia pažadinti jos pasirengimą ir suvokimą, kad jos ir vaisiaus ryšys – tai tarsi ryšys tarp dviejų žmonių. Šis ryšys natūralus ir toks stiprus, kad jo niekaip nepertrauksi. Netgi pasąmonėje atsiradusi motinos mintis veikia vaisių.

Kitaip tariant, ji turi žinoti, kad visa, ko klausosi, veikia vaisių. Aišku, visos motinos būsenos veikia kūdikį: stresas, netinkama mityba, narkotikai bei paprasti išgyvenimai. Psichologijoje yra vadinamoji „motina žino" metodika: leiskite motinai daryti tai, ką ji žino, ir to pakaks. Ir net jeigu ji klysta, tai irgi bus gerai – taip ji įgyja patirties.
Gamtoje samprata „motina" reiškia, kad motinos organizmas visiškai atiduodamas vaisiui vystyti: visi jos ketinimai – vaisiaus labui,

ji visa susitelkusi į jį, rūpinasi juo ir negalvoja apie save. Jei tokį pojūtį perduosime būsimai mamai, jei dar mokykloje šitaip ją paruošime, tai ugdysime jos jautrumą kitam žmogui, ji teisingai išgyvens nėštumo laikotarpį. Tada moteris geriau supras ir pajaus ne tik savo vaisių, bet ir kitus žmones. Toks santykis turi būti visos žmonijos atžvilgiu, juk mes visi esame „kiekvienas kito įsčiose ir visus nešiojame savyje".

Norisi paklausti ir apie tėvą kaip apie išorinę aplinką.

Gamtoje „tėvo" pakopa aukščiau už „motinos" pakopą. Jis labiau nulemia vaisiaus savybes, o motina jas vysto. Motina suteikia jėgų, vadinamąjį kūną, o tėvas vaisiui perduoda pagrindines savybes. Kalbama apie požiūrį į gyvenimą. Daugelio dalykų vaikas išmoksta dar būdamas motinos viduje, vystydamasis įsčiose ir vėliau, maitinimo metu. O iš tėvo jis perima vidines savybes. Vaisius atsiranda iš „tėvo" pakopos per „motinos" pakopą, iš pastarosios jis ir gimsta. Taigi tėvas – pirmas ir visa nulemiantis, būtent tėvas duoda sėklos lašą, o motina jį vysto! Tėvas nulemia, ką turės motina, o jos mechanizmai visa, kas gauta iš tėvo, perduoda vaisiui. Aš nemenkinu motinos funkcijos, tačiau noriu pabrėžti, kad nevalia nepaisyti tėvo.

Jūs jį iškėlėte aukščiau visų!

Tarp tėvo ir motinos egzistuoja itin subtilus esminis pasidalijimas, kiekvienas atlieka savo funkciją ir nesikiša į kito sritį.

Vienas svarbesnis, o kitas ne toks svarbus?

Neįmanoma be kurio nors iš jų. Vaikui vystantis itin svarbu, ar tėvas yra greta motinos, ar ne, o jų santykių pobūdis nulemia vaiko santykius savo sukurtoje šeimoje, santykius su sutuoktiniu.

Šia tema yra tyrimų. Tėvas turi daug netiesioginių funkcijų.
Būtent tėvo savybės perduodamos vaikams, kad jie jas realizuotų ateityje. Mama daugiau nulemia vaikystę, o tėvas atsiskleidžia žmoguje, kai šis suauga ir pats tampa tėvas.

Pasak tyrimų, kūdikis nuo pat mažų dienų jaučia turįs dvi aplinkas. Motina – tai viena aplinka, kurią jis jaučia ir su kuria palaiko visiškai simbiotinius ryšius: jis ir ji – vienas pasaulis. Bet yra ir kita aplinka – tėvas. Kūdikiui nepaprastai svarbu girdėti tėvo balsą, svarbu, kad tėvas imtų jį ant rankų, nes tai suteikia tikrumo pojūtį. Tėvo buvimas ar nebuvimas vaikams susijęs su saugumo pojūčiu ir pasiekiamais rezultatais. Stebėtina, bet žaisdamas su tėčiu tą patį žaidimą kaip ir su mama – nesivaržant tarpusavyje – vaikas pasiekia geresnių rezultatų. Tai sunku paaiškinti, bet taip yra.
Visa, ko motina reikalauja vaikui, tėvas turi duoti. Tačiau jis pats su vaiku palaiko ryšį per motiną, kol šiam sukanka treji – tada berniukas turi būti su berniukais ir vyrais, kartu su tėvu.

Ar yra skirtumas tarp berniukų ir mergaičių?
Mergaitėmis rūpinasi motina, o tėvas tarsi „stovi už jos". O berniukas nuo pat pirmos dienos turi jausti ir motiną, ir jos fone tėvą, o nuo trejų jį turėtų globoti tėvas ir auklėtojai. Tai, kad per visus brendimo metus mokykloje berniukus nuolatos ugdo moterys, juos sužlugdo!

Pritariu – jie nesijaučia vyrais. Visa auklėjimo sistema valdoma moterų, ir psichologiškai tai skatina berniukus priešintis šiai sistemai.
Apibendrinkime. Kalbėjome apie tai, kad būtina žvelgti į gamtą kaip į vieną visumą. Būdamas egoistas žmogus dalija tikrovę į dau-

gybę sluoksnių. Bet tikrovė pati savaime tobula, visa apimanti, tik mūsų egoizmas šito nemato. Minėjome, kad embrionas formuojasi pirmąsias 40 dienų. Jaučiame jį ar ne, bet tai jau žmogus. Vystymąsi įsčiose sudaro trys laikotarpiai po 3 mėnesius, o vystymosi kryptis – nuo vidinių dalių prie išorinių. Taip pat kalbėjome apie motinos vaidmens svarbą – ji visiškai pasiaukoja ir rūpinasi vaisiumi, jaučia jį kaip savo dalį. Ir tėvo nepamiršome – jis apjuosia vidinę motinos aplinką. Tėvas suteikia vaisiui vidines savybes, o motina jas vysto. Taip jie papildo vienas kitą vaisiuje ir ugdo vaiką.

Tėvas nubrėžia išorines aplinkos ribas, ir vaikas turi tai jausti.

Visa, ko moteris reikalauja vaikui, tėvas turi duoti. Berniukai tėvą jaučia labiau nei mergaitės, tėvas dominuoja sūnaus atžvilgiu, o motina – dukros. Bet apie tai vėliau.

PIRMOJI DALIS

Gimimas

Kalbėsime apie tai, kas tiesiogiai veikia žmogaus gyvenimą, apie pirmąjį jo gyvenimo etapą – gimimo procesą. Pasakojote apie vaisiaus suvokimo galimybes bei ryšį, kuris kuriasi tarp jo ir motinos taip, kad per ją vaisius gauna priėjimą prie išorinės aplinkos vis dar būdamas įsčiose.

Dar būdamas motinos įsčiose vaisius turi galimybę būti susijęs su ją supančia aplinka ir taip ruoštis susitikimui su pasauliu.

Šitai suvokiama pamažu, nes apie tai, kad egzistuoja toks stebinantis tęstinumas, mokslinėje aplinkoje dar ne itin tikima. Beje, psichologija motiną įvardija kaip tarpininkę. Bet iš esmės ji gerokai anksčiau tampa tarpininke tarp vaisiaus ir pasaulio.

Galbūt pradėkime nuo sąrėmių, kokia jų prasmė? Žinome, kad medikai mano, jog gimdymą pradeda vaisius. Jis išskiria tam tikrus hormonus, kurie ir paskatina jo gimimo procesą.

Norėčiau pridurti apie vaisiaus ryšį su išoriniu pasauliu per motiną. Čia kalbama ne tik apie supančią aplinką, nes vėliau, per visą augimo laikotarpį nuo mažų dienų, vaikas galiausiai mato gyvenimą tėvo ir motinos akimis, mat priima jų įspūdžius ir perima jų vertybes. Ir šito atsikratyti jis jau negali. Žinoma, vėliau aplinka, draugai, kiemas ar dar kas nors daro jam poveikį, tačiau netgi šis poveikis priklausys nuo jau suformuotų suvokimo pagrindų.

Psichologijoje vartojamos paralelinės sampratos, kalbančios apie tėvo ir motinos schemas. Tačiau anksčiau apie tai niekur neminėta aptariant periodą iki gimimo. Šis aspektas visiškai naujas.

Mano manymu, mes greitai tai pastebėsime, nes dabar ši žinių sritis plėtojama gana sparčiai. O kalbant apie sąrėmius – juos sukelia motina, tarsi norėdama išstumti vaisių. Tačiau ji tai daro su sąlyga, kad vaisius bus pasirengęs egzistuoti išorėje. Jis iš tikrųjų išskiria tam tikrų medžiagų ir jau yra padėtyje „galva žemyn", spaudžia gimdos kaklelį norėdamas išeiti. Jis iš tiesų trokšta atsikratyti savo būsenos ir palikti motiną, nes jau nebegali per ją užsitikrinti egzistavimo.

Ir greta to jis yra neįtikėtinoje vietoje, „motinos prieglobstyje".
Ji tampa jam jau nedraugiška.

Todėl, jei vaisius nepalieka gimdos po 40 nėštumo savaitės, tai laikoma pavojinga būkle.
Netikėtai ima veikti stumiančios jėgos, besigrumiančios su tomis, kurios laiko, kurios veikė per visą nėštumą. Juk anksčiau motinos įsčios saugojo vaisių, be paliovos rūpinosi juo, kad šis liktų viduje, o dabar jos tampa „priešiškos" ir privalo išstumti jį į išorę. Dabar pirmąsyk matome, kad aukštesniosios pakopos (motinos) meilės jėga žemesniosios pakopos (vaiko) atžvilgiu tampa priešinga pati sau.

Kad jį išstumtų?
Taip. Dėl šito vaisius įgyja pasipriešinimo jėgą, kurią jam perdavė mama, ir gali ja naudotis savarankiškai, nebebūdamas joje. Tai vyksta, nes jis jaučia šį jos žadinimą, o tiksliau, kaip mamos meilės jėga įsivelka į spaudžiančią jėgą. Jos atstūmimas tarsi tampa priešiškas, ir taip ji kūdikiui perduoda dar vieną elgesio liniją. Ši „neigiama" jėga taip pat jam naudinga.

Kūdikis patiria daugybę įspūdžių. Psichologija perpildyta kūdikio įspūdžių. Daug dėmesio skiriama tam, kad motinos įsčiose kūdikis būtų suspaustas ir pajaustų spaudimą iš visų pusių. Iš esmės jis neturi kitos išeities.

    Ir dėl to jis išeina į pasaulį. Iš motinos irgi reikalaujama didelių jėgų ir spaudimo. Kūdikis įgyja papildomą egoizmą ir todėl gali būti nebe motinos įsčiose ir priešintis nedraugiškai aplinkai. Jis taip pat patiria visas gimimo kančias ir perima motinos požiūrį, jos savybę įveikti, nugalėti, kas leidžia pajausti prisidėjusią didžiulę jėgą. O tai reiškia, kad kūdikis jau pasirengęs egzistuoti ne motinos organizme. Prie to dar reikėtų pridurti, kad per gimdymą atvertą vamzdelį (bambagyslę) užriša, o tai, kas buvo užverta (burna), atsiveria. Vaisiaus „burna" – bambagyslė, o žmogus maitinasi per burną. Taigi žmogaus kūne yra keletas vietų, per kurias užmezgamas ryšys ir gaunamas pripildymas iš kitų kūnų per burną, per bambagyslę, gimimo keliu. Ir kūdikis tarsi iš motinos tarpukojyje esančios vietos pakyla iki jos krūtinės. Ten jis maitinasi motinos pienu. Jis pereina prie maitinimo krūtimi ir jau yra susijęs su jos krūtine. Kitaip tariant, krūtinės lygmuo – tai jau kito lygmens ryšys su motina, jam esant motinos kraujas virsta pienu.

    Ryšys su motina įgyja aukštesnį informacinį pobūdį: motinos kraujas virsta pienu, pereina kūdikiui ir jame pienas vėl virsta krauju.

Žiūrint į visą šį procesą vienareikšmiškai rekomenduojama, kad gimdymas vyktų natūraliai.

    Taip, žinoma, ir motinai, ir vaisiui tai naudinga sveikatai, nepaisant viso šio proceso skausmingumo.

ŠIUOLAIKINIAI VAIKAI

O kas gi vyksta šio proceso metu?
Išskiriami hormonai, pasikeičiama jėgomis. Tad apie vaiką, gimusį atlikus Cezario pjūvį, galima sakyti, kad jis tam tikra prasme tarsi negimė, nes nepatyrė natūralaus gimimo proceso. Motina taip pat yra tokios būsenos, tartum dar nebūtų pagimdžius. Juk ji neatsikratė vaisiaus savarankiškai, nespaudė jo, neišstūmė į išorę. Kitaip tariant, jie abu vis dar nėra užmezgę visapusiško ryšio.

Išorinio ryšio?
Ne, išeina kaip tik atvirkščiai – per stiprus vidinis ryšys. Tai trukdo kūdikiui vystytis ir atsispindi jo tolesniuose santykiuose su motina.

Apie tai psichologai turi savo nuomonę. Juk yra daugybė procesų, vykstančių gimdymo kanale. Dar iki tol, kol moteriai prasideda skausmai, kūdikis patiria daugybę būsenų, braudamasis pro kažką panašaus į varžtus. Dauguma šių procesų, įskaitant fizinius, yra aprašyti. Pavyzdžiui, atsiveria odos poros arba vaisius palieka „žuvies" būseną ir ima vystytis jo plaučiai. Psichologai teigia, kad gimdymo kanalas – tai pirmoji vieta, kur jis patenka išėjęs iš vandens, kuriame nejuto savo kūno ribų. Ir staiga pasijutęs suspaustas, kūdikis ima puikiai jausti savo kūną, nes stipriai susilietė su vidiniu gimdymo kanalo paviršiumi. Šis sąlytis leidžia pajausti pirmąją būseną, kai jis jau yra išorėje, o ne vandenyje, šitai atveria jam pirmuosius pojūčius ir sukuria kūno schemą, kuri vystysis toliau.
Taip, visi jo jutimo organai ima veikti.

Ir štai jis gimė! Ar reikia po gimdymo iš karto naujagimį atskirti nuo motinos? Mūsų laikais ligoninėse laikomasi skirtingų požiūrių, kartais prieštaraujančių natūraliam (t. y. paguldyti kūdikį gimdyvei ant pilvo).

Be abejonės, naujagimį būtina iškart paguldyti ant motinos, jis turi jausti tik ją, jam reikia pajusti motiną, jos kvapą, be to, tuoj pat, neatlikus jokių procedūrų, – pirmąjį prisilietimą prie motinos. Vaikui, kaip ir gyvūnui, šis pirmasis pojūtis pasaulyje – motinos jautimas – yra nepaprastai svarbus.

Psichologinis požiūris toks pat. Psichologai pabrėžia kūdikio uoslės ir lytėjimo juslių vystymąsi. Daugelį moterų domina, ar naujagimis turėtų miegoti su mama.

Rekomenduoju imti pavyzdį iš gyvūnų. Kodėl nepasimokius iš jų? Kuo mes nuo jų skiriamės? Juk pagal kūną priklausome gyvūniniam lygmeniui. Todėl, žinoma, kūdikis turi būti greta mamos, miegoti kartu su ja. Iki dvejų metų jis turi jausti motiną ir galbūt jos pagalbininkes.

Kaip kūdikis suvokia tėvo vaidmenį?

Tik per motiną. Tėvas neveikia mažylio tiek nėštumo metu, tiek jam gimus. Jis neturi jokio ryšio su juo, jokių kontaktų. Visi jų tarpusavio santykiai galimi tik per motiną. Tėvas gali būti greta, bet ne daugiau.

Ar svarbi vyro pagalba gimdymo metu?

Gamtoje toks dalykas neegzistuoja. Iš istorijos žinome, kad gimdyvei pagelbėdavo moterys pribuvėjos, o vyrai niekada nesiartindavo prie vietos, kur moteris gimdo.

Per pirmuosius metus kūdikis sparčiai keičiasi...

Be abejonės, iš savo patirties matome, kad subrendus mumyse vyksta vis mažiau pokyčių.

ŠIUOLAIKINIAI VAIKAI

Tad nieko keisto, jog daugiausia pokyčių vyksta pirmaisiais kūdikio gyvenimo metais, jam esant vos kelių savaičių ar net kelių dienų. O paskui jau vos kartą per savaitę kažkas nežymiai pasikeičia, tarkim, vaikas sulaukęs vienerių ar dvejų metų keičiasi rečiau, kartą per mėnesį.

Šį reiškinį daugiausia tyrinėjo E. Eriksonas, kuris gilinosi į raidos psichologiją. Jis aprašė visą žmogaus raidą, pradėdamas nuo maitinimo periodo iki senatvės, iš viso 8 etapus. Eriksonas buvo pirmasis, prašnekęs apie gyvenimišką kelią kaip raidą. Tačiau pirmuosius etapus jis dalija į vienerių, dvejų ir trejų metų tarpsnius.

Mes išskiriame maitinimo periodą nuo gimimo iki dvejų metų. Tolesnis etapas prasideda nuo trejų ir trunka iki šešerių metų.

Kalbėjomės apie natūralaus gimdymo svarbą, apie skausmo reikšmę gimstant, apie būsenas, kurias patiria vaisius, apie jo vystymąsi, ryšį su motina ir apie tai, kaip šis ryšys pakyla į aukštesnį lygmenį.

PIRMOJI DALIS

Maitinimas ir pirmasis ryšys

Kokia ryšio tarp tėvų ir vaiko esmė?
Tai galimybė perduoti vaikui gyvenimiškas vertybes, kurios paskatintų jį plėsti savo žinių bagažą, supratimą, leistų pajausti, kad egzistuoja kažkas aukščiau už mūsų gyvenimą – gyvenimas ne gyvūniniame kūne, o susijungus su kitais, kai visi turi bendrą supratimą, tarpusavyje nusileidžia vieni kitiems, patiria bendrumo ir meilės jausmą. Tokiu atveju gyvenimas tampa begalinis. Toks auklėjimas atveria vaikui akis ir jis išvysta tai, ko nemato suaugusieji. Jis girdi apie valios laisvę, visuomenės istorinės raidos perspektyvas, tikslus, jis supranta ir susieja žmonijos būseną su savo būsenomis dabar ir praeityje. Į gyvenimą žvelgia išmintingai, iš aukštai.

Kitas klausimas, kiek ir kokio amžiaus vaikas pajėgus tai suvokti?
Iš tikrųjų tai nėra svarbu, bet kuriuo atveju tai paliks jame pėdsakų. Galbūt vaikas nesuvoks, bet jam liks įspūdis, kad pasaulis didelis ir viskas atskleista. Jis jaučia, kad dalyvauja pasaulio gyvenime, kad jo likimas įpintas į pasaulio likimą. Jis girdi apie ekologijos, ekonomikos problemas, apie pasaulinę krizę, apie tai, kad vystymasis prasidėjo prieš tūkstantmečius ir dabar viskas turi pasikeisti.

Tai itin plati pasaulėžiūra.
Itin plati. Galiausiai vaikas ims kitaip žiūrėti ir į kitus reiškinius: jis, kaip ir bet kuris kitas vaikas, nori žaidimų ir pramogų, bet įspūdis, gautas išplėtus ribas, neleis jam žvelgti siaurai.

O mažo vaiko šitai negąsdina? Pirmaisiais metais stengiamės atriboti vaiką nuo dirgiklių, su kuriais jis nesusidoros.
    Pavyzdžiui, nuo kokių?

Pavyzdžiui, nuo prievartos. Svarbu, kad jis nematytų tokių pavyzdžių. Dažniausiai pamažu vaiką supažindiname su šiuo pasauliu, atsižvelgdami į jo gebėjimą susidoroti. Visko išsyk jam neatskleidžiame. O Jūs kalbate apie kažką labai plataus.
    Iš praktikos matome, kad nuosekliam vaiko mokymui nėra ribų. Vaikas suvokia ir perima informaciją apie pasaulį natūraliai.

Jūs patariate maitinti vaiką net iki dvejų metų. Visos psichologinės metodikos sutinka, kad maitinimas – natūralus dalykas, nes padeda užsimegzti ryšiui tarp mamos ir kūdikio. Šiandien atrandama, kad būtent šį atstumą vaikas suvokia, būtent tą balsą ir kvapą jis prisimena. Tačiau būdamas metų ar pusantrų vaikas fiziškai jau atskirtas nuo motinos, jis jau vaikšto, bėgioja, stveria daiktus. Ką jam duoda maitinimas krūtimi?
    Būtent tada jis turi būti susijęs su mama, nes gali imti tolti.

Teisingai, tai kaip tik toks etapas.
    O būtinybė ir nuolatinio ryšio realizavimas vėliau jungia juos visą gyvenimą. Dveji metai – tai ne šiaip kalendorinis laikas, tai 24 mėnesiai, per kuriuos vaikas stipriai keičiasi. Šis periodas itin svarbus, ir maitinimo nutraukimas anksčiau nei sulaukus 24 mėnesių sukelia nepageidaujamų pasekmių ateityje.

Tačiau netgi gydytojai rekomenduoja liautis maitinus krūtimi, nes tai stabdo dantų formavimąsi. Sunku pasakyti, ar tai teisinga, tačiau yra tokia prieštara. Gamta reikalauja iš vaiko nutolti nuo motinos, o mes neva per jėgą grąžiname jį jai. Šiuolaikiniame pasaulyje gana anksti reikalaujame iš vaiko savarankiškumo. Remiantis tuo, ką Jūs sakote, galbūt jam išties būtina iki dvejų metų palaikyti stiprų ryšį su mama?

Kad ir koks šiuolaikiškas būtų pasaulis, žmogaus prigimties jis nepakeis. Mes sugalvojome įvairias ryšio priemones, pripildėme pasaulį prietaisų, o patys likome, kokie buvę.

Jūs turite omenyje mūsų esmę?

Taip. Ypač tai, kas susiję su moraliniu augimu nuo egoizmo prie altruizmo. Galvoju, jog vaikui šis periodas nuo gimimo iki dvejų metų yra būtinas, kad jis sustiprintų bazinius pojūčius. Jeigu jį atskiria nuo mamos, jis labai kenčia. Jo nevalia atskirti nuo mamos, juk iki dvejų metų mažylis nesupranta, kad egzistuoja kiti vaikai.

Bet dabar daugelyje šalių vos trijų mėnesių kūdikį atiduoda į lopšelį. Daugelis šeimų neturi kitos išeities.

Skaudu žiūrėti į tai, kas vysta mūsų dienomis, kaip žiaurus pasaulis priverčia mus mėtyti savo pačių vaikus. Tai neteisinga: vaikui negalima atitolti nuo motinos, bent jau iki dvejų metų.

Ką jis gauna šiuo laikotarpiu?

Iš motinos jis gauna tai, ko negavo vystydamasis įsčiose. Taip sutvarkyta gamtos, kad maitinimas yra tiesioginis nėštumo tęsinys. Po įsčiose užsimezgusio ryšio kūdikis dabar iš motinos, per ją, gauna daugybę informacijos iš išorės, taip pat jos kvapus, garsus, pojūčius.

Tarp jų egzistuoja toks vidinis bendravimas. Ir šis ryšys natūraliai nepalieka vietos niekam, išskyrus motiną. Ir tik po dvejų metų vaikas yra pasirengęs priimti informaciją, užmegzti ryšius su pašaliniais žmonėmis. O iki tol jis viską suvokia per motiną.

Ne anksčiau? Kitaip tariant, kūdikis turi išbūti su mama būtent 24 mėnesius?

Taip. Jis tik išėjo išorėn, tačiau susijęs su motina taip, lyg vis dar būtų joje.

O ką daryti motinai, kuri negali maitinti? Gal šį trūkumą gali kompensuoti žindyvė?

Taip, tačiau bendrauti vaikas turi su motina.

O ką gi daryti šiuolaikiniame pasaulyje, kai žindyvių nėra, bet pilna specialaus kūdikių maistelio?

Esu įsitikinęs, kad tai sukelia negatyvias pasekmes, apie kurias nė nenutuokiame. Tai besąlygiškai kenkia kūdikiui. Galbūt kaip tik dėl to kilo tiek daug problemų paskutinėms kartoms. Niekuo nepakeisi mamos ir jos pieno, nebent kritiniu atveju žindyvės pienu.

Apibendrinkime. Aptarėme, kad integralus auklėjimas palieka vaikui įspūdį, su kuriuo jis paskui žengia per gyvenimą, pasitelkdamas savo santykį su pasauliu kaip imunitetą nuo neteisingo santykio su visa aplinka. Jis nėra atplėštas nuo gyvenimo, priešingai, yra į jį įsitraukęs kaip veikianti dalis, be to, jame slypi tam tikra „vidinė ašis", teisingai nukreipianti jį gyvenime. Net jeigu vaikas parkrenta, tai greitai pakyla, nes žino judėjimo kryptį. Maža to, integralus auklėjimas suteikia vaikui plačią pasaulėžiū-

rą, nes nuo pat mažens jam atvertas pasaulis. Toks auklėjimas natūralus, atitinkantis gamtą, todėl vaikas su juo lengvai ir greitai sutinka.. Taip pat kalbėjome apie maitinimo iki dvejų metų svarbą, kai vaikas dėl tiesioginio ryšio su mama gauna iš jos tai, ko negavo būdamas gimdoje. Šalia fizinio prisipildymo jis gauna stiprų ryšį su motina, ko taip trūksta šiuolaikiniame pasaulyje.

ŠIUOLAIKINIAI VAIKAI

Nuo 3 iki 6 metų

Žiūrime, kaip taikyti integralią auklėjimo metodiką, analizuodami vaiko raidą nuo nulio, ir mėginame suprasti, kaip teisingai su juo elgtis, kokius vidinius procesus jis išgyvena. Mes norime pažvelgti į tikrovę per mažo žmogaus vystymosi prizmę. Jau aptarėme vystymosi periodus iki trejų metų ir pasiekėme tašką, kai vaikas ima įsisąmoninti jį supantį pasaulį. Dauguma tėvų šiuo laikotarpiu susiduria su sunkumu nubrėžti ribas. Psichologijoje yra tokia samprata – „terrible two" („siaubingas dvejų metų amžius"). Tai pirmasis sudėtingas laikotarpis, kai vaikai be perstojo kartoja „nenoriu" ir su niekuo nesutinka. Paskui tai kartojasi paauglystėje. Tėvai kalba apie tai, kad jie visą laiką yra priversti sakyti vaikui „ne", riboti jį, ir tai tikrai nemalonu, jei lyginsime su iki šiol buvusiu „rojumi". Tėvams tai nėra paprasta, taigi klausimas – kaip teisingai elgtis? Kaip žiūrėti į ribų nubrėžimą ir kaip kurti tėvų autoritetą 2–3 metų vaikams?

Aš manau, kad pradėti reikia anksčiau. Vaikas supranta ir jaučia tokius dalykus nuo pat pirmosios dienos, vos gimęs. Jeigu tėvai atidėlioja ir neugdo kokių nors savybių ar įgūdžių iki tam tikro amžiaus, o tik vėliau pradeda juos formuoti, vaikas negali su tuo sutikti, jo prote, įpročiuose gamtos įrašyta, kad turi vykti kitaip, pagal natūralią, mums nežinomą tvarką. Jis nesupranta, kodėl žmonės, kurie anksčiau jam leido tam tikrus dalykus daryti, staiga liaujasi leidę. Jis tarsi patenka į kitą pasaulį ir dabar iš jo reikalaujama to, ko jis neįstengia suprasti.

Vadinasi, pradėti reikia anksčiau? Jūs patariate nustatyti vaikams ribas gerokai anksčiau?

Norėdamas kažkaip apriboti vaiką, turi to imtis pačioje pradžioje, vos pirmąkart jis susiduria su kokiu nors prietaisu ar reiškiniu. Jeigu vaikas priprato kažką liesti, o paskui jam staiga sakoma, kad to liesti nevalia, jis nesupranta, kodėl dabar negalima, juk anksčiau jį išmokė liesti, tuo naudotis. Jeigu leido, vadinasi, pripratino, kad galima ir netgi reikia.

Kitaip tariant, Jūs sakote, kad neverta bijoti parodyti savo autoriteto gerokai anksčiau?

Žinoma, taip jūs leidžiate jam lengvai ir natūraliai priimti apribojimus. Jeigu vaikas žino, kas galima, o ko ne, tai šitai jam jau apribojimas ir jis tuo gyvena. O jeigu tai, kas buvo galima, staiga tapo negalima, tai jį trikdo. Mes irgi su tuo nesutinkame. Sulaukiu penkiolikos ar šešiolikos ir man sako: „Turi eiti į kariuomenę! Turi dirbti! Turi, turi, turi..." Kodėl turiu?! Žinau, kad turiu eiti į mokyklą, o po mokyklos aš laisvas, galiu daryti, ką norįs. Ir staiga turiu prasimaitinti, skalbti, statyti namą, kurti šeimą... Aš turiu?! Aš nenoriu gyventi tokiame pasaulyje.

Kokio amžiaus vaikas supranta, kad jam kažką draudžia ar kažkuo jį įpareigoja?

Jeigu anksčiau kažkas buvo leidžiama, o dabar draudžiama. Jis turi girdėti apribojimus kiekviename amžiuje susidūręs su bet kuriuo nauju reiškiniu savo gyvenime. Galbūt vaikas dar negali suprasti, bet jis nuolatos, nuo pat pirmųjų dienų, privalo girdėti apie tavo santykį su tuo, ką jis daro. Visąlaik reikia su vaiku kalbėtis, kad jis girdėtų:

„Tai teisinga, o tai ne, tai gerai, o tai blogai, tai galima, o to ne" – ir kodėl. Šitaip aplink jį kuri ribas, aplinką, apvalkalą, kuriame jis gyvena, ir su tuo jis sutinka. Tu formuoji vaiko požiūrį į pasaulį, parodai, ką galima daryti ir kokia forma, ir tai galioja viskam. Ribų buvimas paskui jam nepasirodys keista, svetima, griežta, tarsi anksčiau jis buvo laisvas, o staiga jį įgrūdo į kalėjimą.

Šis klausimas įvairiapusis, yra daugybė teorijų apie tai. Jūs manote, kad jos gali mus tik supainioti?

Nuo pat pradžių požiūris į bet kokį klausimą turi būti vienodas, nekintantis, nuoseklus.

Tai iš tiesų logiška. Jeigu vaikas prie kažko pripranta, tai vėliau šitai jam nebus kaip nemalonus siurprizas.

Jis nejaus jokių sunkumų, kad ir kokių apribojimų būtų.

Iš esmės keblumų kyla tėvams. Tas noras duoti vaikui viską – sukurti „rojaus kampelį", patenkinti visas jo reikmes...

Pamenu, kai pas mus svečiavosi mano brolio šeima. Jo sūnus – mano jauniausios dukros bendraamžis. Mano dukra (tada jai buvo dveji) ant aukštos vaikiškos kėdės sėdėjo prie stalo kartu su visais ištisas dvi valandas, kaip tai buvo įprasta pas mus, o brolio sūnus išdykavo, nežinojo, kur dėtis, viską aplink vertė. Jie žiūrėjo į mano dukrą ir sūnų, kuriam buvo septyneri ar aštuoneri, ir nesuprato, kaip vaikai gali taip ilgai išsėdėti ramūs prie stalo. Tai įprotis, jie nejautė jokio sunkumo, o mano sūnėnas negalėjo išsėdėti nė minutės. Kam gi sunku tokiu atveju, kai reikia kantrybės?

Nėra įpročio.
Todėl turime išugdyti vaikams įpročius daryti tai, ko paskui gyvenime jiems prisireiks.

Kokiais būdais integraliai auklėjant rekomenduojama ugdyti vaikų įpročius? Baudžiant?
Nieku gyvu neturi būti jokių bausmių, tik įprotis. Vaikas turi mokytis to iš suaugusiųjų.

O jei jis nenori?
To negali būti. Vaikas nori mėgdžioti suaugusiuosius, o jeigu žino, kad taip elgiasi suaugėliai, ir jie jam parodo, jog tai gerai, jis pamažu pripranta. Suprantama, tu jo nesisodini šalia savęs visai dienai, bet jis žino, kad daroma taip, ir neturi kitos išeities. Vaikas mokosi iš suaugusiųjų ir sutinka su tuo, jis nelaiko to apribojimu, nesipriešina tam, jo prigimtis ima veikti, kad jis tai priimtų ir atliktų. Juk kitaip jis kentės. Tad organizmas priima apribojimus.

O jeigu vaikas iškrėtė ką nors negero arba tu nori išmokyti jį tam tikro elgesio, – ką reikia daryti, jei negalima bausti?
Reikia pakartoti tai, kas įvyko, aptarti ir paaiškinti. Vaikas turi suprasti, kad tai nepageidautina.

Ką jam pasakyti? „Tu pasielgei blogai, neteisingai, tu visiems sukliudei?" Kaip reikia paaiškinti?
Reikia pakartoti situaciją.

Pakartojamas aiškinimas – teisingas aiškinimas?
Taip, žinoma, kitaip vaikas nesupras.

Kitaip tariant, reikia nuoseklumo.
Tūkstančius kartų galiu ką nors aiškinti vaikui ir jis nesupras. Turiu grįžti prie jo poelgio ir paaiškinti, kaip teisinga, o kaip ne. Jeigu atkartoju lygiai tokią pačią situaciją, tai jis supranta, ką jam sakau. Juk kalbame apie trejų metų vaiką.

Tačiau 2–3 metų vaikai neretai nepaklūsta suaugusiųjų reikalavimams.
Tai liudija, kad suaugusieji netikėtai reikalauja iš vaikų to, kam jų iš anksto neparuošė. Nereikia tikėtis staigmenų. Žinoma, vaikas sudaužys stiklinę, ką nors sulaužys, tai pavyzdžiai, iš kurių reikia mokytis. Bet kad būtų nepaklusnus? To neturi būti. Turime mokytis iš aplinkos. Jeigu teisingai išnaudojame aplinką ir vaikas ima suprasti, kad jo elgesys tėvams patinka arba nepatinka, tai jis neturi išeities. Parodykite jam tai švelniai, bet nuosekliai, pasitelkdami visus aplinkinius.

Tai panašu į higienos įpročių ugdymą – vaikas mato, kad tai patinka suaugusiesiems, ir ima taip daryti.

Ar verta vaiką kaip nors pagirti? Pasakyti, kad tau patinka, kaip jis elgiasi?
Taip, reikia jį girti ir palaikyti, kad jis žinotų, jog tau šitai patinka.

O jeigu jis elgiasi neteisingai, ar reikia parodyti, kad tu susikrimtai?
Taip, reikia parodyti, jog apgailestauji, tačiau nereikia bausti. Vaikas nesupranta bausmės, jis nesugebės to teisingai susieti su savo

poelgiu. Reikia nuolatos grįžti ir paaiškinti visa, kas vyksta. Vaikas turi suprasti savo veiksmą, kitaip tai nėra auklėjimas.

Tai itin svarbu tėvams. Nūnai visos psichologijos kryptys 2–3 metų laikotarpį laiko itin sunkiu, tačiau Jūs sakote, kad viskas priklauso nuo ankstesnio auklėjimo.

Tai priklauso nuo ankstesnio auklėjimo ir nuo to, ar elgiamasi su vaiku kaip su suaugusiu žmogumi.

Kai kurie amerikiečių metodai siūlo laikytis dienotvarkės, sukurti tikslias ribas ir pripratinti vaiką prie tam tikrų apribojimų. O yra metodų, kurie siūlo viską palikti nuspręsti pačiam vaikui.

Ne, neteisinga. Vaikas turi visą laiką jausti ribas, ir ne šiaip pasakyta „Kas gailisi rykštės, nekenčia savo vaiko"*.

Ką galvojate apie ryšį tarp brolių ir seserų tokiame amžiuje?

Reikia teisingai išnaudoti jų draugiją ir poveikį vienas kitam, tačiau tai atskira problema. O dėl paties vaiko, tai su juo turime kurti tokius santykius, kad jis laikytų save mūsų draugu.

Savo tėvų draugu?

Kad jis apgailestautų, kai jie nuliūsta, ir kad džiaugtųsi, kai jie džiūgauja. Kitaip tarp jų bus nuolatinė priešprieša.

---

* Biblija, arba Šventasis Raštas, ekumeninis leidimas. Senasis Testamentas, Pat 13, 24, vertė A. Rubšys, Vilnius: LBD, 1999.

Jeigu tėvai iškelia save aukščiau vaiko, tai jie jį veikia kur kas mažiau? Kaip tėvai savo vaikui, viena vertus, gali būti autoritetai, o kita vertus – jo draugai?

Kaip mokinys-draugas. Aš žiūriu į jį kaip į lygų sau, mokau jį ir laukiu iš jo to, ką jis gauna iš manęs: dėmesio, meilės bei pagarbos. Pamatysite, kaip trimetis vaikas tampa suaugęs, ima suprasti, ką sakyti, ką atsakyti ir kaip elgtis. Nereikia baimintis, kad iš jo formuojame kažkokį dirbtinį pavidalą. Viskas priklauso nuo to, kaip elgsimės. Beje, čia itin svarbu atskirti berniukus ir mergaites.

Nuo kokio amžiaus?

Nuo trejų tikriausiai, gal net anksčiau. Berniukus turi auklėti vyrai, o mergaites – moterys. Vaikai pajunta, kad vyrai ir moterys nevienodai žvelgia į gyvenimą, kitaip elgiasi, skirtingai pasakoja – viskas visiškai kitaip.

Išryškėja skirtumas tarp berniukų ir mergaičių, moterų ir vyrų?

Istorijos, kurias vaikui pasakos mama, tėtis ar auklėtojas, skambės nevienodai. Mūsų kartos bėda ta, kad, deja, vaikų darželyje ir mokyklose berniukus, iki jie tampa vyrais, auklėja moterys.

Kitaip tariant, tai kenkia berniukams, o mergaitės ir taip apsuptos moterų. O kaip tai jiems kenkia?

Berniukas nuo trejų metų neturi gauti iš motinos, jis turi gauti iš tėvo, turi stengtis būti panašus į suaugusį vyrą. Jis jau siekia to, jis nebegali žaisti tų pačių žaidimų, jis skiria žaidimus lyties požiūriu. Berniukas kitaip žvelgia į pasaulį. Nuo to laiko turėtume juos atskirti. Bendri darželiai ir mokyklos luošina vaikus.

Ir čia asmeninis pavyzdys tampa svarbus...

Taip, asmeninis auklėtojo pavyzdys berniukams ir auklėtojos – mergaitėms. Juk auklėjimas vyksta diskutuojant, sėdint ratu, o ne pamokslaujant.

Kiek vaikų turi būti grupėje nuo trejų iki šešerių metų amžiaus?

Jokiu būdu ne daugiau kaip dešimt.

Su instruktoriais?

Su instruktoriais, jie yra bendro rato dalis. Jie turi rodyti pavyzdį būdami vos vienu lygmeniu aukščiau už vaikus, kad šie turėtų galimybę juos mėgdžioti.

Pagal tai, ką Jūs sakote, mūsų vaikų darželiai, jei nepaisysime, kad jie bendri, ne taip jau ir blogai organizuoti? Ten visi sėdi ratu, kalbasi tarpusavyje, žaidžia, tik jų nemoko, o tai, anot Jūsų, būtina tokiame amžiuje.

Būtinai reikia mokyti. Reikia programos, pritaikytos vaikui pagal amžių, ji turėtų apimti mokymą kalbėti (retoriką), muziką, šokį, dainavimą, skaitymą ir rašymą, skaičiavimą, pasaulio pažinimą (botaniką ir zoologiją). Kasdien reikia mokytis visų dalykų, aišku, bendrai, trimečių–šešiamečių vaikų lygmeniu. Skirtingai medžiagą pateikiant berniukams ir mergaitėms.

O tokio amžiaus vaikai jau klausia apie gyvenimą?

Žinoma, ir tai ne atsitiktinumas. Mes sukurti taip, kad šių klausimų kyla kiekvienam žmogui ir mes turime vystyti ir pamažu parengti vaikus šiems klausimams. Tačiau šokis, piešimas, muzika, skaitymas, rašymas, žinios apie pasaulį, gyvenimą ir prigimtį turi būti, vaikai neprivalo prisiminti, tačiau turėtų girdėti apie tai iš auklėtojo.

Esate minėjęs, kad mergaičių grupės gali būti didesnės, iš daugiau nei 10 žmonių, nes mergaitės visiškai kitaip suvokia visuomenę. Kaip būtent?

Esmė ta, kad berniukai siekia susijungti į grupę, į komandą. Tarp jų iš tiesų egzistuoja ryšys, jie jaučia draugą, juos sieja natūralūs vidiniai saitai. O mergaitės, kaip mažos moterys, nėra linkusios susivienyti, tik bendrai žaisti. Todėl mergaičių grupėms žmonių skaičius nėra toks svarbus kaip berniukų grupėms.

Kitaip tariant, mergaičių grupės gali būti gausesnės. Ar Jums neatrodo, kad mergaitės labiau linkusios bendradarbiauti nei berniukai?

Tai išorinis bendradarbiavimas. Jos pasirengusios žaisti kartu, tačiau tuo pat metu kiekviena jų lieka pati sau. Berniukams būdinga susivienyti, susiburti į grupę. Vėliau tai atsiskleidžia dar akivaizdžiau.

Ar berniukų ir mergaičių auklėjimas kartu yra kažkaip susijęs su pasireiškiančia prievarta?

Prievartai ir smurtui nuo pat ankstaus amžiaus turi būti užkirstas kelias, jiems neturi likti vietos! Turime vaikus mokyti, kaip elgtis visuomenėje, juk trimečiai–šešiamečiai – tai jau visuomenė. Jie turi tikrinti save, teisti save, jie turi mokėti išsiaiškinti, aptarti savo poelgius ir priimti sprendimus, kaip tai įprasta tarp išauklėtų suaugusių žmonių. Jie turi mokėti atsakyti už savo poelgius. Tai tarsi žaidimas ir tarsi ne žaidimas...

Ir tai įmanoma pritaikyti 3–6 metų tarpsnyje?
　Taip. Žinoma, tai vyksta dalyvaujant auklėtojui, pasitelkus tokius klausimus kaip „kodėl tai nutiko?", „ką jūs apie tai galvojate?" ir pan.

Tai reikia daryti kažkam nutikus? Tarkim, dabar kažkas nutiko, vaikai susijaudinę...
　Reikia, kad įvykis grupėje būtų šviežias, kad vaikai jį prisimintų.

Tai neturi būti labai toli nuo jų. Psichologinės praktikos teigia, kad nuo trejų metų vaikas jau supranta, jog kažkas jį supa, jis ima veržtis iš savo egoizmo rėmų ir suvokia artimą žmogų, nors iki tol suvokė tik save. Bet aptarti poelgius jiems ne per sudėtinga?
　Turime susodinti juos drauge su auklėtoju ir imti kalbėtis apie tai, ką koks nors vaikas iškrėtė.

Ar tai gali būti kaip žaidimas?
　Galima žaisti, suvaidinti kaip teatre, kas nutiko.

Vaikai ne itin kantrūs. Gal pasitelkti pasakojimą?
　Ir kiekvienas tegu pasako, ką galvoja. Reikia ugdyti jų požiūrį į savo poelgius, dėmesį, kritinį vertinimą.

Kalbate apie itin ankstyvą gebėjimą turėti savo nuomonę. Įdomu. Psichologija turi kiek kitokią teoriją, kai kalbama apie gebėjimą vertinti. Sakoma, kad kiekvienas raidos etapas – tai atskira šaka. Tačiau kai kurie psichologai, tyrę moralinį ugdymą (Ž. Pjažė ir kiti), kalba apie tai, kad kuo anksčiau tai imama daryti, tuo anksčiau tai išsivysto. Jūsų nuomonė tokia?
　Tai reikia daryti nuo trejų metų.

Galbūt to verta imtis ir namuose?

Namuose, darželyje, mokykloje – visur nuo mažų dienų reikia mokyti vaiką taip formuoti požiūrį, diskutuoti, perpasakoti tai, kas įvyko.

Ir prie kokios išvados turėtume prieiti? Kaip suprantu, toks aptarimas turi padėti suprasti kažką daugiau, o ne tik „mes susipešėme, jis man sudavė, aš jam atgal". Kaip Jūs manote, kokią išvadą reikėtų padaryti po tokių diskusijų?

„Mylėsi savo artimą kaip save patį."*

Ir kaip tą pasiekti, kai vaikui 3–6 metai?

Tai ne problema. Nuo trejų vaikai įžengia į tokią raidos stadiją, kai jau suvokia santykius su kitais. Todėl negalime pražiopsoti šio periodo, turime nuolatos apie tai kalbėti ir paskatinti juos atlikti teisingą analizę.

Jūs tai įsivaizduojate kaip tam tikrą atsivėrusią galimybę?

Tai mūsų pareiga, kuo čia dėta galimybė?

Gerai, pareiga. Bet kas bus, jei šito nepadarysime?

Tada turėsime tai, ką turime šiandien.

Kitaip tariant, kartą, kur žmonės vieni kitų nejaučia ir nesiskaito vieni su kitais.

Ne tik. Mes nė nenutuokiame, kokią kartą galėtume turėti.

---

* Biblija, arba Šventasis Raštas, ekumeninis leidimas. Senasis Testamentas, Kun 19,18, vertė A. Rubšys, Vilnius: LBD, 1999.

Jei kitaip auklėtume?

Žinoma! Žmonės būtų kitokie. Jie kitaip žvelgtų vieni į kitus, kitaip elgtųsi kelyje...

Taip, tai itin svarbus pokytis.

Svarbiausia – „teismo posėdžiai". Jeigu mes sugebėsime mažiems vaikams rengti „teismo posėdžius", mums jų nebereikės, kai jie suaugs...

Tai ir yra svarbiausia šios mūsų temos išvada. Kalbėjome apie būtinybę išugdyti įpročius, apie pokalbius su vaiku, apie tėvų autoritetą. Minėjome, kad norėdami ko nors pasiekti, turime veikti nuosekliai ir nekeisti savo požiūrio, kitaip vaikas pajaus atskirtį tarp tavo dabartinio ir ankstesnio požiūrio, be to, nesupras, ko iš jo norima, ir bus teisus.

Taip tolygiai ir pamažu, kaip kad vaikas auga, turime kurti jo auklėjimo metodus.

Dar kalbėjome apie berniukus, kurie turi mokytis ne didesnėje nei 10 vaikų grupėje, apie mergaites, kurių grupės gali būti gausesnės, nes jos kitaip nei berniukai suvokia visuomenę. Su vaikais reikia viską aptarti, jiems reikia viską aiškinti, ugdyti artimo pojūtį, ir jeigu tai atliksime teisingai, išauginsime visiškai kitokią kartą.

ŠIUOLAIKINIAI VAIKAI

Mokykla mažiesiems

Ankstesniame pokalbyje užsiminėme apie sąvoką „teismas" ir kad jis turi tapti auklėjimo sistemos dalimi. Tai galioja ir mažiems vaikams nuo 3 iki 6 metų?

Asmeninė vaiko raida, t. y. jo individualumas, vystosi jaučiant teisingumą ir gailestingumą, tam tikrus apribojimus, plėtrą skirtingomis kryptimis, reakcijas į jo elgesį. Todėl vaikas turi įvertinti savo elgseną ir kreipti dėmesį į kitų vertinimus. Praeinant visus tuos procesus jam turi susiformuoti saviauklos pagrindai.

Ką turite omenyje kalbėdamas apie teisingumą ir gailestingumą auklėjant?

Mes gyvename pasaulyje, kuris valdomas dviejų jėgų: teisingumo ir gailestingumo. Šviesa ir tamsa, pliusas ir minusas, šiluma ir šaltis – visa tai dviejų gamtoje egzistuojančių priešingų jėgų pasireiškimas, šios jėgos mūsų pasaulyje išsiskiria į ištisą spektrą skirtingų jėgų ir reiškinių. Žmoguje taip pat veikia dvi sistemos: teisingumas ir gailestingumas savo paties ir kitų atžvilgiu. Mes negalime pasverti vieno be kito, juk mūsų jausmai, protas ir santykis kieno nors atžvilgiu formuojasi tarp šių dviejų jėgų – negalime apsiriboti kuria nors viena iš jų. Pavyzdžiui, nieko nepasakytume apie šviesą, jei nebūtų tamsos, nejaustume saldumo, jei nesulygintume jo su rūgštumu, ir t. t.

Auklėjant tai pasireiškia „galima" ir „draudžiama" sąvokomis?

Galima ir taip sakyti. Tai ribos, tarp kurių formuojame žmogų. Negali būti tik gailestingumo, kaip negali būti ir vien teisingumo. Šie poveikiai turi būti lygiareikšmiai ir tiksliai subalansuoti kaip vienas kito priešprieša. Tokia sistema formuojasi mažame žmoguje nuo trejų metų. Būtent nuo 3 iki 6 metų per bendrus aptarimus reikia išjudinti vaiko savikritikos ir savianalizės, aplinkos kritikos ir aplinkos analizės sistemą. Turime parodyti vaikui, kaip jis susijęs su visuomene: kaip priklauso nuo jos ir kaip gali ją veikti. Turime padėti jo būsimo ryšio su visuomene pagrindus. Juk visi neigiami visuomeniniai šiandien matomi reiškiniai – teroras, prievarta – kyla dėl to, kad niekas neišmokė tų žmonių, koks turi būti teisingas santykis su visuomene. Kartais būname žiaurūs, nes aplinkiniai niekaip į mus nereaguoja. Žmogui norisi dėmesio, reakcijos į save, ir jis bet kokiais būdais, kartais netgi žiauriais, stengiasi tai pasiekti, nes nežino kitokių būdų. Jam netgi neigiama visuomenės reakcija yra daug geriau nei abejingumas.

Ir tada jo elgesys tampa vis žiauresnis?

Taip. Kartais elgdamiesi agresyviai žmonės nori kaip nors išsiskirti, nori, kad į juos atkreiptų dėmesį, ir nežino kitų būdų, nes niekas jų neišmokė. Visuomenė nevertina žmogaus ir negali jam skirti deramo dėmesio. Tai pasąmoningai skatina kraštutinį žmonių elgesį. Ne kartą kalbėjausi su nusikaltėliais ir mačiau, kaip jie didžiuojasi savo padėtimi visuomenėje, mano, jog juos gerbia bent jau dėl to, kad bijo, ir jie nemato, kokiais dar būdais galėtų įgyti tokią padėtį.

Jie turi ryšį su visuomene, tačiau jų visuomenė kitokia.

Jie nori užimti savo vietą visuomenėje, tačiau niekas jų neišmokė, kaip tai teisingai daryti. Jiems atrodo, kad taip jie nusipelno pagarbos.

Kitaip tariant, jei geruoju negaunu, ko noriu, tai gausiu bloguoju?

Taip, tačiau palikime nuošaliau suaugusiųjų elgesį, juk visas mūsų gyvenimas pilnas neteisingų žmogaus santykių su visuomene, šeima ir t. t. pavyzdžių. Todėl nuo pat ankstyvo amžiaus turime formuoti teisingą vaikų santykį su juos supančia aplinka, tuo pat metu tą aplinką kurdami, ir tada jie užaugs užmezgę harmoningus tarpusavio santykius. Drauge įstengsime sustabdyti šiandien akivaizdžios agresijos apraiškas.

Įskaitant nusikaltimus?

Taip, juk žmogaus požiūris, ryšys su visuomene bus sąmoningas. Žaidžiant būtina suteikti jam galimybę suvaidinti visus vaidmenis: teisėjo, advokato, policininko, nusikaltėlio, nusikaltėlio tėvų.

Turite omenyje tokį teismą, kai kiekvienas vaikas atlieka tam tikrą vaidmenį?

Taip, būtent taip.

Tai nebūtinai turi būti reakcija į tam tikrą įvykį, o tiesiog žaidimas?

Taip, tai žaidimas. Vyresniems vaikams galima pateikti pavyzdį iš laikraščių, televizijos ir t. t., tačiau daug pavyzdžių rasi ir kieme, kur vaikai žaidžia, mokykloje. Tereikia įdėmiai įsižiūrėti ir pamatysi, kaip reiškiasi pasipūtimas, noras valdyti, melas, varžymasis, apgaulė, intrigos ir dar daug kas. Daugybė pavyzdžių, su kuriais auklėtojas gali dirbti.

Tai iš esmės gyvenimiški žaidimai. Viskas, kas yra gyvenime, atsiskleidžia žaidžiant.

Taip, visa, kas būdinga suaugusiesiems, būdinga ir vaikams, be to, tai reiškiasi atvira forma. Jie dar neįpratę kaip suaugusieji slėpti savo savybių. Todėl, jeigu išmokysime vaikus aiškintis, analizuoti žaidimuose atsiskleidžiančias savybes ir poelgius, jie supras, kad tokia mūsų prigimtis. O mums nuo jos gerai ar blogai? Ar galime virš jos pakilti, kad būtume žmonės?

Tai, ką sakote, labai susiję su psichologinėmis teorijomis. Psichologai žino, kad daugelis pačių žiauriausių nusikaltėlių ankstyvoje vaikystėje, būtent mūsų dabar aptariamu amžiaus tarpsniu, patyrė sunkių psichologinių traumų. Jūs siūlote būtent nuo tokio amžiaus pradėti juos mokyti analitiškai žvelgti į gyvenimiškas situacijas žaidžiant aktorius?

Taip, būtent taip. Kad kiekvienas iš jų įsijaustų į kitą.

Vaikas ne šiaip sau vaidina, jis išgyvena tą vaidmenį, realiai jį patiria.

Taip, mes paaiškiname vaikui, kad jis turi šį vaidmenį atlikti čia ir dabar, turi elgtis taip, kaip gyvenime elgtųsi tokioje situacijoje. Baigę žaisti visi ilsisi, o paskui keičiasi vaidmenimis. Kiekvienas gauna visiškai kitą pavidalą ir turi į jį įsijausti.

Kitaip tariant, žaidimas tęsiamas, rutuliojamas toliau?

Žinoma, juk vaikas turi suprasti visus gyvenimo reiškinius: artimame rate, kur draugai ir giminės, ir tolimame rate, kur mylintys ir nekenčiantys žmonės. Taip mes palengviname vaiko įžengimą į gyvenimą. Jis supras, kas vyksta pasaulyje, ir galės paaiškinti netgi suaugusiesiems.

Tačiau tai neturi apsiriboti tik žaidimu. Pažaidus ar žaidžiant reiktų stabtelėti, aptarti.

Tai jau kitos pamokos tema. Taigi vaikas turi suvaidinti visus vaidmenis, pajausti, kad kiekvienas savo pozicijoje gali būti teisus. Jis turi apginti tą, kieno vaidmenį atlieka. Šiandien vaidindamas vieną vaidmenį, o rytoj kitą – visiškai priešingą, vaikas supras, kaip viskas jo sąmonėje iš karto keičiasi, kaip skirtingai jis vertina įvykius. Toks „gyvenimo teatras" reikalingas, kad išmokytume vaikus suprasti vieni kitus. Tai pirmasis žingsnis gailestingumo link, kito žmogaus esmės supratimo link, tai galimybė užmegzti dialogą net su savo priešininkais, su tavęs nekenčiančiais žmonėmis.

Tai moko vaiką nesusitelkti į save, o suprasti, kad aplinkui yra ir kitų žmonių. Psichologai tai vadina susitapatinimu, empatijos ugdymu – gebėjimu pasijusti kito vietoje, įsiskverbti į jo subjektyvų pasaulį. Išmėginęs visus vaidmenis, vaikas randa juos savyje ir supranta, kad visi esame vieni su kitais susiję. Vaikui tiesiai nesakoma, kad jis ir geras, ir blogas, ir, tarkim, nervingas. Tačiau žaisdami vaikai tai išgyvena ir supranta.

Vėliau tam tikroje gyvenimo situacijoje vaikas jau kitaip elgsis su kitu žmogumi, nes supras, kad jis ir pats gali atsidurti kito padėtyje. Taip kuriamas santykis su kitais žmonėmis, grįstas supratimu, jog visos savybės ir būsenos yra kiekviename iš mūsų. Toks vaikas bus kantresnis kitiems.

Man regis, kad vaikai natūraliai žaidžia tokius žaidimus. Juk net vaikų darželyje jiems sukurtas gydytojo kampelis, virtuvė ir visi kiti žaidimai iš suaugusiųjų gyvenimo. Tačiau Jūs siūlote jiems ne vaidinti, bet tikslingai sukurti šį spektaklį ir, svarbiausia, paskui tai aptarti.

Pageidautina filmuoti jų teismą, o paskui kartu peržiūrėti, kad vaikai situaciją išvystų iš skirtingų vaidmenų pozicijų.

O ką daro vaikai, kurie tuo metu nevaidina?
Kiti vaikai stebi – jie teisėjai.

Svarbu, kad visi dalyvautų, pvz., atliktų prisiekusiųjų vaidmenį?
Taip, galima prigalvoti daug vaidmenų. Paprastai tie, kurie pasyviai stebi, patiria tas pačias emocijas, tačiau ne taip stipriai kaip patys dalyviai. Bet jie gali balsuoti arba dalyvauti pasyviai.

Koks auklėtojo vaidmuo tokiame žaidime? Į ką jis turi kreipti dėmesį, kad žaidimas būtų efektyviausias?
Jis turi stebėti, kad aptarimas nenukryptų į lankas, kad būtų ne ištęstas, o sutelktas į aptarimo tikslą.

O pabaigoje reikia padaryti išvadas ar tiesiog palikti vaikus su jų išgyventomis emocijomis?
Po kiekvieno aptarimo būtina padaryti išvadas. Žaidimas gali trukti maždaug valandą, o vyresniame amžiuje ir ilgiau. Tačiau tai priklauso ir nuo temos: ji turi būti kuo artimesnė, aktualesnė vaikams.

Kuo vyresni vaikai, tuo aktualesnė tema?
Ir darželinukams tema turi būti artima ir suprantama.

Ji turi atitikti vaikų vystymosi pakopą ir būti perteikiama jų kalba.
Tiesą pasakius, nei kalba, nei amžius, nei išsivystymo lygmuo nėra svarbu. Svarbiausia, kad vaikai suprastų, jog kitas žmogus irgi

turi nuomonę ir galbūt yra teisus. Tikriausiai rytoj ar net kitą minutę tu imsi manyti kitaip, nes nėra nieko absoliutaus. Mes parodome vaikams, kad viskas keičiasi, net ir jie patys, todėl turime būti kantrūs su kitais žmonėmis.

Kalbame apie žaidimą, kur yra teisėjai ir prisiekusieji, o juk tai toks amžius, kai vaikas itin jautrus kaltei ir gėdai.
Todėl turime mokyti vaikus pakilti virš šių pojūčių.

Ką reiškia pakilti? Įveikti?
Ne. Įveikimas susijęs su savęs spaudimu. O čia kalbama apie tai, kad vaikas turi būti atviras. Jis turi suprasti, kad jis, kaip ir kitas žmogus, turi silpnybių bei problemų, kartais sako netiesą ir t. t. Jis turi žinoti apie tai, o esant galimybei prabilti apie tai, ištaisyti tai ir pasistengti bendraudamas su kitais žmonėmis atskleisti savo gerąsias puses.

Kitaip tariant, iš visos savybių įvairovės panaudoti geriausias?
Taip, ir vaiko neturi jaudinti, kad dabar aptariamos kurios nors neigiamos jo savybės. Juk jų turi visi, ir jis tai žino, nes nuo jo šito niekas neslepia. Bet tai nereiškia, kad viskas leistina arba kad galima pūstis: jeigu jau jie tokie blogi, tai jiems viskas leidžiama. Tai, kad egzistuoja įvairių savybių spektras, visiškai nereiškia, kad galima leisti joms laisvai reikštis. Tam mes ir rengiame panašius aptarimus, kad mokytumės, kaip teisingai, išlaikant pusiausvyrą elgtis su žmogaus prigimtimi.

Ir kad nepakenktume. O kaip reikia elgtis su skirtingomis pasipūtimo apraiškomis? Dažnai didžiuotis mėgsta aktyvūs vaikai, grupių lyderiai. Kar-

tais, pasibaigus žaidimui, kuriame atliko svarbų vaidmenį, vaikas nenori jo atsisakyti ir siekia kituose žaidimuose likti svarbiausias.

Pasodink jį ir suvaidinkite jam nedidelį vaidinimą, kad jis pamatytų save iš šalies. O jis tegul būna teisėjas. Tai tik vienas iš variantų, yra ir kitų.

Noriu užduoti specifinį klausimą. Tokio amžiaus vaikams daug pasakojame apie gyvūnus. Ar galima vaidinant spektaklį, kuriame atspindimas vaiko elgesys, pasitelkti gyvūnų pavyzdį istorijai papasakoti?

Ne, neverta to daryti. Čia kalbama apie žmogaus prigimtį, apie tas savybes, kurių gyvūnai neturi. Be to, gyvūnai negeba savęs įsisąmoninti ir juolab pakeisti, nes yra visiškai valdomi gamtos. Jie neturi pasirinkimo, negali kritiškai žvelgti į save, jie paklūsta prigimtiniams, jų viduje veikiantiems impulsams. Tik žmoguje yra tokia dalis, kuri aukščiau jo gyvūninės prigimties, kur jis gali pasikeisti padedamas aplinkos. Todėl šiuo atveju galime kalbėti tik apie žmogų.

Vadinasi, nereikia aiškinti pasitelkus gyvūnų pavyzdžio?

Ne.

Bet juk yra tiek daug vaikams skirtų pasakojimų apie gyvūnus!

Man atrodo, kad vaikui kenkia aiškinimai pasitelkus gyvūnų pavyzdį. Be to, mes tarsi nuleidžiame jį į gyvūninį lygmenį, darome iš jo lėlę: meškiuką, gaidžiuką ir t. t.

Ar žinote istoriją apie viščiuką, kuris leidosi ieškoti kitos mamos? Jam atrodė, kad jo mama nepakankamai gera, ir visos mamos buvo pasirengusios jį priimti, bet nė viena iš jų jam netiko. Nė su viena iš jų jam nebuvo jauku. Ir tada jis grįžo pas savo mamą. Kas gi blogo tokiame pasakojime? Moralas aiškus, nors jis ir nėra aiškiai išsakytas.

Gal ir nieko, tačiau mes turime stengtis pakelti žmogų aukščiau gyvūninio pasaulio, kad jis jaustųsi išdidus būdamas žmogus.

Pamenu, kaip vienoje iš laidų su Jumis sakėte, kad šiuolaikiniams vaikams naudinga pateikti pavyzdžių iš šiuolaikinio pasaulio, t. y. užuot pasakojus apie gyvūnus, kurių jie nematė, pasakoti apie mašinas, lėktuvus ir t. t.

Žinoma. Aš tai matau iš savo anūko pavyzdžio. Jis auga mieste. Ar jis mato karvę ir kitus gyvūnus savo aplinkoje? Ne, gal tik šunis, kates ir balandžius. Bet užtat jis mato lėktuvus ir mašinas.

Bet kaip tada ugdyti ryšį su gamta?

Jeigu vaikas to nemato, jam tai yra svetima. Jis to nesuvokia. Kur visos tos ožkos, meškos, vilkai ir drambliai? Jam rodo paveikslėlius ir mano, kad jam įdomu, o vaikas nesupranta, apie ką kalbama. Mes primetame jam dirbtinę nuomonę apie gyvūnus ir apie mūsų visuomenę.

Bet kaip jūs paaiškintumėte tai, kad vaikams pasakojamos istorijos apie gyvūnus?

Pagal savo vystymąsi vaikas arčiau gyvūninio lygmens, ir todėl mums atrodo, kad papasakoję jam istoriją apie miško gyventojus jį sudominsime... Bet kur mes ir kur miškas? Todėl reiktų pateikti pavyzdžių iš vaiką supančios aplinkos, iš to, kas jam pažįstama, ir remiantis jais paaiškinti žmonių tarpusavio santykius.

Paskutinis klausimas dėl gyvūnų. Kartais dirbant su vaikais reikia atkreipti jų dėmesį į tam tikrą bruožą. Tam naudinga pasitelkti gyvūnus ir jiems būdingas savybes. Pavyzdžiui, vienas gyvūnas drąsus, kitas gudrus...

Dabartiniai vaikai nutolę nuo šito, jie nejaučia gyvūnų. Be to, suteikti gyvūnams žmogiškas savybes nėra teisinga. Šiuolaikinis vaikas turi mokytis iš pavyzdžių, kurie jam artimi ir kurie patenka į jo akiratį.

Apibendrinkime. Šnekėjome apie vaidmenų žaidimus vaikams, o tiksliau, apie įvairių gyvenimiškų situacijų aptarimą pasitelkus žaidimus. Įsijautęs į vaidmenį vaikas mokosi jausti kitą žmogų, ir tai gyvenime suteikia didžiules galimybes.

Leidžia išvysti save iš šalies.

Apie šį aspektą nekalbėjome daug, bet jis nepaprastai reikšmingas. Tokiems žaidimams ir aptarimams reikia skirti ne mažiau kaip 1–2 valandas, kad būtų kuo išsamiau išsiaiškinta tema. Būtent per tokius žaidimus vaikas ima teisingai suprasti žmogiškąją prigimtį ir mokosi, kaip virš jos pakilti. Dar kalbėjome, kad nėra jokios būtinybės pasitelkti pasakojimus apie gyvūnus, bet geriau imti pavyzdžius, kurie artimi ir suprantami šiuolaikiniam vaikui. Svarbiausia išvada – šnekėkite su savo vaikais! Suteikite jiems galimybę kartu su jumis aptarti juos jaudinančias jų gyvenimo temas. Rezultatas – neįkainojamas. Jūsų akyse augs žmogus ir būdamas penkerių ar šešerių jis kels tokius klausimus, apie kuriuos nė nesusimąstėte.

Nuo 6 iki 9 metų I

Ar reikia pradėti lankyti mokyklą nuo šešerių?
Šešeri – tai ypatingas amžius. Tačiau mokytis reikia nuo trejų metų, kai vaiką moko raidžių. Nuo trejų berniukai ir mergaitės lavinami atskirai. Jie ir patys sau pasirenka atitinkamus žaidimus: mergaitės žaidžia su lėlėmis, berniukai su mašinėlėmis. O kai vaikui sukanka šešeri, tai jau mažas žmogus. Su juo jau galima kalbėtis apie rimtus dalykus. Mums tik atrodo, kad tai vis dar mažas vaikas. Šešeri – tai amžius, kai vaiko viduj ima augti žmogus.

Nesuprantu. Ką turite omenyje sakydamas „žmogus"? Pagal klasikinį požiūrį, pagal Froido teoriją, 5–6 metų vaiko viduj jau egzistuoja visos vidinės struktūros. Ar jau yra kokių nors daugmaž susiformavusių dalykų?
Nuo šešerių į vaiką galima žiūrėti kaip į mažą žmogų. Jis auga, o mes galime jį „lipdyti". Kitaip tariant, medžiaga jau yra.

Vadinasi, jei nuo 3 iki 6 metų vaikas jau išmoko rašyti ir skaityti, tai iš esmės baigė mokymosi pradmenis?
Tai ne pradmenys. Integralaus auklėjimo sistemoje jis jau moka skaityti, šiek tiek rašyti. Jis žino, kaip reikia elgtis, moka teisti save ir kitus. Vaikas žino, ką daryti, kad ir su klaidomis, kad ir pamiršdamas. Juk jame visą laiką vystosi kažkas naujo, ir todėl jis vėl painiojasi. Jis prisipažįsta, kad visa ne taip jau ir paprasta. Jo matymas nėra pastovus – rytoj viskas gali pasikeisti, gali atsirasti naujų tiesų, nors jam sunku su tuo susitaikyti. Trumpai tariant, jame jau yra užuomazgų suvokti pasaulį ne tokį, koks jis jam atrodo tam tikru išgyvenamu momentu.

Psichologijoje tai vadinama „išėjimu iš egocentrizmo".
Taip, tai iš esmės ir yra žmogaus pradžia.

Jis jau kitu žvilgsniu, iš skirtingų pusių tiria dalykus...
Taip. Žmogus – tai, kas yra virš prigimties, aukščiau gyvūno lygmens. Gyvūną visiškai valdo gamtos jėgos. Jo galva veikia, kad tenkintų jo kūno reikmes, jo norus. Galva – tai mintys, o kūnas – norai. Kitaip tariant, mano galva užimta tik tuo, kaip patenkinti savo norus. Štai toks požiūris į gyvenimą vadinamas „gyvūniniu".

O žmogumi vadinuosi, kai greta norimų įgyvendinti troškimų tarsi turiu dar vieną galvą, t. y. aš įsijaučiu į aukštesnę pakopą „virš savęs" ir iš ten žvelgiu į savo kūnišką būseną, iš ten teisiu save. Aš suprantu, kad galiu būti kitoks, kad galiu galvoti kitaip, kad rytoj galbūt pasikeisiu. Ir apskritai rytoj gali būti kitaip viskas: mano aplinka, mano požiūris, kuris irgi sąlygiškas, pasaulis. Tai jau žmogaus pakopa, jis jau įsisąmonina, kad vystosi, nėra „prilipęs" prie dabar patiriamos akimirkos. Tai esminis skirtumas tarp žmonių ir gyvūnų. Mes galime mąstyti neperžengdami istorinio laiko ribų.

Bet ne kartą mačiau, kad tai, ką apibūdinate kaip žmogaus galimybę įsisąmoninti savo kaitą, pasireiškia įvairiomis baimės formomis. Vaikus labai gąsdina supratimas, kad jie keičiasi! Jie visada tvirtina, kad yra kažkas nekintamo, jie ieško galimybės numatyti tai, kas bus...
Būtent tai mus stabdo. Juk jeigu priprantu prie kažkokių konkrečių žinių, normų, taisyklių, kurios jau tapo man įpročiais, kurios jau sukūrė mano pasaulį, mano tikrovę, tai per tą prizmę žvelgiu į viską, kad ir kas man atsivertų. O to, kas neatitinka šių kriterijų, tiesiog nepamatysiu. Aš pasąmoningai tai atmesiu. Mes gyvename

begaliniame pasaulyje, bet jaučiame vos mažytę jo dalį, nes daugiau nenorime matyti. Mes nenorime matyti!

O gal negalime?
Ne! Nenorime! Mus supa daugybė dalykų, o mes nenorime jų matyti. Aš noriu matyti tai, kas atitinka mano „vaikišką" supratimą.

Kitaip tariant, mes tarsi kuriame schemas ir to, kas išeina už šių rėmų, nesuvokiame.
Aš noriu pasilikti su tais stereotipais, kuriuos perėmiau vaikystėje. Nėra nieko blogiau!

Ir dėl to baiminamasi pokyčių?
Taip, nes nemokome vaikų būti laisvais žmonėmis.

Ką tai reiškia?
Iš čia kelias veda į gamtos pažinimą. Juk mes esame jos viduje ir savybėmis prilygę jai pasijausime laisvi, niekuo neapriboti.

O kaip tai paaiškinti vaikui?
Jis tai pamažu supras, beje, jam tai bus kur kas paprasčiau nei suaugusiajam, nes pastarieji jau tarsi suaugo su stereotipais, o vaiko mąstymas dar lankstus.

O jei matai, kad vaikas bijo, kad jis nenori palikti to, prie ko įpratęs?
Bet tai psichologiškai jam kaip tik ir palengvina pokyčius. Juk sakau vaikui, kad mes visi kartu keičiamės, kad būtent taip vyksta ir su manimi, ir su visais kitais. Aš jį palaikau, paraginu atsiverti, pa-

pasakoju, kad tuomet jis jausis pasaulyje patogiai, pajus gėrį, kurio persmelktas pasaulis. Gamtos santykis su juo bus geras, jis pajaus šiltą, geranorišką pasaulį.

O gal dienai baigiantis verta aptarti tuos vaiko patirtus pokyčius?
Taip, ir ypač jeigu mes tai nufilmuojame ir jam parodome.

Vaikams patinka, kai suaugusieji juos fotografuoja, filmuoja. Jiems patinka jausti, kad juos matė. Net yra tokia samprata – „tu jį matei". Ir jei prieš porą dienų matei, kad kažkas vaikui buvo per sunku, o dabar jis su tuo susidorojo, tai vaikas supranta, kad tu tai pastebėjai, juk nufilmavai tai, kas buvo anksčiau. Tačiau, kai vaikui šešeri, jis ima bijoti mirties. Vaikai užduoda klausimų apie mirtį, ir mes paprastai stengiamės nuo jų išsisukti.
Mat mes patys bijome.

Pirma, mes jos bijome patys, o antra, mus gąsdina tai, kad nieko negalime atsakyti.
Savaime suprantama, kad neturime ko atsakyti.

Be to, vaikai neklausia apie tai tiesiai. Jie tiesiog staiga pradeda bijoti išeiti iš namų ir neišleidžia tėvų atostogų. Vaikas, kuriam anksčiau tai buvo nesvarbu, staiga nenori išsiskirti su tėvais. O jeigu tuo metu gimsta broliukas ar sesutė, tai apskritai tikrąja to žodžio prasme „prilimpa" prie tėvų, idant įsitikintų, kad visi gyvi. Kaip integralaus auklėjimo metodika siūlo paaiškinti vaikams apie mirtį?
Mes jiems galime pasakyti tik tiesą, be to, visur. Turime atverti vaikui absoliučiai viską, tačiau palaipsniui. Turime su juo elgtis kaip su suaugusiuoju, nieko nuo jo neslėpti, nežaisti su juo, nepainioti jo.

> ŠIUOLAIKINIAI VAIKAI

Pažiūrėkite į pirmykštes bendruomenes. Turime duoti jam visus instrumentus, ir naudodamasis jais vaikas, žinoma, sugebės su viskuo susidoroti. Jis labai stiprus. Nieko su juo nenutiks – nesibaiminkite. Iš jo išeis geras, visavertis žmogus. Su sąlyga, kad sukursime teisingą aplinką.

Bet juk jis labai bijo, kad tėvai su juo ne visam laikui ir kad jis pats negyvens amžinai!
Ir jis pats ne visada liks toks. Jis išaugs, pasieks tobulumą. Turime paaiškinti jam, kad gyvendamas čia, Žemėje, jei susivienys su kitais, galės pajausti gamtos amžinybę. Mes turime atverti visą šią perspektyvą.

Bet juk vaikas nesutiks, kad kada nors jo nebebus?
Žinoma. Štai kodėl vaikai suvokia tai žemiškame, gyvūniniame lygmenyje: „Tik pasakyk, kad aš nenumirsiu." Ir jeigu tu užtikrintai sakai, jis nusiramina.

Tai ko iš esmės reikia mokyti vaikus tokiame amžiuje?
Turime mokyti juos, kaip dera žiūrėti į pasaulį: į savo aplinką, į artimus žmones, į gamtą. Turime atverti jiems gyvenimą, teisingus santykius šeimoje, santuokoje, visuomeniniame gyvenime, papasakoti apie pasaulį, žvaigždes, pirkinius, pardavimus, judėjimą, istoriją, geografiją. Be to, turime paaiškinti, jog visa tai tarsi sudaro vieną mechanizmą, yra tarsi viena sfera, kurioje visa darniai egzistuoja. Mes turime saugoti šią harmoniją ir, jeigu ją pažeidžiame, tai sukeliame kančias ir krizes: ligas, ekologines katastrofas, „krenta" biržos, kyla karai, rengiami teroristiniai aktai. Taip mokome vaikus,

PIRMOJI DALIS

kad egzistuoja didelis, vientisas pasaulis. Taip pamažėle imame ugdyti jų santykį su visuomene. Bet tai, kas susiję su visuomenę, – paskiausiai. Pirmiausia vaikus reikia išmokyti iš aukštesnių pozicijų pamatyti gyvenimą, įsisąmoninti jo globalumą, vaikai turi suprasti, kad viskas – viena.

Kitaip tariant, turime nuolatos kalbėti, kad gamta harmoninga...
O mes joje esame visiškai priešingi šiai darnai, tačiau kaunamės, kad taptume tokie patys. Iš pradžių apie visus gamtos ir visuomeninius reiškinius vaikams turime pasakoti kaip apie vienos visumos dalis.

Kitaip tariant, mes tiriame tam tikrą visumos dalį, kuri vadinama biologija. Taigi biologijos mokytojas ateina į klasę ir sako, kad jis moko to, kas yra vienos visumos dalis?
Švietimo ministerijoje svarstoma idėja visko mokyti kartu, bet tai itin sunku įgyvendinti. Juk tokiam mokytojui auklėtojui, apie kurį Jūs kalbate, keliami itin dideli reikalavimai.
Nemanau, kad yra taip. Juk pakanka parengti tam tikrą enciklopediją vaikams, mažutes plonytes knygeles. Ir paskui visąlaik su vaikais aptarinėti ten pateiktas temas taip, kad kiekvienas jas pats išgyventų ir papasakotų, kaip jis tai jaučia, supranta. Čia ir yra mokymasis. Juk mes kalbame apie pradinį mokyklinį amžių.

Ir kaip atrodys tokia pamoka?
Tik kaip pokalbis. Pokalbis tarp auklėtojo ir vaikų. Auklėtojo netgi nevadinčiau mokytoju, nes jo darbas labiau būtų auklėjimas, o ne dėstymas. Tai štai, jis turėtų sėdėti rate kartu su vaikais, aiškinti

jiems, žiūrėti kartu skaidres, filmus, vestis juos į muziejų, zoologijos sodą, planetariumą. Kitaip tariant, visas mokymosi procesas tokiame amžiuje turėtų vykti ne tarp mokyklos sienų, o gyvame pasaulyje.

Kokiame amžiuje?
Nuo šešerių iki devynerių.

O kiek žmonių turėtų dalyvauti tokiame pokalbyje?
Dešimt, berniukai ir mergaitės atskirai.

Nuo ko derėtų pradėti?
Tarkime, pirmoje klasėje tik aptarimas. Pažiūrėjus filmą kalbama apie jį, perskaitėme pasakojimą – aptariame jį. Kiekvienas turi ką nors pasakyti. Mums reikia paskatinti vaikus kalbėti.

Kitaip tariant, tai ne mokytojo aiškinimas stovint priešais, o tam tikra interakcija?
Žinoma. Juk jau minėjome, kad tai – pokalbis. Tai visų dalyvių pokalbiai . Jie turi išmokti kalbėtis – tai dalykas, kurį jie turi visiškai įvaldyti. Vaikai privalo mokėti šnekėti. Juk mes priklausome kalbančiajam gamtos lygmeniui. Tuo skiriamės nuo gyvūnų.

Ir tai išties labai apleista sritis...
Taip, matome, kad žmonės nemoka savęs išreikšti. O jeigu ratu sėdi dešimt žmonių, įskaitant vieną ar du auklėtojus, tai vaikai pamažu atsiveria, mokosi palaikyti pokalbį, disputą, ginčą stengdamiesi suprasti kitus.

Vadinasi, svarbu, kad su berniukų grupe dirbtų auklėtojas, o su mergaitėmis auklėtoja?

Žinoma, tik taip.

Ar galima sakyti, kad nuo 6 iki 9 metų formuojasi vaiko santykis su aplinka? Juk mokymosi procesas vyksta spirale, ir kaskart pridedama dar kas nors, dar pagilinama...

Taip, žinoma. Juk pradedant nuo šešerių tu kalbi su vaiku apie supančią tikrovę ir kaskart tik išplėti jo įsivaizdavimą. Keičiasi vien tavo naudojamos priemonės. Šiuo amžiaus tarpsniu dažniau su vaikais eini į gamtą, muziejus, planetariumą, važiuoji prie jūros, į mišką. Reikia jiems parodyti gyvenimą, vaikščioti su jais po miestą, parodyti stadioną, teatrą ir t. t., be to, verta aptarti tai, kas pamatyta. Vaikai turi pažinti gyvenimą. Ir po to reikia ne kartą su jais aptarti: kur buvome, kodėl ten ėjome, ką darėme, kodėl tas ar anas dalykas egzistuoja, ir t. t. Reikia daug tokių pokalbių.

Kitais žodžiais tariant, šio mokymo etapo tikslas – pažinti pasaulį?

Ne šiaip pažinti pasaulį, o pažinti pasaulio vientisumą, tobulumą.

Bet greta viso to vaikas dar ir mokosi?

Žinoma. Kai mes lankomės zoologijos sode, sužinome apie zoologiją, Žemės gyvūnijos pasaulį, geografiją ir t. t.

Vaikams liks daug įspūdžių, o ne teorinių žinių.

Jie turi pamatyti, gauti paaiškinimą, apsvarstyti tarpusavyje.

ŠIUOLAIKINIAI VAIKAI

Žiūrint iš psichologinių pozicijų, šis amžius išsiskiria konkrečiu mąstymu, t. y. vaikai turi pamatyti, kad patikėtų. Jiems sunku suvokti tai, ko nematė.

Ir viskas turi prasidėti ir baigtis tuo, kad mes gyvename tobulame, vientisame pasaulyje. Reikia rengti diskusijas, kalbėtis.

Kitaip tariant, reikia paaiškinti, jog egzistuoja viena Gamta, kuri veda žmogų, kad šis taptų panašus į ją, kad išlaikytų su ja pusiausvyrą.

Kaip tik taip.

Taigi kalbėjome apie šešerių–devynerių metų amžiaus tarpsnį. Šiuo laikotarpiu vaiką jau galima vadinti mažu žmogumi. Jis jau gali vertinti kitus, jis tobulina savo gebėjimą matyti pasaulį, jei yra teisingai lavinamas. Taip pat kalbėjome apie mirties baimę ir apie tai, kaip ją įveikti. Sakėme, kad reikia paaiškinti vaikams, jog pasaulis tobulas, kad šiuo laikotarpiu reikia daug laiko leisti neužsidarius tarp mokyklos sienų, reikia nuolatos kalbėtis su vaikais ir aptarti tai, kas pamatyta. Turime vesti juos į muziejus, vykti su jais į gamtą, vaikštinėti po miestą ir taip sužadinti tam tikras jų reakcijas, kad vaikai pamažu suprastų, jog visa tai – vienos visumos dalys. Ir kad visa ši tikrovė veda žmogų į Gėrį.

PIRMOJI DALIS

Nuo 6 iki 9 metų II

Aptarinėjome šešerių metų amžių, mokyklinio lavinimo pradžią. Jūs nusakėte pirmųjų trejų metų mokymą. O kaip atrodys mokykla? Kiek laiko per dieną ji dirbs?

Visą laiką. Kam vaikui išeiti iš mokyklos? Kur jis išeina? Į kiemą, ir mes nė nenutuokiame, kas su juo ten vyksta? Juk vis dėlto visuomenė kol kas nėra tokia ideali, kad mokykla, namai, kiemas vienodai teigiamai veiktų vaiką.

Todėl patikimiausia – organizuoti mokyklą kaip teigiamą aplinką vaikui vystytis ir tegul jis būna ten kuo ilgiau, o namo grįš išsimaudyti, pavalgyti, pamiegoti. Valandėlę pabus su tėvais ir gulsis miegoti.

Tai turėtų būti kažkas panašaus į pailgintą mokymosi dieną?

Nevadinčiau to mokymosi diena. Visa, kas susiję su mokymusi, atstumia. Tai tiesiog ilga diena, pilna malonių įspūdžių.

O koks ryšys su giminėmis, broliais ir seserimis?

Su jais vaikas bendraus ryte prieš išeidamas ir vakare grįžęs. Jis neturi sukiotis aplink motiną, kuri šūkaus, kad jai netrukdytų, ir lieps eiti prie žaislų, kompiuterio arba apskritai įjungs televizorių, kuris rodo įvairiausias, nežinia, kokias, programas. Geriausia – kad vaikas viską gautų iš mokyklos: kryptingai, tikslingai, kur ir pailsės, ir pavalgys, ir pažais, ir paspardys kamuolį.

Pavalgys?

Žinoma. Visi kartu. Vaikas mokykloje turi būti visą dieną. Juk kiek valandų per dieną jam reikia mamos?

Priklauso nuo to, kiek jam metų.

O kiek ji laiko per dieną gali jam skirti? Tegu tai būna dienos pabaigoje, prieš einant miegoti – pusvalandį, valandą, dvi valandas.

Sakykim, šeštą vakaro.

Sakykim, nors irgi dar neaišku, ar mama tuo laiku bus laisva. Tarkim, nuo 6 iki 8 valandų vakaro. O paskui ji pabaigs visus likusius darbus.

O kaipgi namų darbai?

Nėra namų darbų. Viskas atliekama mokykloje, viskas baigiama ten. Nėra tokios sampratos „namų darbai". Vaikai to nemėgsta.

O jei reikia atlikti kokius nors pratimus, tai šitai daroma antroje dienos pusėje?

Nėra atskyrimo: pirma dienos pusė, antra dienos pusė. Reikia žiūrėti kiek kitaip. Mokantis turi būti daugiau pertraukų, kad vaikai galėtų išbėgti į lauką palakstyti, pažaisti. Paskui vėl užsiėmimai, valgis, poilsis. Taip jie praleidžia dieną ir nemato jokio skirtumo – čia mokykla ar vasaros stovykla.

O atostogos būtų?

O kam atostogos? Nuo ko jie pavargsta? Be kita ko, visas šis procesas turi vykti ir darbo dienomis, ir savaitgaliais, ir per šventes.

O tėvus reikia kviesti į mokyklą, surengti tokią "tėvų dieną", pravesti jiems specialią pamoką. Trumpai tariant, reikia, kad tos dienos prabėgtų sukurtoje tinkamoje atmosferoje, o ne taip, kad vaikas grįžta į mokyklą po namuose praleistų švenčių ir pasakoja, kaip jį tėvas vežęsis neaišku kur...

Vadinasi, Jūsų manymu, mokykloje turi būti ilga diena, pilna skirtingos veiklos.
 Taip, suprantama

Ir visą dieną vaikas turėtų mokytis grupėje iš 10 vaikų?
 Ne. Yra mažos ir didelės grupės. Jei rengiamasi aptarinėti, tai suburiama nedidelė grupelė, o jei einama į muziejų, planetariumą arba važiuojama prie jūros ar į mišką, tai grupė turėtų būti didelė.

Tada visi gali būti kartu?
 Taip.

O kam priklauso vaikas? Šiandien jis priskiriamas kokiai nors klasei mokykloje, o tokiu atveju priklausytų dešimties žmonių grupei?
 Nemanau, kad jis turėtų priklausyti tik šiai grupei. Tai turi būti itin dinamiška.

Bet iš principo jis turi būti jo amžių atitinkančioje grupėje?
 Tai turi būti grupė, kurioje jis galėtų save išreikšti.

Kitaip tariant, nebūtų skirstymo į klases: 1A, 1B, 1C?
Ne. Priešingai. Mes turime parodyti vaikui, kad visa mokykla – tai vienas organizmas, kad ji atvira visiems, kad nėra jokių apribojimų. Juk visi tie apribojimai galiausiai pagimdo nepasitikėjimą savimi.

O aptarinėjant taip pat reikėtų keisti grupes?
Pageidautina. Tačiau tam reikia specialiai apmokyti auklėtojus ir paruošti vaikus.

O kodėl toks skirstymas į grupes sukelia vaiko nepasitikėjimą?
Todėl, kad jis pripranta prie savo grupės kaip prie savo lovos, naktipuodžio ar kambario ir paskui jam labai sunku atsisakyti įprastinės aplinkos. Jam kyla baimė ir nepasitikėjimas. Netgi suaugusieji tai patiria palikdami namus. Šiandien „keturiasdešimtmečiai vaikai" nenori būti toli nuo mamos ir elgiasi su ja kaip mažiukai.

Taip, šiandien vaikai sunkiai tampa savarankiški...
Taigi, ir iš kur tai kyla?..

O kaip dėl berniukų ir mergaičių bendravimo? Ar jie gali diskutuoti tarpusavyje? Ar gali kartu atlikti bendrus veiksmus?
Tai bus vėliau, ypatinga forma.

Manote, kad lytinį švietimą reikia pradėti ne nuo dešimties?
Sulaukus devynerių imame su vaikais šnekėti apie jų lytinę priklausomybę, apie santykius tarp lyčių, apie tai, kaip pratęsti giminę. Iki tol jie nėra pasirengę suvokti šių reiškinių. Vaikas dar neturi vidinių prielaidų, kad suprastų, kodėl ir kaip viskas vyksta.

Anot psichologijos, tokio amžiaus vaikai itin mėgsta kurti: ką nors daryti rankomis, ugdyti kokius nors įgūdžius. Tai suteikia jiems pasitikėjimo savimi. Ir galima pasiekti puikių rezultatų, kai jie varžosi, kas geresnis, kas stipresnis, kas greitesnis, kas daugiau žino.

Pagal integralaus auklėjimo metodiką tai lavinama priešingu būdu – varžytis reikia dėl to, kaip kuo daugiau padėti kitiems.

Ką tai reiškia?

Vaikai turi įtraukti tai į savo ketinimą: „Noriu būti pats geriausias duodamas artimui, visuomenei."

O kaip dėl siekio kuo daugiau žinoti?

Tai jau kai kas kita. Ir nekalbama apie tai, kaip žinoti kuo daugiau. Juk mūsų aptariamoje visuomenėje mes neteikiame reikšmės atskiro žmogaus žinioms. Mes nerašome pažymių.

Tokioje mokykloje nebūtų rašomi pažymiai?

Nėra pažymių, nėra patikrinimų.

Ir nėra egzaminų?

Ir nėra egzaminų.

O kaip tada įvertinti vaiko pasiekimus?

Auklėtojas žino ir supranta kiekvieną vaiką, kuris yra šalia jo. Juk jis dirba kartu su dar vienu auklėtoju mažoje dešimties žmonių grupėje.

Tiesa, tai tikrai padeda juos pažinti. O gal reikia tiesiog žodžiais įvertinti įgūdžius?

Ne. Mums reikia padaryti taip, kad galiausiai visi išeitų vienodo išsivystymo lygio.

Bet kaip tai padaryti, jei visi skirtingi: vieni judresni, kiti nuovokesni, dar kiti protingesni?

Kiekvienas grupei duoda tiek, kiek gali. O mes vertiname jo indėlį. Pirmiausia rūpinamės tuo, kad mokyklą paliktų Žmogus, o ne fizikos, matematikos ir t. t. pirmūnas. Šitai mums nėra taip svarbu ir, mano manymu, jau netolimoje ateityje tai neturės didesnės reikšmės žmonijai.

Šiandien itin daug dėmesio skiriama asmeniniams žmogaus pasiekimams. Ir tai, be jokios abejonės, vyksta kitų sąskaita.

Taip mes griauname visuomenę, nes iš tikrųjų viena vyksta kito sąskaita. Štai kodėl ir „verčiame viską aukštyn kojom". Pasiekimais turėtų būti laikomi žmogaus veiksmai visuomenės gerovei. Ir tik pagal tai žmogus vertinamas.

O kaip motyvuoti vaiką mokytis? Iš kur jis ims tam energijos?

Iš to, kad stengsis dėl visų. O kai jam kils noras įnešti savo indėlį į visuomenę, tegu ima siekti mokslo, mokytis fizikos, matematikos, visko, ko tik norisi. Bet pirmiausia – indėlis į visuomenę.

Vadinasi, dar prieš pradėdamas mokytis vaikas turi nuolatos stengtis dėl visuomenės.

Tai svarbiausia. O jau paskui jis mokysis pagal savo polinkius.

Sakykime, atsiskleis ypatingi vaiko gebėjimai fizikai ar matematikai. Ar galėsime juos lavinti esant tokiai mokymo sistemai?

Taip, galėsime, tarkime, penktoje ir šeštoje klasėse.

O kaip dėl jo motyvacijos tapti geriausiu toje srityje, ji turėtų būti grindžiama siekiu pasitarnauti visuomenei?

Taip, tik siekis būti naudingam visuomenei. Ir kaskart reikėtų pabrėžti, kad būtent tokį visuomenė jį nori matyti.

Tai skamba kažkaip labai altruistiškai. Aš vystausi, bet tik tam, kad duočiau naudos visuomenei...

Be to, kai jis pradės dirbti, tikiuosi, visuomenė jau bus tokia, kad jis neuždirbs daugiau už kitus.

Nebus atsižvelgiama net į jo poreikius?

Taip, jis gaus tiek, kiek gauna žmogus, atliekantis paprastą darbą pagal savo gebėjimus. Juk matematikos srityje jis pasižymėjo dėl prigimtinių savybių, o kitas tokių talentų neturi. Tas kitas duoda naudą visuomenei dirbdamas santechniku, o jis, tarkime, tapo profesoriumi arba didelės firmos vadovu. Tai kas?!

Kiekvienas užima savo vietą – suprantama. O jeigu jie nevienodai stengiasi dėl visuomenės?

Kiekvienas stengiasi tiek, kiek supranta galįs tarnauti visuomenei – pagal savo asmenines savybes.

O jo indėlis vertinamas?

Visuomenė vertina žmogų pagal jo naudingumą, koks skirtumas – tu santechnikas ar kitos srities specialistas. Atsižvelgdama į tai kiekvieną gerbia nepriklausomai nuo jo darbo svarbos. Viskas vertinama tik pagal tai, kiek širdies žmogus įdeda.

Kaip tai galima išmatuoti?

To neišmatuosi. Kai visuomenė pakils į naują, dvasinį, lygmenį, ji galės tai įvertinti, suprasti, pajausti.

Bet vis dėlto man neaišku, iš kur vaikas ims motyvacijos įdėti daugiau, žinodamas, kad gaus tiek pat kaip ir kitas vaikas, kurio indėlis, kaip jam atrodo, visai menkas? Juk vaikai stipriai jaučia varžymąsi.

Taip išauklėtas vaikas labiau už viską vertins visuomenės pritarimą arba pasmerkimą, ieškos visuomenės pagarbos, sieks jai patikti. Tai bus jo atlygis, nes būtinus dalykus jis gaus nepriklausomai nuo savo indėlio. Mes sukurti taip, kad priklausome nuo visuomenės ir turime tą išnaudoti. Būtent tai būdinga žmogui, tas jį atskiria nuo gyvūninio lygmens.

O kada vaikui tai bus ne šiaip žodžiai?

Mes padedame jam tai realizuoti per visą gyvenimą! Mokykla niekada nesibaigia, mes tik pakeičiame mokyklinius rėmus visuomeniniais. Ir kiekvieną kartą žmogus jaučia, kad jis yra tam tikroje aplinkoje ir kaip neatskiriama jos dalis turi dalyvauti jos gyvenime, kaip tai buvo mokykloje. Taip jis juda pirmyn ir kuria sau būsimą pasaulį. Galiausiai prilygęs gamtai jis ima jaustis esąs tobulas kaip pati gamta! Štai kodėl atlyginimai neturėtų būti diferencijuojami, tačiau visuomenė turėtų vertinti, pagirti ar paskatinti kiekvieną. Tai stimuliuoja žmogų iš išorės. Tačiau svarbiausia – vidinė stimuliacija, kai tapdamas vis panašesnis į gamtą jis pajunta jos amžinumą ir tobulumą it savą.

O kaip dabar sukurti tokią mokyklą, kai visuomenė dar neištaisyta?
Reikia išsilaisvinti iš įprasto mums pasaulio ir persiimti naujomis mintimis, integraliu požiūriu į pasaulį. Tada įstengsite užčiuopti šiandien atsiskleidžiančias jo savybes, suprasite kokybinius pokyčius. Suvoksite, kokia turi būti žmogaus auklėjimo sistema. Pirmiausia reikia auklėti Žmogų! O paskui jau kurios nors srities specialistą.

O šiandien viskas atvirkščiai.
Taip. Tai štai, jei mes auklėjame Žmogų, kuris gyvens darniai su gamta, išlaikys pusiausvyrą su ja, tai jis pritaikys savo žinias, mokslą, technologijas visuomenės, gamtos naudai, o ne blogiems kėslams įgyvendinti. Ir todėl pirmiausia turime pasirūpinti auklėjimu, o jau po to išsimokslinimu. Nuolatos šituo rūpindamiesi nuo pat mažens turime sukurti vaikui teisingą aplinką, terpę, kur jis mokysis integralaus ryšio: jis veikia aplinką, o aplinka veikia jį. Jis atskleidžia save it pasaulio dalelę. Ir susijungdamas su visais jaučiasi tarsi būtų ištirpęs gamtoje.

Šiandien egzistuojančioje auklėjimo sistemoje akcentuojama tai, kad vaikas turėtų gauti žinių, o visa kita turi ateiti tarsi savaime. Netgi sakoma: „Duok vaikui instrumentus, kad jis galėtų mokytis." Jei sukursime tokią auklėjimo sistemą, apie kurią kalbate, ar tai nesunaikins vaiko siekio išsiskirti?

ŠIUOLAIKINIAI VAIKAI

Šioje auklėjimo sistemoje aš taip pat vertinu save, ir mane vertina kiti – pagal mano teikiamą naudą. Ir paskatina arba supeikia. Juk ir šiandien norite daugiau užsidirbti, išgarsėti, būti stiprūs ir t. t., kad užsitarnautumėte visuomenės pritarimą, pagarbą. Jūs iš tikrųjų dirbate dėl kitų. Jūs vykdote visuomenės reikalavimus. Norite būti svarbūs jos akyse. Jums patiems reikia nedaug, o visa, kas nėra gyvybiškai būtina, jūs įgyjate, kad nenusmuktumėte visuomenės akyse.

Tai visiems žinoma.

Tačiau visuomenėje niekas šito netiria ir to nemoko, nepasakoja ir nepeikia, nes tai nenaudinga visokių niekniekių gamintojams. Jie gamina, primeta mums būtinybę tuos daiktus įsigyti, mes dirbame, kad už juos sumokėtume, kad sumokėtume už visiškai mums nereikalingus daiktus, nes visuomenė mus įtikino, kad kitaip būsime blogesni už kitus...

O paskatinimas padės mums atsikratyti nereikiamų daiktų gamybos ir liausimės eikvoję gamtinius išteklius?

Įsivaizduokite, kad Jūsų vaikai skaito Jus giriančius atsiliepimus – kaip Jums tai malonu ir koks tai didžiulis atlygis. O jeigu priešingai – koks siaubingas gėdos jausmas įstumia Jus į tamsą... Bet tai atskira tema.

O kaip su sunkiais vaikais, kurie vystosi lėtai arba yra hiperaktyvūs?

Viskas priklauso nuo to, kaip organizuojame jų veiklą. Galime jiems suteikti galimybę judėti... Mes juk kalbame apie tai, kad mokykla nebus tokia, kokia šiandien. Mokytojas, sakykime, sėdės po medžiu, apsuptas vaikų, ir su jais šnekėsis. Paskui jie eis į klasę, pažiūrės filmą, aptars jį. Vėliau pažais futbolą... Dar vėliau eis kartu valgyti, ir šitai taip pat reikia paversti žaidimu. Tegu visi vieni kitiems padeda. Pavalgius galima padainuoti, kitaip tariant, daryti tai, kas suartina vaikus, ugdo jų įprotį būti kartu. Tai gerai! Tai jiems suteikia tikrumą, skirtingai nei tai, kas dabar vyksta mokykloje. Juk vaikas ateina ten kaip į kovos lauką. Galbūt dieną jiems reikia pertraukėlės nusnūsti, juk sakome, kad vaikas bus mokykloje iki šeštos vakaro.

O ką daryti su turinčiais problemų vaikais, kurių vystymasis šlubuoja?
Pavyzdžiui, hiperaktyvius vaikus galima suburti į atskiras grupes, kad jie kitiems netrukdytų.

O ką daryti su tais, kurie turi specifinių problemų?
Jiems taip pat reikia suformuoti ypatingas grupes. Juk ir kasdieniame gyvenime matome, kad jiems arba reikia nuolatinės aplinkinių pagalbos, arba mes jiems sukuriame specialias įstaigas. Todėl tokiems vaikams reikia suteikti galimybę augti padedant atitinkamiems auklėtojams ir išmokyti juos vienas kitam padėti. Juk tarp jų nemažai tokių, kurie geba padėti kitiems.

Taigi toliau kalbėjome apie mokyklą. Sakėme, kad diena mokykloje turi būti kupina malonių įspūdžių. Užuot buvusi prievole, mokykla vaikui turi tapti malonumų diena, be to, tokia, kad jam nesinorėtų atostogų, nes diena mokykloje apima viską: mokymąsi, iškylas, futbolą. Vaikas ten būna iki šešių vakaro, grįžta namo, bendrauja su tėvais, gulasi miegoti, o ryte vėl grįžta į mokyklą visai dienai. Ten jis gali ir pailsėti. Viskas labai dinamiška, nėra klasių, kurios atskiria vaikus. Priešingai, kad išugdytume jų pasitikėjimą savimi, mes juos nuolatos „sumaišome"...

> ŠIUOLAIKINIAI VAIKAI

Išnaudojami visi prigimtiniai vaikų polinkiai: pavydas, garbės troškimas ir kt. tam, kad paverstume juos naudingais visuomenei.

Būtent šia prasme kalbame apie tarpusavio varžymąsi, t. y. apie varžymąsi, kas iš jų duos daugiau naudos visuomenei. Ir tai priešinga tam, kas vyksta šiandien, kai kiekvienas priklausomai nuo savo asmeninių pasiekimų laiko save aukštesniu už kitus.

Šito nevalia leisti. Giriamas tik indėlis į visuomenę ir tik tada žmogui yra kuo didžiuotis.

Taip vaikas auga, siekia tikslo, kurį apibrėžėme kaip tobulumo pasiekimą, žmogui ėmus save vertinti pagal santykį su „artimu" ir pamažu „išėjus iš savęs". Taip kuriame naują auklėjimo sistemą.

Ir ji grindžiama meile.

PIRMOJI DALIS

Lytinės brandos pradžia

Norėtųsi pradėti nuo 9–12 metų amžiaus. Šiais laikais lytinis brendimas prasideda maždaug dvejais metais anksčiau – nuo devynerių, nes nuo tokio amžiaus fiziškai pradeda keistis merginos, o kiek vėliau ir berniukai. Elgesys tai gali išduoti netgi anksčiau, tačiau fizinė lytinė branda prasideda 10–12 metų. Keičiantis fiziologijai, kinta paauglių elgesys. Greitą augimą lydi ūmumas, nutolimas nuo tėvų, suartėjimas su bendraamžiais. Būtent 5–6 klasėse susikuria grupės, draugai paaugliui tampa svarbiausi, o tėvų autoritetas stipriai krinta. Jeigu, kaip kalbėjome, vystymasis turi atitikti gamtos dėsnius, tai kodėl tokiame amžiuje būtinai turi kilti tokia audra? Kodėl negalime to pereiti ramiai, pamažu, be protrūkių?

Mumyse veikia skirtingos Gamtos valdymo ir kontrolės jėgos, kurių padedami mes ir augame. Skirtingais gyvenimo tarpsniais šių jėgų poveikis nevienodas. Išskiriame tokius amžiaus tarpsnius: 3–6, 6–9, 9–13 ir 13–20 metų. Perėjimas iš vieno periodo į kitą gali būti itin staigus, kartais per vieną dieną, nors mes ir neatpažįstame tos dienos. Tačiau to neišvengsi.

Vaiko suvokime kažkas įvyksta, ir viskas keičiasi.

Galbūt paauglys pats nemoka susitvarkyti su savimi, o mes reikalaujame iš jo dalykų, prieštaraujančių jo prigimčiai. Turime geriau pažinti prigimtį ir sekti įkandin jos kartu su vaiku.

Kokie suaugusiųjų veiksmai gali padėti sėkmingai pereiti šį amžių?

Supratimas, pokalbiai, draugiškas nusiteikimas, visuomenės gyvenimo paaiškinimas. Aš augau gydytojų šeimoje. Mano mama buvo ginekologė, o tėvas – stomatologas, visi giminaičiai irgi gydytojai. Todėl aš daug žinojau, skaičiau knygas. Nepaisant šito, kai studijuojant universitete teko apsilankyti morge, gimdykloje ir operacinėje (nuo to prasidėjo mano studijos), tai sukėlė šoką ne tik mano kurso draugams, bet ir man. Kodėl neparodžius to vaikams anksčiau? Kodėl nepakalbėjus apie tai, kodėl nepasiūlius vaikams ištirti gyvenimo ir visko, kas jį sudaro? Tai ir santykiai tarp vyro ir moters, ir kūdikio gimimas, ir kiti žmogaus gyvenimo etapai. Galima parodyti filmą, kaip elgiasi vaikai, suaugusieji ir netgi gyvūnai, paaiškinti tokio jų elgesio priežastis.

Įvairiapusis gyvenimo mokslas.
Galima nufilmuoti ir pačių vaikų elgesį, o paskui kartu pažiūrėti. Įsivaizduojate, jeigu mes parodysime vaikui, kaip jis elgėsi vakar?

Vaikams tai ne itin patiks...
Bet tai bus pamoka, kurios niekuo nepakeisi.

Jūs siūlote tirti gyvenimą stebint?
Vaikams eikvojame daugybę jėgų ir išteklių. Jie 10–12 metų mokosi mokykloje, bet visa tai pasirodo esą neefektyvu dėl to, kad neįstengiame išugdyti jų individualaus požiūrio, nemokome jų gyventi. Jie palieka mokyklą nieko negavę, tarsi veltui praleidę laiką. Kažką suvokė, bet iš tikrųjų šiuolaikiniam brandos atestatui gauti pakanka žinių, įgytų per porą metų.

Patys vaikai sako nematą ryšio tarp to, ko juos moko mokykloje, ir tikrojo gyvenimo. Būdami tokio amžiaus jie tai itin aiškiai tvirtina.

Turime suprasti, kad mūsų gyvenimas priklauso nuo savęs pažinimo: kiek žmogus save pažįsta, tiria, supranta savo savybes, savo poelgių priežastis. Žinodamas, kodėl ir kam veikiu, esu pajėgus įvertinti save iš šalies, apsvarstyti, kaip mano veiksmus priima kiti, kritiškai įvertinti savo supratimą apie kitus žmones, o nuo viso to priklauso mano sėkmė gyvenime. Profesija kur kas mažiau svarbi. Ir brandos atestatas, ir universitetinis išsilavinimas išties nėra tokie reikšmingi, nes būtina kurti žmogų, o būtent to šiandien ir nedarome.

Įdomu, kad mokytis gyvenimo stebint galima visur: mokykloje, šeimoje. Bet tik su sąlyga, kad tėvai žinos, kaip tai daryti. O tai reiškia, kad pirmiausia reikia auklėti tėvus.

Atsiliekame jau keletą tūkstantmečių, tad kada nors teks pradėti.

Vadinasi, 9–11 metų vaikai jau turi žinoti, kokie pokyčiai jų laukia?

Atsižvelgiant į vaiko amžių būtina su juo atvirai ir laisvai aptarti visus reiškinius. Žinoma, tuo lygmeniu, kurį jis gali suprasti. Tai, kas natūralu, kas priklauso mūsų prigimčiai, įskaitant mūsų impulsus ir polinkius, reikia aptarinėti.

Įskaitant seksualumą ir lyčių skirtumus?

Žinoma, bus kur kas geriau, jeigu vaikams tiesiai ir atvirai apie viską sakysime, aiškinsime vykstančių reiškinių priežastis ir pasekmes, skirtingas elgesio formas. Juk aišku, kad būtent uždraustas vaisius saldus. Todėl vaikams reikia daugiau rodyti, ką mes žinome apie tai, kas su jais vyksta. Juk jiems atrodo, kad jie turi savo pasaulį, o suaugusieji gyvena kitame pasaulyje ir vystėsi kitaip. Bet jeigu apie viską su jais kalbame atvirai ir parodome savo santykį, tai taip užmezgame ryšį tarp dviejų kartų.

Tai itin sustiprina ryšį. Dabar klausausi ir puikiai įsivaizduoju, kaip paauglys ir jo tėvai, kurie jam atrodo kaip „dinozaurai", suranda bendrą kalbą. Pamenu, kaip mane paveikė, kai mano tėtis su manimi apie tai prašneko. Paprastai vyrai gėdijasi kalbėtis tokiomis temomis. Psichologinėje literatūroje daug parašyta apie tokių pokalbių svarbą. Tačiau vyrai tiesiog nežino, kaip kalbėti.

Kaip tėvas stengiausi visada būti atviras su savo vaikais. Mes visiškai atviri ir galime kalbėti bet kokiomis temomis.

Lytinio auklėjimo reikia ir mergaitėms, ir berniukams. Vaikai turi žinoti viską?

Taip, visi turi viską žinoti pagal savo amžių. Turime teisingai traktuoti šį klausimą, pasverti, nieko neslėpti. Juk kuo daugiau paaugliai žinos ir bus psichologai patys sau turėdami visas tas žinias, tuo daugiau šansų, kad susidarys darnus požiūris į šį gyvenimo aspektą, neatsiras jokių nukrypimų.

Iš šalies jie neieškos nei įrodymų, nei nukrypimų. O kaip reikia žvelgti į visus nukrypimus, jeigu jų yra? 10–12 metų amžiaus paaugliai internete randa visko.

Nieko baisaus, kad jie apie tai žinos. Nereikia tokių temų gėdytis ar slėpti. Vaikai turi žinoti, kad visa tai natūralūs reiškiniai ir tokių nukrypimų turi kiekvienas. Jie specialiai sukurti gamtos, kad žmogus išmoktų susitvarkyti su jais ir teisingai juos panaudotų.

Mokėtų apriboti?

Taip, žmogus pats turi susikurti apribojimus. Tai leidžia jam išlaisvinti mintis ir dvasines jėgas kitiems dalykams. Šito nesuprasdami vaikai bus užsiėmę viena tema ir pasinėrę į savo pojūčius keletą metų.

Tarsi su rožiniais akiniais.

Jie tiesiog nepajėgia iš to išsilaisvinti. Šiuolaikinei kartai būdingi tokie stiprūs lytiniai impulsai, kad jie užgožia visa kita. Jeigu suteiksime vaikams gebėjimą subalansuoti šias mintis pasitelkus psichologiją, tai šitai leis jiems dalį laiko ir dvasinių jėgų skirti kam nors kitam.

Internete šia tema tiek daug iškrypimų...

Apie internetą apskritai nėra ko kalbėti. Mano manymu, jei kas nors nori praturtėti pasinaudodamas tuo, kas natūraliai domina vaiką, tai šitai tiesiog reikia uždrausti. Turime būti atviri, vaikai turi turėti visą informaciją, tačiau tik tiek, kiek reikia darniam vystymuisi užtikrinti. Mes turime tuo pasirūpinti. Tada neatrodysime kaip davatkos, kurios stengiasi nuslėpti sudėtingą temą.

Požiūris turėtų būti toks – mes šių klausimų nepaverčiame problema, jie mums natūralūs. Tokio amžiaus vaikas atranda naujų pojūčių, ir tai gali jį smarkiai supainioti.

Turime paruošti vaiką, paaiškinti, kad visi jaučiasi panašiai.

Tai itin nuramina. Ir dar svarbu, kad galima apie tai kalbėti. Kaip supratau, Jūs net rekomenduojate kalbėtis apie tai mokykloje?

Reikia šnekėti apie tai visur ir atvirai. Tada vaikus šitai nebe taip žavi, juk uždraustas vaisius saldžiausias. Savo atvirumu padarysime tuos dalykus ne tokius reikšmingus ir neleisime prisigalvoti įvairiausių nebūtų dalykų.

Nebereiks ieškoti informacijos, jeigu bus galima tiesiog atsiversti knygą ar šnektelti. Be to, vaikas dar pajus, kad jį supranta. Juk būtent ši tema dabar jam rūpi. Jis negali nutolti, negalvoti apie tai, ir štai – kaip tik apie tai, kas jį domina, šnekama mokykloje.

Ką šiandien siūlo psichologai?

Psichologams tai itin sudėtinga tema. Yra skirtingų programų. Būtent 5–6 klasėje vaikams kyla seksualinių interesų, nesvarbu, kad tik draugystės lygmenyje. Dalyvavau lytinio švietimo programoje ir man iš karto pasakė, kad mokytojai negali šnekėti tokiomis temomis, tad pamoką teks vesti pačiai. Taip ir padariau. Labai įdomiai pabendravome su vaikais. Bet kadangi aš jiems svetimas žmogus, o su mokytoja toliau dirbti nepavyko, tai jokio tęsinio ir nebuvo. Atskirai šnekėjome su berniukais ir mergaitėmis ir, žinoma, pokalbiai buvo skirtingi.

Atskirai berniukai ir mergaitės?

Taip. Man pasirodė, kad mergaitės, dalyvaujant berniukams, neišdrįs užduoti jas dominančių klausimų, tarp jų ir apie berniukus, o man norėjosi suteikti joms tokią galimybę. Su berniukais tas pats. Vaikai klausė tokių dalykų, į kuriuos būtų galima rasti atsakymus knygoje arba paklausti to mokytojos, jeigu ji būtų pasirengusi atsakyti, arba mokytojo, jeigu tai berniukai. Tai labai svarbu. Moteris negali atsakyti į visus klausimus, susijusius su vyrų pojūčiais ar su tuo, kaip vyrai mato santykius. Aš galiu tik įsivaizduoti, bet tai nėra tas pats. Šių pokalbių atmosfera buvo labai gera, vaikams patiko. Tačiau mokytojai nėra pasirengę vesti tokius pokalbius, jie tai supranta kaip įsiveržimą į kiekvieno asmeninę sferą. Tėvams taip pat nepaprasta kalbėtis su vaikais šiomis temomis, jie nežino, kiek ir kaip kalbėti.

Nieko keisto, juk jie irgi nebuvo taip auklėjami.

Tačiau požiūris turi būti grindžiamas pačiu didžiausiu atvirumu.

Atvirumas ir ankstyvas švietimas. Jei vaikui atsirado kokių nors polinkių, impulsų, turime nedelsdami juos subalansuoti, parodyti teisingą požiūrį. Juk jų nei išrausi, nei nutolsi nuo jų. Tikrasis auklėtojas turi eiti kartu su vaiku, mokyti jį, kaip teisingai su tuo susidoroti.

Jūs minėjote, kad naudinga rengti žaidimus, kuriuos žaisdami vaikai galėtų pavaizduoti priešingos lyties elgseną.

Taip. Mes juk kalbame apie atvirą bendruomenę. Visa, kas yra visuomenėje, reikia aptarti. Turime paaiškinti, pateikti pavyzdžių, ir ne virtualiai, tarkim, žiūrint TV programas, o gyvai.

Jeigu Jums būtų suteikta galimybė dalyvauti sudarant mokomąją auklėjamąją lytinio švietimo programą, kokių principų, be atvirumo, dar laikytumėtės?

Pirmuoju etapu reikėtų su vaikais šnekėtis atskirai: vyrui su berniukais, o moteriai su mergaitėmis. Vėliau vyras ir moteris kartu turėtų šnekėtis atskirai su berniukais ir su mergaitėmis. Paskui galima visiems kartu – sujungti ir grupes, ir auklėtojus.

Vaikams šiek tiek suartėjus su auklėtojais?

Taip. Tačiau visa tai turi būti daroma subtiliai, natūraliai. Turime pakelti vaikus iš gyvūninio lygmens į žmogaus lygmenį. Kadangi mūsų instinktai priklauso gyvūniniam lygmeniui, tai mūsų užduotis – išmokyti vaikus žiūrėti į save iš aukščiau. Jie turi suprasti savo prigimtį, instinktus, potraukius, kiek jiems skirti svarbos ir laiko, koks turėtų būti santykis su jais, kam teikti pirmenybę. Dabar tai mane itin užvaldė, bet ar dėl to aš gyvenu? Reikia suteikti vaikams kuo daugiau laiko ir progų apie tai tarpusavyje šnekėtis. Nors ir dvi valandas!

Jie prašnekės visą dieną!

Ne, ne, tai baigsis greičiau, nei galvojate. Jei jie galės aptarinėti laisvai ir be apribojimų, tai labai greitai nusiramins, hormonai nuslūgs, ir jų galvose bus vietos kitiems dalykams.

Norite, kad vaikai pasijustų kontroliuojantys jausmus, patirtų tam tikrą nusiraminimą, šioms mintims pasitraukus į antrą planą?

Kodėl gi ne? Šiandien šiems dalykams neleidžiame išeiti. Atleiskite už palyginimą, bet tai kaip su kanalizacija – jeigu vamzdis užsikiš, viskas kils į viršų, kol kokioje nors vietoje prasiverš.

Ir tai gali pasireikšti kaip kraštutinė agresija ir prievarta.

Taip, nes vaikai nežinos, kokiu būdu tai išreikšti.

Pastaruoju metu girdime apie siaubingą prievartą, kai lytinis potraukis mėginamas patenkinti prievartaujant arba kuriant tarpusavyje besigrumiančias mergaičių arba berniukų grupes. Kaip matome, noras užmegzti ryšį įgyja keistą formą.

Todėl, kad nėra programos, koks turėtų būti teisingas santykis su kylančiais norais, kaip juos subalansuoti, naudoti. Viena vertus, vaikams trūksta žinių, kita vertus, juos veikia neigiami, atitolę nuo gyvenimo pavyzdžiai iš filmų, įvairios ligotos fantazijos. Tiesiog matau, kaip jaunimas savo elgesiu ir mąstymu kopijuoja holivudinius pavyzdžius. Žmogus liaujasi buvęs žmogumi ir paprasčiausiai tampa tų filmų herojų kopijomis.

Šio amžiaus paaugliams dar būdingas toks reiškinys: skirstymas į „savus" ir „atstumtuosius". Tai irgi tam tikras noro užmegzti ryšį aspektas, tačiau jis įgyja žiaurumo formą. Kai kurie vaikai tiesiog tampa autsaideriais.

Galiu paaiškinti šį reiškinį, bet norėtųsi išgirsti psichologų nuomonę. Juk dirbdami su vaikais mokykloje ir asmeniškai sukaupėte didžiulę praktinę patirtį. Kaip paaiškinate, kad šiandien gyvendami išsivysčiusioje ir nuovokioje visuomenėje vis dar negalime susidoroti su panašiomis problemomis? Kodėl Švietimo ministerija, tėvai ir visos kitos organizacijos, dirbančios su jaunimu, tarp kurių ir kariuomenė, negali surengti tokios paprastos akcijos?

Kaip vadinasi ta akcija?
Žmogaus sukūrimas.

Tam reikia revoliucijos auklėjimo srityje. Neįmanoma imti to, kas egzistuoja šiandien, ir „užvilkti" naujus principus. Dauguma žmonių geranoriškai nenori per daug keistis, jie keičiasi, tik jeigu nebegali likti įprastose vėžėse. Todėl švietimo sistemoje stengiamasi išsaugoti ankstesnius rėmus, nors iš to nieko gero ir neišeina.

Rekomenduočiau parengti instruktorius, kurie tiesiog šnekėtųsi su vaikais. Nieko daugiau. Tegu šneka įvairiomis temomis, tačiau su klase reikia dirbti taip, kad vaikai pasijustų vienu organizmu. Tie žmonės turi būti tokie profesionalūs, kad matytų santykius tarp vaikų, mokėtų nukreipti ir ištaisyti juos naudodamiesi šiais pokalbiais. Skvarbus specialisto žvilgsnis gali padėti išvengti daugybės problemų turint vos vieną pamoką per dieną.

Valandos per dieną pakanka?
Taip. Mes negalime to reikalauti iš dalykų mokytojų.

Jų to ir nemoko.
O labai gaila. Tačiau galima paruošti žmones specialiai šiam darbui. Rezultatų ilgai laukti nereikėtų, tiesiog per keletą mėnesių viskas būtų akivaizdu.

Bet apie tai kituose mūsų pokalbiuose. Šiandien kalbėjome apie tai, kad nuo 9 iki 13 metų vaikui itin svarbus suaugusiųjų supratimas. Todėl jam reikia suteikti galimybę šnekėtis apie viską atvirai. Buvo pasakyti du vienas kitą papildantys teiginiai. Vienas – parodyti ir paaiškinti vaikui gyvenimo etapus nuo gimimo iki mirties. Tai galima daryti ir namuose, ir mokykloje, žinoma, būtinai atsižvelgiant į amžių. Ir kadangi šiuo laikotarpiu vaikams prabunda lytinis potraukis, svarbu atvirai šnekėtis šia tema nieko neslepiant, juk tai, ką slepiame, kelia dar didesnį susidomėjimą ir labiau užvaldo vaikų mintis. Kalbėjome, ką daryti namie ir mokykloje, o pokalbį vainikavome praktiniu pasiūlymu – parengti specialistus, kurie šnekėtųsi su vaikais juos dominančiomis ir jaudinančiomis temomis. Šitaip, mūsų nuomone, vaikai mažiau rūpinsis savo potraukiais ir skirs energiją kitiems interesams.

PIRMOJI DALIS

Paauglystė

Toliau keliaujame žmogaus raidos etapais ir šįsyk kalbėsime apie ankstyvąją paauglystę, 9–13 metų laikotarpį, kurį jau šiek tiek aptarėme, paliesdami ir seksualumo klausimą, tačiau yra dar keletas aspektų, kuriuos taip pat norėtųsi aptarti.

Jau šnekėjome, kada ir kaip pradėti lytinį švietimą, kaip elgtis su ta vidine vaikams kylančia įtampa. Šiandien norėtųsi toliau kalbėtis apie vaiko emocinius pokyčius šiuo amžiaus tarpsniu.

Vaikai nuo 9 iki 13 metų negeba išlaikyti pusiausvyros, yra nervingi. Jie patys dėl to kaltina kitus ir neieško priežasties savyje. Aiškiai atsiskleidžia savarankiškumo siekis. Vaikas tarsi svyruoja tarp priklausomybės ir savarankiškumo. Aptardami dvejų metų amžių pabrėžėme, kad vaikas stengiasi ištrūkti iš mamos rankų. Panašiai vyksta ir 9–13 metų laikotarpiu, tačiau ne fiziniame lygmenyje, o emociškai. Ne namų aplinkoje vaikui labai norisi būti savarankiškam, tačiau šeimoje jis vėl tampa visiškai priklausomas. Ir tai tėvams sukelia daugybę sunkumų, painiavą. Kaip tokiu periodu elgtis su paaugliu?

Kiekvieną vaiką turime paversti psichologu sau pačiam. Jis turi suprasti save ir įsisąmoninti, kaip jį mato kiti žmonės. Turime parodyti jam ne tik, kaip elgiasi jis, bet ir kiti žmonės (būtų gerai tai nufilmuoti) – kaip skirtingų lyčių ir amžiaus žmonės elgiasi skirtingose situacijose. Vėliau visa tai turėtų būti aptariama paauglių grupėje. Vaikas turi jausti, kad jį moko, kaip gyventi, kaip teisingai traktuoti gyvenimą. Mokymas turi būti atviras, be uždraustų temų, nutylėjimų, paslapčių, kurios tik išveda iš kelio.

Kitaip tariant, jis turi pats save tyrinėti?

Žinoma. Integralus auklėjimas atskleidžia žmogui jį patį, jo vidų. Ypač nereikėtų pražiopsoti 6–9 metų laikotarpio. Šiame amžiuje dedami pagrindai, o tai, ką vaikas per tuos metus gaus, paskui jame ir susiformuos, nes toliau eis lytinės brandos periodas, kuris neleis paaugliui susitelkti į nieką kitą – tik į lytinius klausimus. O kol kas galima laisvai, be spaudimo šnekėti su vaiku apie polinkius ir norus, kurių jis gėdijasi, ir būtent šiuo laikotarpiu mokyti jį teisingai žiūrėti į save tarsi iš šalies.

Jūs sakote, kad reikia skatinti ir ugdyti vaiko gebėjimą matyti save iš šalies?

Taip. Ir vienu metu dviem kanalais – per logiką ir per jausmus – imti mokyti, kaip atlikti vidinę analizę, t. y. aiškintis, ką vadiname „saldu – kartu", o ką „tiesa – melas".

Vieną kito atžvilgiu?

Taip. Išsiaiškinti pasitelkus logiką ir jausmus. Tai padės vaikui gal ir ne visiškai susidoroti, bet bent jau suprasti, kas su juo vyksta. Juk jis neturi net virvelės, kurios galėtų įsitverti, kad ištrūktų iš to vidinio jį įtraukusio sūkurio. Jam reikia kaip nors išvyti šį suraizgytą kamuolį. Čia itin svarbu tapti vaiko partneriu. Auklėtojas sykiu turi būti ir draugas, kitaip tariant, kai kur reikėtų būti aukščiau, labiau patyrusiam, bet taip pat sugebėti nusileisti iki vaiko lygmens.

Ar tai reiškia, kad auklėtojas turi būti daugmaž to paties amžiaus kaip ir vaikas?

Ne, bet jis turi sugebėti taip nusileisti iki vaiko lygmens, kad šis pajaustų jį kaip sau lygų draugą. Labai daug galima išmokti žiūrint vaizdo įrašus, kur rodoma, kaip vaikai elgiasi skirtingose situacijose. Reikia aptarti su vaikais, kodėl jie taip elgiasi, o tokio svarstymo išeities taškas turėtų būti tai, kad mus tokius, kaip ir visas savo dalis, sukūrė gamta. Taip reiškiasi mūsų prigimtis. Nėra nieko, ką reikėtų slėpti. Atvirkščiai, turime tirti save ir gamtą, susiformavusią šiame galaktikos kampelyje. Jei išmokysime vaikus taip elgtis, tai įtampa netrukus ims slūgti. Svarbiausia – viską spręsti kartu su vaiku, o ne atskirai nuo jo.

Tai leis suprasti, kad tas manyje esantis vidinis sūkurys yra ir kituose.
Visiškai teisingai. O kai apie tai pradedama kalbėti klasėje, dar ir trečiuoju asmeniu, dar ir parodžius kokį filmą, tai galima viską labai laisvai aptarti, pašūkauti, pasipiktinti, pasijuokti. Per tokį aptarimą net nesvarbu, ar vaikai ką nors sutars. Svarbu, kad jie mokosi apie tai kalbėti. Ir jeigu šiandien jie sako, kad tai įvyko su kažkuo kitu, pavyzdžiui, su filmo herojumi, rytoj tai nutiks su juo pačiu, ir tada jie prisimins viską, apie ką šnekėjo klasėje.

Tokį parengiamąjį darbą galima pradėti ir ankstyvesniame amžiuje?
Visų pirma problema ta, kad tokioms psichologinėms pamokoms reikia skirti daugybę valandų. Tačiau tai būtina, norint kurti žmogų. Kaip tik toks požiūris ateityje leis vaikui teisingai traktuoti visuomenę, valstybę, pasaulį, išsirinkti profesiją ir t. t. Tokia žmogaus ir gyvenimo analizė – visa ko pagrindas. Išmokęs žvelgti į save iš šalies, jis gebės analizuoti, kodėl elgiasi taip ar kitaip, kaip laikui bėgant keičiasi jo požiūris ir elgesys, kaip jo poelgius vertina kiti. Jis puikiai supras, kaip viskas pasaulyje sąlygiška, kiek jis pats priklauso nuo prigimties, nuo to, koks iš pradžių buvo sukurtas. Toks požiūris kiek palengvina begalinės atsakomybės naštą ir moko, kaip teisingai žvelgti į bet kokią situaciją.

Tai irgi sumažina kaltės jausmą.

Ir įtampą taip pat. Beje, yra didžiulė nauda, kai vaikai mokomi aktorystės ir pirmiausia – kaip išeiti iš savęs įsijaučiant į vaidmenį.

Ar verta apie tai šnekėti šeimoje, pavyzdžiui, kasdien prieš miegą?

Nemanau, kad galime perkelti tai ant tėvų pečių, nes jie patys nebuvo taip auklėti. Štai jeigu sugebėsime išauklėti šiandieninius vaikus, tai paskui, tapę tėvais, jie galės tai perduoti savo vaikams šeimoje. O kol kas su vaikais tegalime dirbti mes, auklėtojai. Viena karta turi būti teisingai išauklėta mokykloje.

Auklėtoju mokykloje turi būti žmogus, kuris mokosi integralaus lavinimo?

Taip, juk šis integralus auklėjimas paprastai ir suprantamai pateikia visa, kas vyksta, suteikia priemones, leidžiančias suprasti prigimtį ir spręsti šiuolaikines žmogaus, šeimos, visuomenės problemas.

Studijuodamas gamtos dėsnius, žmogus visą procesą patiria pats ir mokosi suprasti kitą.

Tai teisinga, tačiau galima rengti kursus, kur per pusmetį ar metus būtų galima paruošti specialistus darbui su tokio amžiaus vaikais. O su vaikais reikia dirbti, kol jie baigs mokyklą ir netgi universitetus. Žmogus visą gyvenimą turi mokytis teisingo ryšio su aplinkiniais. Esu įsitikinęs, kad kuriuo nors etapu tuo užsiims ir įmonėse. Iš esmės procesas turi trukti visą gyvenimą. Žiniasklaida keičiant visuomenę turi groti pirmuoju smuiku. Keletą kartų per savaitę reikėtų rodyti TV laidas šeimai, jos turėtų būti tokios, kad kiekviena šeima, ir maži, ir dideli jos nariai, matytų savo atspindį.

Toks namų teatras?

Taip, tačiau ne paprastas teatras, o suorganizuotas taip, kad žmonės matytų ir analizuotų santykius, mokytųsi apie save iš pateiktų pavyzdžių. Tai iš tikrųjų kurtų žmogų. Man tai atrodo būtina, antraip žmonija nusileis iki gyvūninio lygmens.

Grįžkime prie tėvų. Ar paraleliai mokykloje turėtų vykti kokie nors kursai tėvams?

Aš daugiau tikiuosi iš žiniasklaidos ir tos revoliucijos, kuri ten turėtų įvykti. Žiniasklaidą iš privačių valdytojų rankų turėtų perimti valstybė ir visuomenė, tada ji būtų tinkamai panaudojama. Šiandien, užuot auklėjusi ir kūrusi žmogų, žiniasklaida jį griauna.

Taip, iš tikrųjų ji padaro daug žalos.

Tiesą pasakius, tai stipriausia priemonė, kuri pritraukia žmones, todėl gali duoti didžiulę naudą. Tikiuosi, kad, padedami tų vaikų, kurie jau mokosi mūsų mokyklėlėse, įstengsime sukurti laidų seriją vaikams, o pasitelkę tokius specialistus kaip Jūs sukursime laidų ir suaugusiesiems.

Taip, aš jau pradedu galvoti, kaip tai įgyvendinti. Psichologiniai ir draminiai metodai iš tikrųjų gali būti stipri priemonė, kaip ir pasakojimas, kurį šiandien pasitelkiame psichologinėje praktikoje. Tačiau tai turėtų skelbti naują žinią.

Žvilgtelkime į auklėjimą šeimoje. Šiandien susiduriame su tuo, kad vaikai jau paauglystėje nutolsta nuo tėvų, o suaugusieji nieko negali su tuo padaryti.

Tai ta pati problema. Juk mes gyvename tokioje visuomenėje,

kurią sudaro šeimos, atskiri individai ir visi yra vieni su kitais susiję. Tai vaikui reikia natūraliai paaiškinti.

Ir tėvams paaiškinti? Pavyzdžiui, tėvai, skaitantys mūsų pokalbius, galės rasti sau kokį praktinį patarimą, kaip pakeisti situaciją šeimoje, pradėjus šnekėtis apie tai su vaiku?
Su vaiku būtina kalbėti ir jam aiškinti.

Vis dėlto pabandykime konkrečiai patarti tėvams, ką galima daryti, kad 9–12 metų vaikai nuo jų netoltų.
Savo vaikus vesdavau į muziejus. Veždavausi juo visam mėnesiui į Kanadą ir ten vedžiodavau po muziejus.

Ką Jūs norėjote jiems parodyti?
Žmogaus sandarą, lyčių skirtumus ir santykius tarp jų, gimimą – visa tai galima rasti, pavyzdžiui, Toronte esančiame Gamtos pažinimo muziejuje.

Su vaikais bendravote visiškai atvirai?
Žinoma. Sėdėjau šalia, kai jie žiūrėjo filmą apie tai, kaip atsiranda vaikai, aiškinau jiems, kad tai – gamta. Nuolatos kartojau žodį „gamta".

Bet juk kalbėjote ne tik apie skruzdžių dauginimąsi...
Be abejonės. Nereikia nuo vaikų slėpti to, kas susiję su šia tema, priešingai, reikia kalbėtis ir aptarti paprastai, visąlaik aiškinant, kad tai natūralu. Taip sumažiname perdėtą domėjimąsi šia tema ir įtampą, kylančią siekiant ją atskleisti. Juk būtent tai, kas paslėpta, traukia, o, žiūrėk, atveri – ir pačios didžiausios problemos išnyksta. Be

to, reikia kviestis psichologus, kad šie paaiškintų apie įvairius nukrypimus. Vaikai turi žinoti apie tai ir saugotis to. Apskritai reikia kuo daugiau visko rodyti, aiškinti, aptarinėti.

Tikslingas atskleidimas su paaiškinimais. Man rodos, kad šiuo klausimu integralaus auklėjimo metodikos požiūris skiriasi nuo visų psichologijos krypčių požiūrio.
Mat ji arčiau gamtos.

Taip, tačiau psichologai pripažįsta, kad kažkuriuo etapu vaikas turi atsiskirti nuo tėvų. Antraip jis liks prisirišęs prie jų ir neįgis savarankiškumo. Tai natūralus procesas.
Priešingai, tai visiškai nenatūralu. Nereikia nutraukti ryšio su vaiku, atvirkščiai, reikia nusileisti į jo lygmenį, kad išlaikytum ryšį ir liktum draugu. Ir tada nebus jokių bėdų. Mano mama – ginekologė, ir ji visada labai atvirai su manimi šnekėdavo.

Taip, bet ji kalbėjosi su Jumis, nes išmanė šią temą.
Ne, aš turiu omeny visai ankstyvą amžių. Ji suprato, apie ką reikia su manimi šnekėtis, kad sumažintų šios temos reikšmingumą, kad supaprastintų ją, kad ji taptų natūrali.

Jūs rekomenduojate tėvams išsaugoti draugiškus santykius su vaikais, tačiau juk vaikai nelabai to trokšta.
Tai netiesa. Jeigu vaikai pajaus, kad tėvai „nenusileidžia" iki jų kaip iki mažų, o iš tikrųjų kalbasi su jais kaip su lygiais, tai vaikai sieks tokių santykių. Net šiandien su vaikais šnekuosi visomis temomis ir jie, spręsdami įvairiausius klausimus, tarp jų ir intymius, tariasi su manimi. Ir ne tik aš, kitose šeimose irgi panašūs santykiai.

ŠIUOLAIKINIAI VAIKAI

Taip, yra tokių draugiškų ryšių tarp skirtingų kartų, ir tokie ryšiai nenutrūksta. To paslaptis – pagarba ir kalbėjimasis kaip su lygiais.

Šiam amžiui būdingas ir toks reiškinys: grupių susidarymas ir populiarumo siekimas priešingos lyties akyse. Pavyzdžiui, berniukas, kuris ypač patinka mergaitėms, tampa lyderiu tarp berniukų.

Lyderystės tema vaikų aplinkoje itin svarbi. Turime skirti dėmesio šiam klausimui ir aiškinti vaikams, kas yra pavydas, aistra, noras valdyti, noras užimti tam tikrą poziciją ir kaip visos šios savybės gali būti tiek naudingos, tiek žalingos. Labai svarbu pateikti pavyzdžių. Tarkim, vietoj pamokos verčiau parodyti filmą apie pasipūtimą, kuris galiausiai viską sužlugdo, sukelia neapykantą. Tačiau filmus reikia aiškinti, reikia diskutuoti. Pokalbis apie šalutines problemas sumažina įtampą. Tai nenutrūkstamas darbas, nes žmogaus *ego* visąlaik auga. Bet jeigu suprantama, kad žmogus sukurtas tokios prigimties ir kad ne jis pats taip elgiasi, o kažkas viduje jį stumia, tai išmokius vaiką taip stebėti save iš šalies jam bus lengviau susitvarkyti su visais savo prigimties pasireiškimais.

Šiuo amžiaus tarpsniu gamta ypač „žaidžia" su vaikais. Sakykime, tokį reiškinį kaip „klounas" rasime kiekvienoje klasėje. Vaikai linksta į kraštutinio elgesio formas, tarsi išmėgina jas.

Taip yra dėl to, kad jie stengiasi atkreipti į save dėmesį.

Kaip reikėtų traktuoti tokius reiškinius?

Tai nebus problema išmokius vaiką suprasti save. Tada jis matys savo vidinę priešingų jėgų kovą ir jam patiks tai atpažinti. Be to, jei vaikai klasėje irgi supras, kad tokia klounada – draugo noras sulaukti ypatingo santykio, tai ir iš „klouno" tarsi atims akstiną taip elgtis ir šitai praeis savaime.

Tai tiesiog nesukels norimo efekto.
Visiškai teisingai. Klasės problemas atskleiskite žiūrėdami filmą, o paskui aptarkite herojus. Pažiūrėkite, kiek tai buvo suprantama ir kaip klasėje šių problemų atžvilgiu pasikeitė situacija. Klasė turi tapti nedidele žmonių visuomene, kuri tyrinėtų save ir galiausiai visiems jos nariams gyvenimas taptų aiškus ir skaidrus. Sukurti tokią visuomenę – sudėtinga pedagoginė užduotis.

Tai nėra paprasta, nes tokio amžiaus paauglys krypsta į save patį, be to, jis sieka elgtis taip, kad pykdytų suaugusiuosius.
Taip, tačiau tokiam egocentrizmui atremti yra kiti paaugliai. Stengdamiesi kovoti su vaiko orientacija tik į save, galime kreiptis ne tik į jį patį, bet pasitelkti ir kitus vaikus. Būtent jie savo požiūriu į draugą – priimdami jo gerą elgesį ir atstumdami blogą – turi padėti jam elgtis taip, kad šis paisytų ir kitų žmonių interesų.

Jūs siūlote pasitelkti kolektyvo jėgą?
Taip, būtent ši jėga privers vaiką keistis.

Bet ar tai ne pernelyg žiauru vaiko atžvilgiu?
Ne žiauriau nei tai, kas šiandien vyksta visuomenėje. Juk mūsų laikais vaikų visuomenė pati žiauriausia ir vaikai šito neįsisąmonina.

Be to, žiaurumas pasiekia kritinį tašką, jei neįsikiša suaugusieji.
Atskleisti vidinę žmogaus prigimtį reiškia išspręsti visas problemas, juk čia jau matome žmogų – mažą, bet su savo požiūriu į visuomenę.

Norėčiau pakalbėti apie santykius tarp berniukų ir mergaičių. Anksčiau sakėte, kad nuo trejų jie iš esmės nemato vieni kitų dešimt metų ir yra visiškai atskirti. Ir staiga jie susitinka...

Ne, mes kalbėjome apie tai, kas pageidautina. Tačiau daugumoje pasaulio šalių mokyklų tokio atskyrimo nėra. Nereikia imtis nieko, kas peržengia bendrų normų ribas, o turime daryti tik tai, ką iš tikrųjų galime. Integralus auklėjimas turi būti aiškus ir atviras. Sprendžiant šį klausimą viskas priklausys nuo to, kaip sistema bus plėtojama, kaip bus paruoštos mokomosios programos, mokymosi priemonės ir t. t. Visuomenei teks didžiulė užduotis, kurią ji privalės išspręsti. Kitaip ji užaugins kartą, kuri visiškai neatitiks gamtos, t. y. užaugs nuolatos kenčianti karta...

Apibendrinkime. Kalbėjome, kaip auklėti vaiką, kad jis taptų psichologu sau ir galėtų analizuoti savo elgesį, atpažinti savyje vidinę priešingų jėgų kovą ir patirtų malonumą tai atskleisdamas. Toks požiūris nepaprastai svarbus ir kuriant teisingą visuomenę. Tokia nuolatinė analizė skatina vaiko vidinę brandą, nepaisant jo jauno amžiaus. Kalbėjome ir apie tokio auklėjimo priemones. Tai filmai, atviri pokalbiai mokykloje ir namuose absoliučiai visomis temomis, susijusiomis su žmogaus prigimtimi. Mes tikimės, kad įstengsime sukurti laidų šeimoms seriją, kur ir vaikai, ir suaugusieji galės it veidrodyje matyti savo santykius ir problemas, o tai padės vaduotis iš sunkumų ir šeimose.

PIRMOJI DALIS

Pavydas ir prievarta

Išsiaiškinkime, kaip išauklėti laimingą kartą. Čia itin svarbi pavydo tema. Kai iš vaiko tikimės veiksmų visuomenės labui, tai dažnai susiduriame su pavydu. Jeigu vienas gauna, kitam irgi norisi. Tai akivaizdžiai reiškiasi netgi laikotarpiu nuo šešerių iki devynerių metų. Kiekvienas stengiasi išsiskirti, pelnyti pripažinimą. Tyrimai rodo, jog mokytojui pakanka pasakyti nepatenkintam savimi vaikui gerą žodį, ir šio ryžtas prabunda. Ir atvirkščiai. Kai mokytojas į vaiką nekreipia dėmesio, nepagiria, neišskiria, šis greitai netenka pasitikėjimo, nebegeba veikti ir mokytis. Kaip grumtis su pavydu?

Auklėjimas – sudėtingas mokslas, nes jo supratimas grindžiamas dviejų priešingų reiškinių vienybe. Viena vertus, individuali raida, kita vertus, visuomeninis, kolektyvinis vystymasis. Šie tikslai kartais prieštarauja vienas kitam. Viena vertus, aš toks kaip visi ir noriu būti su visais susijungęs, niekuo neišsiskirti. Visuomenė man svarbiausia ir aš jai tarnausiu ne tam, kad gaučiau naudos ar norėčiau išnaudoti žmones, o tiesiog vedamas tyros širdies. Aš rūpinuosi visuomene, kaip suaugęs žmogus rūpinasi vaikais. Kita vertus, reikalingas asmeninis vystymasis, grindžiamas pavydu, šlovės ir garbės troškimu bei neapykanta – visomis mūsų individualiomis ir netgi žiauriomis paskatomis. Žinoma, viskas priklauso nuo to, kaip išnaudosime šiuos reiškinius, tačiau nė vienas iš jų niekur nedingsta.

Kadangi tai iš tiesų problema, kiekvieną aspektą apžvelkime atskirai, o paskui išsiaiškinkime, kaip juos sujungti draugėn, juk tai sunkiausia.

Pirmiausia lavinant vaiką ar netgi suaugusįjį draudžiama ką nors „ištrinti" iš jo prigimties. Jo polinkius reikia išnaudoti kuo optimaliau. „Optimalus" reiškia tai, kad nėra prieštaros tarp asmeninės ir visuomeninės naudos.

Jeigu priešprieša kyla, vadinasi, tu, kaip auklėjimo organizatorius, sociologas ir tyrėjas, elgiesi neteisingai. Mes turime žinoti, kaip visuomenei ir žmogui padėti pasiekti gerą, darnią būseną.

Tačiau pavydas, kaip ir garbės troškimas, vaidina savo vaidmenį, jie ne šiaip sau egzistuoja.

O kaipgi be jų vystytumės? Tačiau tegu pavydas, garbės ir šlovės troškimas stumia mane, kad vyktų mano individualaus vystymosi procesas, kad tapčiau aktyvia, naudinga visuomenės dalimi ir kad galėčiau padėti visuomenei pasiekti pusiausvyrą, darną, vienybę. Drauge tegu kiekvienas išsiskiria tuo, kas būdinga tik jam, juk niekas kitas, tik jis gali šitai duoti visuomenei.

Bet kaip tą pasiekti? Kad pavydas gali būti teigiamas, aš suprantu.

Reikia sujungti skirtingus dalykus. Tobulumas sukuriamas sujungus skirtingus elementus. Visai kaip mūsų kūne – vienos dalys įsisavina, kitos išskiria; nuolat suspaudžiama ir atleidžiama. Sistemos yra skirtingos ir priešingos, bet tarp jų veikia harmonijos dėsnis, pagal kurį jos veikia dėl vieno tikslo – gyventi. Taip ir mes turime pakilti virš asmeninių interesų. Aš užsinorėsiu būti pats geriausias, pats stipriausias, bet tik tam, kad duočiau visuomenei tiek, jog jai sektųsi, – juk kitaip manęs tiesiog nėra.

Iš to, ką pasakėte, galima kurti darbo su vaikais metodiką: nuolatos rodyti jiems pavyzdžius, kai keletas dalių sudaro vieną visumą, kuri geresnė nei ją sudarantys atskiri elementai. O ką daryti su noru būti geriausiam? Juk jis prigimtinis.

Tegu būna! Tačiau aš jį išnaudoju visuomenės gerovei. Neslopinu kitų, bet mėginu rasti tokį ryšį, kuris mane džiugintų būnant su jais kartu. Ir tada bendra sėkmė taps man malonumu. Didžiulis laimėjimas, jei vaikas arba suaugęs žmogus supras, kad elgdamasis kitaip jis griauna visuomenę, o kartu žūsta ir pats.

Kaip tai realizuoti visuomenėje?

Su vaikais tai atlikti labai paprasta, nes juos šia kryptimi galima auklėti. Įprotis taps antrąja prigimtimi ir pamatysi, kad paskui jie nebegalės elgtis kitaip.

Auklėdami nieko negalime žmoguje naikinti. Atsiskleidžiantiems įvairiems polinkiams, pavydui, neapykantai, aistrai, garbės ir šlovės troškimams turi būti leista vystytis, bet tik teisinga kryptimi. Jeigu valdyti, tai tik save, jeigu nekęsti – tai, ko nori nekęsti savyje. Kai tave užvaldo aistra, kiek tu lieki žmogumi? Kas blogo, kai žmogų pagerbia? Jeigu negerbsiu savęs ir nepanorėsiu, kad mane gerbtų, tai neturėsiu ryšio su visuomene.

Bet kaip tai pakreipti teisinga linkme?

Viskas priklauso nuo to, kokios pagarbos žmogus ieško, už ką ir kas jį gerbia. Jeigu tu pasitelki visus žmogaus polinkius, tai tarsi valdai jį, darai iš jo ką panorėjęs. Tu gali paruošti jį viskam.

Tarkim, apdovanoti vaiką prizu, kad mokykloje ar namuose daro gerus darbus. Taip išnaudosime jo pagarbos siekį, bet, užuot buvęs pirmas, tegu būna pats geriausias arba tegu labiau už visus padeda kitiems.

Aš vis dėlto manau, kad niekas neturi vykti „už kulisų", kai auklėtojai veikia slapčia ir kaip nors manipuliuoja vaikais. Priešingai, jie turi iškelti klausimą ir jį aptarti.

Per atvirą pokalbį?

Taip. Reikia atvirai kalbantis su vaikais atskleisti jiems, kaip juos valdo polinkiai. Tai paskatins šiuos polinkius išnaudoti ne bloga, o gera linkme, ir atvirkščiai. Reikia parodyti vaikui, kad jis gali, viena vertus, valdyti savo savybes, o kita vertus, kad šios savybės valdo jį.

Iš esmės siūlomas tam tikras atskyrimas, kuris psichologijoje vadinamas „darbu su dalimis" ir „išėjimu už savo ribų". Mes sakome vaikui: tavo pyktis nėra visas tu. Tave sudaro ir kitos dalys. Jeigu tu į savo pyktį pažvelgsi iš šalies, jeigu suprasi, ką jis tave akina daryti, galėsi jį kontroliuoti. Naudokis juo, bet tik teisingai. O „teisingai" reiškia visuomenės labui?

Galiausiai taip, juk visuomenės gerovė garantuoja man sėkmę. Turėtume šitai parodyti vaikui, ir tai savo ruožtu priklauso nuo jam sukurtos aplinkos, juk tai darome mes. Nori ar ne, bet jis gyvena visuomenėje. Jeigu aplinką kuriame taip, kad ji vaikui pateikia priimtus joje standartus, pagal kuriuos vertinamas kiekvienas, tai vaikas neturės pasirinkimo – panorės atitikti tuos standartus ir užsitarnauti visuomenės pripažinimą.

Vadinasi, visuomenė turi remtis principu „ne kito sąskaita"? Nieko nedaryti kito sąskaita, kitaip mes viską sugriausime.

PIRMOJI DALIS

Taip. Ir tada bet kokia kritika ar klausimas, kurį vaikai aiškinasi tarpusavyje, norėdami priimti sprendimą, savaime suprantama, padedami auklėtojo, paklus šiai taisyklei.

O ką daryti, jei šitai nepavyksta? Jeigu vaikas ima naudoti jėgą, susipeša? Šiandienos mokyloje prievarta ir smurtas – viena sunkiausių problemų. Vaikai eina į mokyklą su savisaugos priemonėmis. Jie bijo, kad neturėdami galimybės apsiginti rizikuoja savo fiziniu saugumu. Arba atvirkščiai, vaikas siekia pademonstruoti valdžią, gąsdina kitus vaikus. Šiandien susiduriame su tikru nusikalstamumu. Klausimas – kaip padėti? Tarkim, kas nors susimušė ar kažkas kažką įskaudino. Ką darome tokioje situacijoje? Čia pat aptariame ar laukiame keletą dienų?

Problemą turime spręsti kompleksiškai. Auklėjimas negali duoti laikinų sprendimų, jis nedaro „vietinių injekcijų". Arba mes ištaisome, arba ne – nevalia daryti iš dalies. Neįmanoma likti su savo egoizmu ir tikėtis geresnių laikų. Todėl būtina sudaryti programą ir pagal ją veikti: kartu su tėvais, vaikais ir su visu mokyklos kolektyvu. Pirmiausia turime paruošti mokytojus ir tėvus naujam integraliam auklėjimui. Ir klasėje, ir namuose vaikas turi būti auklėjamas pagal tuos pačius principus ir vertybes. Jis neturi iš mokytojo girdėti viena, o namuose kita. Visa turi būti vientisa: ne dvi skirtingos aplinkos, bet viena homogeninė, kuria turime rūpintis.

Šio proceso metu judame laipsniškai. Netgi kai vaikas dirba su savo prigimtimi, kartais ji išsiveržia lauk.

Ir labai gerai, kad išsiveržia, juk vaikas iš to mokosi. Bus puiku, jei kas akimirką susidursime su kliūtimis kelyje. Mes galime jas aptarinėti, mokytis iš to, daryti išvadas, dirbti klasėje. Kiekvienas užsirašo, ką jis matė, kodėl nutiko taip, o ne kitaip. Kiekvienas pats sau turi tapti psichologu.

Tai pats tikriausias emocinis darbas.
Žinoma! Vaikas juk turi išaugti žmogumi, asmenybe. O kaip kitaip jis taps teisingu ir naudingu visuomenės elementu?

Vadinasi, vaikams sakome: „Gerai, kad susipykote, dabar pakalbėkime apie tai, išanalizuokime", taip? „Juk jūs nukritote į gyvūnų, žvėrių lygmenį, pažiūrėkime, kaip tai vyksta gamtoje." Ir užduodame pagalbinį klausimą: „Ar jie panašūs į mus?" Tai geriausia aptarti tada, kai įvyko, ar kiek vėliau?

Vėliau apie įvykį galima kalbėti tik tada, jeigu vaikai prisimena, kas įvyko, ir laikui bėgant gali tai įsisąmoninti. Ir tik tam tikrame amžiuje, kai vaikas gali suprasti ryšį tarp įvykių.

Vadinasi, kai tik kažkas nutinka, iš karto rodome kokį nors filmą apie gamtą ir pradedame aptarinėti, kodėl taip atsitiko, net jeigu vaikas nėra pasirengęs suvokti? Juk paprastai būna emocijų audra: jam sudavė ar jis kam nors.

Ir kaip tik po didelių emocijų proveržių vaikas greitai nusiramina. Tačiau jis mažiausiai nori tai aptarinėti. Jam norėtųsi pamiršti tai, kas nutiko. Jis pasirengęs priimti bausmę ir eiti toliau. O kalbėti apie tai, kas su juo įvyko ir kaip tai ištaisyti, jis nenori. Ir spėju, kad vienas iš Jūsų pasiūlymų – tai, kas atsitiko, paversti medžiaga aptarimui.

Tegu pusę dienos mokykloje nagrinėja tai, kas atsitiko.

Vaikas nebeprasižengs jau vien todėl, kad nenorės pusę dienos tuo užsiimti!
Tai ir yra auklėjimas. Taip kuriame žmogų.

Dažnai smurtą ir prievartą tarp vaikų sukelia pavyzdžiai, kuriuos jie gauna iš televizijos arba interneto.

Jau minėjau, kad vaiką turi supti homogeniška aplinka. Neleistina, kad namuose žiūrėtų TV programas, kur pilna informacijos, nutolusios nuo pasirinktos krypties. Ir aš matau itin bauginantį paveikslą: prievarta, prostitucija, narkotikai, siaubingo elgesio pavyzdžiai. Visa tai jau nebežeidžia – mes į tai nebekreipiame dėmesio. Tačiau tai ir toliau transliuojama, ir, žinoma, žmogų auklėja tai, ką jis mato.

Tai, ką sakote, sutampa su psichologiniu požiūriu, tvirtinančiu, kad kuo filmuose daugiau prievartos, tuo blogiau mums. Bet yra ir priešingas požiūris: o kodėl gi vaikams neparodžius visko? Tegu mokosi, kaip nereikia elgtis.

Taip nebūna.

Yra manoma, kad jeigu slepiame vaikus „šiltadaržyje" ir neleidžiame jiems sužinoti, kas yra tikrasis gyvenimas, tai susidūrę su juo jie patirs smūgius.

Jeigu kartą liausimės visa tai rodę ir imsime per televiziją, mokykloje ir namuose auklėti vaikus kitaip, tai kas čia blogo? O ką mes darome? Parodome žmonių visuomenę, kuri nusirito iki sužvėrėjimo ir tai demonstruoja. Netgi gyvenime nebūna to, ką matome filmuose. Vadinasi, norime dar labiau sustiprinti prievartą bei smurtą ir paversti tai gyvenimo norma.

Manote, kad vaikams paskui seksis gyvenime? Jie nemokės kovoti.

Jiems ir nereikia kovoti. Kodėl manote, kad tas, kuris moka kovoti, pasiekia sėkmę? Parodykite tokių pavyzdžių!

Nežinau, kiek vaikui seksis, tačiau jis bent jau į kovą atsakys kova.
Atsakys? Niekas dėl to nelaimės! Niekam nuo to ne geriau.

Suprantama, kad abi pusės patiria nuostolių.
Niekas nelaimi! Kai rengiame vaiką išeiti į gyvenimą, mokome jį, kad netaptų chuliganu ir nusikaltėliu. Tave puola – išeik, bėk. Būk geras, mielas žmonėms, atjausk. Kodėl jam nesakome: „Imk peilį, lazdą, apsiginkluok"? Mat pasąmoningai suprantame, kad tikrai saugus žmogus yra tik tada, kai gerai elgiasi. Tai visada garantuoja didesnį saugumą. Taip nesukeliame sau pavojaus. Todėl negalima mokyti vaiko agresijos.

Apibendrinkime. Kalbėjome, kaip teisingai išnaudoti mūsų polinkius: ne kovoti su jais, o nukreipti teisinga linkme – visuomenės, o ne savo paties labui. Ši maža korekcija pakeis visuomenę. Kalbėjome apie prievartą. Jeigu pasireiškė prievarta ar smurtas, reikia tai sustabdyti ir aptarti, kas nutiko. Kiekvienas pamatys, kad jame tūnantis „žvėris" išsiveržė į išorę. Nepamirškime, jog teisingas požiūris į visuomenę – mylint ją – gali suteikti vaikui taip trūkstamą tikrumą.

PIRMOJI DALIS

Partnerio ir profesijos pasirinkimas

Sustojome prie lytinės brandos periodo pabaigos, kai būsimi partneriai susipažįsta vienas su kitu. Ir norėdami pabaigti šią temą paruošėme klausimų, kurie padėtų tėvams susitvarkyti su tipiškomis šio laikotarpio vaikų problemomis.

Kokiame amžiuje jaunuoliams rekomenduojama tuoktis arba užmegzti nuolatinius santykius? Laikoma, kad vyras ir moteris pirmiausia turi išbandyti save. Yra net samprata „moratoriumas", kai žmonės specialiai atideda santuoką iki 30–35 metų, nes tik tada jaučiasi pasirengę kurti šeimą.

O kodėl staiga tampa „galima"? Kas keičiasi?

Jie jaučia, kad subrendo. Tai kyla dėl noro nieko gyvenime nepražiopsoti, siekio patirti kuo daugiau įspūdžių, įgyti gyvenimiškos patirties. Be to, labai sunku suprasti, ko gi norima. Tam paaukojama nemažai laiko. Užuot viduje ieškojus atsakymų į klausimus „kas aš?" ir „kas man tinka?", mėginama vadovautis bandymų ir klaidų metodu. Tai labai ilgas, varginantis kelias, turintis savo socialinę kainą. Juk jauni žmonės užmezga daugybę ryšių, daug kartų išsiskiria. Jei vyras ir moteris keletą metų gyveno kartu, tai jų išsiskyrimas – tikros skyrybos. Jie jau tarpusavyje susiję net ir ekonomiškai, tad skyrybos kainuoja labai daug. Tačiau tai nepadeda sumažinti skyrybų, jų ir toliau daugėja. Ką galima patarti jaunimui, kad netektų daug ir ilgai ieškoti?

Esmė tokia, kad būdami egoistai nerasime ramybės, tikslo ir prasmės egzistuoti. Egoizmą gamta sukūrė ne tam, kad jį turėdami mėgautumės, patirtume sėkmę ir būtume patenkinti tuo, kas čia vyksta. Jis egzistuoja ir mes egzistuojame jame tik tam, kad būtume pažadinti susivienyti ir atskleistume naują egzistavimo formą. Juk gyvenimas egoizmo viduje itin siauras, blėstantis. Ne veltui yra sakoma, jog gyvename blogiausiame pasaulyje.

Šis pasaulis – pats dugnas?

Taip, tai dugnas, blogiau nebus. Mes tiesiog neįsivaizduojame, ką reiškia „geriau". Jeigu jau tenkinamės tuo, kas yra čia, įsivaizduokite, kiek geriau dar gali būti! Todėl pasitelkus mokslo ir psichologijos pavyzdžius (apimant visas disciplinas, sritis ir mokslinius įvykių aiškinimus) reikėtų jaunimui paaiškinti, kad mūsų egzistavimo tikslas – tobulėti, bet tobulėti ne šio pasaulio plotmėje, t. y. nesistengiant būti protingesniems, stipresniems, turtingesniems – iki pat skrydžių į žvaigždes. Mes jaučiame, kad išsisėmėme ir mūsų niekas netraukia. Norėtųsi užsimerkti ir nematyti šio pasaulio – toks pereinamasis etapas, kuriame gyvename. Todėl esame nusivylę ir neturėdami pasirinkimo prisigalvojame visokiausių kvailysčių, kad tik ką nors veiktume ir negalvotume apie gyvenimą rimtai.

Tai tampa vis akivaizdžiau, bet kur tai veda?

Iš tikrųjų mūsų laukia nuostabus pakilimas. Jis sužavės mus kaip niekas anksčiau, juk pakilsime į kitą egzistavimo lygmenį, į kitą plotmę, į naują erą. Tai bus pasaulis, kurį atskleisime susijungę. Žmogaus pojūčiuose pasaulis – tai mūsų jutimo organų jaučiama materija. Suvokdami pasaulį savyje, panirę į savo egoizmą ir suvokdami pasaulį susivieniję, kai esame it viena visuma, jaučiame skirtingus pasaulius. Vaikus turėtume ruošti suvokti naująjį, integralų pasaulį. Vis tiek gamta mus atves į tai per krizes. Tai jau verčiau patys pasieksime šią būseną!

Kokiame amžiuje reikia rinktis?

Visa, kas žmoguje atsiskleis ateityje, įdiegiama jam nuo šešerių iki devynerių metų. Vėliau jis tik lavina savo įspūdžius apie pasaulį, daugių daugiausia juos papildo.

Tačiau tik sulaukęs penkiolikos žmogus ima jausti asmenybės visumą – savo pomėgius, gebėjimus, tampa aišku, kokie jo polinkiai.

Mes apibrėžiame bendrą tendenciją, į kokius mokslus ar į kokią meno sritį vaikas labiau linkęs – į piešimą, muziką, mediciną, techniką ar sportą. Apibrėžiame bendrą vaiko polinkių kryptį. Mes jam išrenkame ne konkrečią profesiją, o tik apibrėžiame jo gebėjimų pritaikymo sferą. Pagal pasirinktą žinių sritį išskirstome vaikus į skirtingas mokymosi grupes. Tačiau jie auklėjami kartu. Dabar mokyklose taip ir vyksta, ar ne?

Profesiją, kaip ir partnerį, galima pradėti rinktis septyniolikos?

Man rodos, kad tai jau per vėlu. Vaikas turi pažinti savo polinkius jau apie dešimtuosius gyvenimo metus. O mes turime orientuoti žmones, kad šie pasirinktų, – taip išvengtume daugybės problemų. Vaikas renkasi padedamas suaugusiųjų pagal gautą auklėjimą. Iš esmės jis jau ne vaikas, tik mes jį taip vadiname. Bet jeigu namai, šeima, profesija, supanti visuomenė, kuri vaikui suteikia viską, juda integracijos link, tai tikrai nebus taip, kad trisdešimties vaikas bus be poros, pakeitęs keletą profesijų, dešimt partnerių ir visiškai nesuprantantis, kas su juo vyksta ir dėl ko jis gyvena.

Stebėdama pažįstamus paauglius galiu pasakyti, kad jausmų pasaulis kuriasi nuo 16 iki 18 metų, tada galutinai ir susiformuoja.

Tai vyksta dėl to, kad jie negauna reikiamo auklėjimo anksčiau. Nuo šešerių vaikas ima pažinti supantį pasaulį ir pats save. Jeigu jis bus auklėjamas teisingai (pokalbiai, aptarimai, renginių lankymas, susipažinimas su pasaulio sandara), tai pajaus aplinką ir save, pažins pagrindinius gamtos dėsnius, visuomenės pagrindus, kurie atskleis jam gamtos valdymą, ir sulaukęs penkiolikos jau bus pakankamai išsivystęs ir pasirengęs suaugusiųjų gyvenimui.

O Jūs pamenate save 15 metų? Jūs jau tada išsirinkote žmoną?
Nemanau, kad išsirinkti sutuoktinį kažkas itin sudėtingo. Aš orientavausi į tai, kas man artima, suprantama, gerai pažįstama, be netikėtumų.

Kitais žodžiais tariant – atitikimas. Kokiame amžiuje žmogus turi sukurti šeimą?
Aš susituokiau dvidešimt penkerių. Bet kodėl to negalima padaryti 6 ar 7 metais anksčiau? Svarbu ne amžius, o branda.

Teisingai. Tačiau vystymasis apima ir fiziologinius aspektus. Tarkime, mąstymas vystosi ir keičiasi iki 15 metų.
Kartoju darsyk, jog viskas priklauso nuo to, ar suteiksime vaikams galimybę greitai ir teisingai vystytis.

Teigiate, kad raidą galima paspartinti?
Žiūrėdamas į savo mokinių vaikus, kurie netgi negauna viso, apie kokį kalbu, integralaus auklėjimo, matau, kad 17 metų vaikinai ir merginos jau visiškai pasirengę normaliam, sveikam šeimos gyvenimui. Sakykite, kuo skiriasi greičiau ir intensyviau besivystantis mūsų

laikų žmogus nuo to, kuris gyveno prieš vieną ar du šimtmečius ir tuokdavosi ankstyvame amžiuje? Mano manymu, taip apsaugosime savo vaikus nuo įvairiausių nereikalingų ryšių ir problemų. Bet kuriuo atveju jie užmezga ryšį vieni su kitais... Kodėl gi tai turi vykti padrikai? Geriausia – suteikti vaikams gerą auklėjimą ir organizuoti jų gyvenimą taip, kad jie žinotų, kas jiems iš tikrųjų svarbu. Matau, kad pagal integralaus auklėjimo metodiką lavinami vaikai niekur „nepabėga". Jie pasirengę santuokai, pasirengę gyventi visuomenėje.

Taip, iš tiesų matyti, kad jie labai brandūs. Be abejonės, jie supranta apie ką mes su Jumis šnekamės. Jų kūniškieji norai nėra esminė problema ir gyvenimo tikslas kaip kitiems vaikams. Paauglystėje vaikai ne itin subrendę santykiams su priešinga lytimi. O ragavę integralaus auklėjimo – vidumi brandūs. Toks auklėjimas išmoko sveikai žiūrėti į lytinius santykius. Vaikas žino, kas jį valdo, ko būtent jis nori ir kodėl. Jis, žinoma, siekia tokių ryšių, tačiau supranta, kad ne tai suteiks prasmę jo gyvenimui. Jis nueis, pabandys ir grįš. Ir jam nereikės to vaikytis visą likusį gyvenimą.

Iš esmės amžiną kažko ieškojimą savo išorėje galima pakeisti dvasinėmis paieškomis. O kūnui reikia šeimos ir partnerio, ir tai būtina jam suteikti.

O kokiame amžiuje galima kurti šeimą?

Nematau problemų, jei vaikai susituoks 17–18 metų. Viskas susitvarkys. Nematau būtinybės laukti ilgiau. Priešingai, atidėjimas sukelia tokias pasekmes, jog jau verčiau susituoktų anksčiau – kad tik neprarastų orientyrų. Nepamirškite, kad vaikai lieka savo aplinkoje. Žmonija visada rūpinosi vaikais bendruomenėje. Auganti karta visada jautė, kad, be tėvų, yra dar ir kita aplinka, daugiau žmonių, kurie į juos panašūs, jiems giminingi. Aplinka padeda jaunimui sukurti šeimą.

Mūsų laikais tai visiškai prarasta.
Akivaizdu, juk pasaulis tapo integralus.

Jis tiesiog byra į gabalus...
Ne, viskas vyksta dėl to, kad pasaulį pradėtume kurti iš naujo, be egoizmo, susijungę kaip ir visa gamta. Kitaip neišgyvensime. Mes to nesuprantame, nejaučiame, nes visiškai nejaučiame gamtos kaip vieningos jėgos, nežinome, kaip ji veikia. Taip pat nejaučiame ir žmogaus poreikių, kokia aplinka jam būtina, kelios sferos turi ją sudaryti: žmogus, jo šeima, artimieji, tolimi žmonės. Savo gyvenime tai prarandame. Mes nežinome, ką reiškia aplinkinių, didelės bendruomenės rūpestis ir palaikymas.

Jūs kalbate apie skirtingus socialinės paramos lygmenis.
Kaimo, miestelio, giminės sampratos ne tokios jau ir paprastos. Jos slypi mūsų prigimtyje. Jei nuo jų tolstame, tai kas mus tada apgins? Neįmanoma tiesiog atsiriboti nuo gamtos ir pareikšti, kad aš viską laužau. Kuo visa tai užpildyti? Ir išeina, kad šiandien žmogus stovi vienas tuščioje erdvėje nežinodamas, kas su juo vyksta.

Jūs kartą sakėte, kad mokydami vaiką teisingai elgtis su aplinka, grupe, didele šeima, suteiksime jam teisingą požiūrį į pasaulį.
Vaikas negali teisingai žiūrėti į pasaulį, jeigu nežino, iš kur jis, kas jis, jei nemato savo aplinkos, kuri visada jį veikia. Šiuolaikiniam

žmogui to itin trūksta. Be to, omenyje turiu ne tik giminaičius. Kalbama apie visuomenę, kuriai tu priklausai, būtent tai stengiamės duoti vaikams. Todėl jie niekur nebėga. Jie kartu dalyvauja įvairiuose renginiuose, susitikimuose, jie jaučia bendrą jėgą ir joje slypintį bendrumą – tai vaikus traukia. Be to, jie mato draugų, tėvų ir mamų pavyzdį. Mes jų nelaikome, juk čia žmogaus nepriversi, tačiau juos laiko būtent aplinka.

Kitaip tariant, poveikį daro ne tiek šeima, kiek žmonės, kuriuos jauti kaip artimus?
Veikia žmonės, su kuriais sieja vienas tikslas.

Dabar pasaulyje ieškoma būtent to, bet virtualioje erdvėje.
Tai glūdi gamtoje, mums to trūksta, nes sunaikinome šį sluoksnį.

Kai žlunga šeima, nutrūksta ir tolimesni giminystės ryšiai. Žmogus lieka visiškai vienas. O kaip pajausti vaiko polinkį bendrauti, kad būtų galima jam padėti?
Tam yra instruktoriai ir auklėtojai. Tikiuosi, kad drauge su auklėtojais ir tėvais pavyks atskleisti šį jų polinkį ir suteikti tai, ko jiems reikia.

Jūs manote, kad tuo reiktų užsiimti ankstyvame amžiuje, nelaukiant, kol vaikas baigs mokyklą?
Be abejonės.

Tačiau šį procesą turėtų nukreipti suaugusieji ir nelaukti, kol vaikas leisis ieškojęs pats.

Jeigu matome, kad vaikas turi tam tikrą polinkį, turime jį vystyti, tikrinti, ar jis iš tikrųjų toks svarbus. Ir tada palaikyti. Visada turime taip daryti.

Pokalbio pradžioje minėjote, kad visuomenei reikalingos visos profesijos. Kitaip tariant, nebūtina tapti gydytoju, juristu ar psichologu, kad visuomenė tave pripažintų. Iš tikrųjų profesijų gerokai daugiau nei šiandien propaguojamas spektras.

Išlaisvinę vaiką nuo minčių, kaip įgyti naudos pasirinkus prestižinę profesiją, ir parodydami, kad gyvenime, be pinigų, yra šis tas daugiau, apsaugome jį nuo daugybės problemų. Jis eis klausydamasis širdies balso. Tikėtina, kad bus paprastas žmogus ir tai jį tenkins.

Tuo ir baigsime šią temą. Kalbėdami apie du svarbius pasirinkimus – partnerio ir profesijos, pažymėjome, jog būtinas teisingas auklėjimas. Jeigu jau nuo septynerių ar aštuonerių vaikas supras savo ir pasaulio prigimtį, tai sulaukęs penkiolikos ar šešiolikos galės rinktis profesiją. Auklėtojai padės atsiskleisti jo gebėjimams ir polinkiams, lavins juos ir tikrins. Tai suteiks vaikui galimybę teisingai pasirinkti specialybę ir gyvenimo palydovą. Dar kalbėjome apie aplinkos, kurioje vaikas auga, svarbą. Svarbus patarimas – atiduoti vaiką į visuomenę, kurioje jis vystysis. Šiandien to nėra, todėl žmogus jaučia tuštumą. Norint neprarasti vaiko, reikia jam sukurti palaikančią aplinką. Jeigu jis pajaus, kad jį supa gera aplinka, tai niekur nenorės išeiti.

Paauglystės problemos

Kalbant apie paauglystę, tėvams kyla klausimas – kaip elgtis su jaunimu, kad neprarastum autoriteto? Paaugliai trokšta daugiau laisvės ir savarankiškumo, o jeigu juos teisingai išmokysime ir nukreipsime, jie prisiims tam tikras funkcijas ir puikiai jas atliks. Kita vertus, kaip jau sakėte, norint su jais išlaikyti ryšį reikia būti auklėtoju draugu ir tėvais draugais.

To nepakanka. Tėvas sūnaus atžvilgiu neturės autoriteto, jeigu nebus už jį didesnio autoriteto. Juk tėvas turi rodyti vaikui pavyzdį, kaip elgtis su autoritetu. Vaikas mokosi iš pavyzdžių. Ar aš rodau jam, kad pats pripažįstu kieno nors autoritetą? Jeigu to neparodau ir su niekuo nesiskaitau, tai vaikas irgi bus toks ir jokie įkalbinėjimai, spaudimas nepadės. Turiu parodyti, kad irgi lenkiuosi prieš didesnį autoritetą ir mokau jį tokio paties santykio su manimi, nes mes abu paklūstame aukštesniam autoritetui.

Jūs turite omenyje vaiko senelį?

Nesvarbu kas: senelis, vadovas, tautos išminčius, į kurį kreipiamasi prašant patarimų. Tačiau autoriteto pavyzdys turi būti, jeigu noriu to išmokyti vaiką.

Koks tai autoritetas?

Aukščiau manęs esanti jėga – ji viską nulemia, o aš išpildau.

Tai gali būti tėvas, išminčius arba aukštesnioji jėga?

Aukštesnioji jėga – patikimiausia, nes ji apima viską.

Bet vaikui ją sunku suvokti.

Suaugusiesiems irgi nelengva. Yra samprata, kuriai visi lenkiasi, ir būtent tokį pavyzdį vaikas turi matyti.

Tėvai paprastai stengiasi apriboti vaikus, tačiau tai jiems nepavyksta ir prasideda kova.

O ką galima padaryti per jėgą? Nieko! Vaikas sako: „Ką tu man padarysi? Aš išeisiu iš namų."

Taip jie sako ir tėvams, ir mokytojams.

Mūsų kartoje taip vyksta visur. Mano galva, tai gerai, nes atsikratome ankstesnės autoriteto sampratos (tėvas, senelis, kaimynai, giminės ir t. t.). Šiandien suprantame, kad mums reikia didesnio autoriteto. Dėl savęs ir dėl savo vaikų būsime priversti absoliutu laikyti tam tikrą gamtos jėgą. Ji verčia mus susivienyti. Mes turime vaikui parodyti, kaip logiška ir svarbu gyvenime susivienyti su kitais žmonėmis, kad pasiektume harmoniją su visa gamta. Tai atitinka mokslo ir psichologijos išvadas. Visi kalbame, kaip prilygti bendrajai gamtai, kurios dalis esame.

Nors mes ir esame gamtos dalis, tačiau to nejaučiame, nesame pratę taip savęs suvokti.

Nereikia paklusti šiai jėgai, reikia ją tirti ir atskleisti. Vaikams perduodame žinias, kurios jiems pateikia gyvenimo metodą. Maža to, tėvai ir vaikai kaip draugai veikia išvien, kad atskleistų šią jėgą.

O amžiaus skirtumas tarp tėvų ir vaikų nesuteikia autoriteto?

Ne. Būdamas šalia manęs vaikas tampa draugu ir jaučia, kad norėdamas save realizuoti turi būti ir sūnumi. Jeigu siekiame savybės supanašėti su visa apimančia gamta, tai šis mūsų siekis veikia mus visuose lygmenyse. Vaikas nežino, kaip augti. Jis tiesiog ima pavyzdžius ir vystosi. Jis teturi poreikį tobulėti, o visa kita papildo gamta. Staiga jame atsiskleidžia protas, jautrumas, supratimas. Mums telieka stebėtis: iš kur tai? Lygiai tas pats ir šiuo atveju. Jeigu veikiama išvien su gamta, siekiant užmegzti su ja ryšį ir įgyti supratimą, tai šitai daro įtaką suaugusiesiems lygiai taip pat kaip vaikams.

Todėl, kad tai suteikia kryptį?

Taip. Neturime proto, kad patys augtume. Juk matome, kas vyksta su žmonija per visą istoriją.

Tačiau kaip tai įgyvendinti, jeigu žmonija nėra linkusi atskleisti aukštesniosios gamtos jėgos?

„Aukštesniosios jėgos" sąvoka painioja. Geriau sakyti, kad pamažu pažįstame bendrąją gamtą, atskleidžiame, kad ji valdoma vienos jėgos. Ją taip troško atskleisti Albertas Einšteinas! Iš esmės šiandien fizikai artėja prie šios jėgos atvėrimo. Tačiau, kad galėtume gerai įsikurti, teisingai auklėti vaikus ir padėti jiems adaptuotis prie naujosios realybės, kad juos vienytų integrali gamta, mums svarbiausia tą atsiskleidžiančią tikrovę tirti ir suprasti protu, be fanatizmo, mistikos ir maldų.

Mes žinome keturias fundamentalias gamtos jėgas: elektromagnetinę, gravitacinę, silpnąją ir stipriąją sąveiką. Šiandien stovime ant slenksčio, už kurio atskleisime penktąją fundamentalią, visa apimančią jėgą. Ji mūsų pasaulyje reiškiasi kaip „motiniška". Būtent jos savybė šiandien atsiskleidžia gamtoje – savybė, būdinga viso pasaulio sistemai, valdomai davimo jėgos, visiškos tarpusavio priklausomybės. Todėl staiga atskleidžiame visų pasaulio žmonių tarpusavio ryšį, globalumą, integralumą. Ši jėga įgyvendina bendrąją gamtos programą – padeda žmogui vystytis, kad jis taptų panašios į gamtą būsenos.

Paprastas žmogus netiria traukos jėgos, ji jam neįdomi...
Tačiau tirti bendrąją gamtos jėgą mums būtina, nuo to priklauso mūsų egzistencija. Šiandien nežinodami gamtos programos, mes negalime susidoroti su jokiomis krizėmis. O kalbai pasisukus apie mūsų vaikus, problema tampa tiesiog nepakeliama. Tačiau bus vaikų ir jaunuolių, lavinamų pagal integralaus auklėjimo programą, pavyzdžių ir visi abejojantieji galės įsitikinti šios metodikos sėkme.

Ko reikalaujama iš paprasto žmogaus?
Klausytis šių patarimų, jis tiesiog neturi kitos išeities. Gamta mums rodo, kad tik tada, kai būsime į ją panašūs, mūsų būsena bus komfortiška. Todėl turime aiškintis, ką žmonių visuomenei reiškia „globali integrali gamtos sistema", ir realizuoti jos sąlygas. Priešingu atveju sukeliame vis didesnes krizes.

Mokyklose, kur taikomas integralus ugdymas, matyti puikūs pavyzdžiai. Pirmiausia, vaikai itin savarankiški, suaugę. Jų gebėjimas stebėti, mąstyti, išsakyti savo mintis gerokai pranoksta normas. Atskirų tokių pavyzdžių galima rasti ir kitur, bet ten, kur taikomas integralus auklėjimas, tai tinka visiems. 10–12 metų vaikų gebėjimai išreikšti tai, ką jie suvokia ste-

bėdami, tiesiog stulbinantys. Be to, matau didelį kūrybinį jų potencialą, įvairiapusį vystymąsi ir individualų požiūrį, o ne mechanišką nurodymų vykdymą. Jie pripratę ieškoti sprendimų, o ne laukti, kol kas nors ateis ir padės atlikti užduotis. Stebina paauglių vidinė ramybė, o šio augimo tarpsnio niekaip neįvardinsi ramiu. Jie taip pat nerimastingi, šiek tiek pagyrūniški, nesivaržantys, tačiau gali jausti jų vidinę ramybę, kurią man sunku paaiškinti.

Tai jau pasekmės. Vaikas auga glaudžiai susijęs su suaugusiųjų aplinka ir perima tai, ką mato. Tai įpareigoja...

ŠIUOLAIKINIAI VAIKAI

Kaip teisingai pasirinkti gyvenimo draugą I

O kaip padaryti, kad gyvenimo partneriai iš tikrųjų taptų kaip dvi vienos visumos dalys, kad bendras gyvenimas būtų ne sunkus, o džiaugsmingas?

Tos pačios trys pakopos – vyras, žmona ir aukštesnysis autoritetas – gamtos dėsnis, kuriam turime paklusti. Visa žmonijos bėda, kad ji nesupranta, jog aukščiau mūsų yra gamta, jos programa ir valdymas. Todėl jei ketiname tik sukurti ryšį tarp dviejų žmonių, šitai nepavyks, nes jie abu egoistai. Ryšys tarp jų galimas tik tuo atveju, jei abu paklūsta bendrai trečiajai jėgai. Nori nenori, vis tiek ji juos veikia. Jei paklūsta jai, sulaukia sėkmės, jei ne, laimės neranda.

Egoizmas – mūsų prigimties esmė?

Taip! Ir todėl reikia aukštesniosios jėgos, galinčios partnerius suvienyti. Tai tinka kalbant apie visus žmones: mes priklausome vienai bendrai sistemai, tačiau savo egoizmu priešinamės šiam ryšiui. Per visą žmonijos istoriją, kol egoizmas dar nebuvo galutinai išsivystęs, nepatyrėme visiškos tarpusavio priklausomybės. Bet vos tik jis vystydamasis pasiekė „lubas", ėmėme jausti krizes visose gyvenimo srityse, nes pradėjo skleistis globalus mūsų tarpusavio ryšys, o mes jo neatitinkame. Užmegzti ryšį galime, tik jeigu mūsų siekiai bus nukreipti į tą jėgą – tada ji mus pakeis ir mes susijungsime į vieną sistemą.

Tai galioja ir sutuoktiniams?
Tai galioja bet kokiems ryšiams tarp žmonių: draugų ir draugių, vyro ir žmonos ir t. t. Negyvajame, augaliniame ir gyvūniniame gamtos lygmenyse susijungiama savaime, o tarp žmonių dėl jų egoizmo, abipusės atstumiančios jėgos, būtinos sąmoningos pačių žmonių pastangos. Jų siekis prilygti gamtai pažadina augimo jėgą, visai kaip tai vyksta su vaikais, ir žmonės užmezga ryšį tarpusavyje ir tampa panašūs į gamtą.

Tačiau kaip pažadinti šią bendrą gamtos jėgą tarp vyro ir žmonos?
Abiem egoistams reikia parodyti laimikį, kurį jie gaus teisingai susijungę. Tada žmonėms atsiskleidžia integrali globali gamtos sistema – pajaučiama tobula ir amžina kaip pati gamta realybė, atsiranda galimybė pakilti virš visų šio pasaulio problemų ir pasiekti laimę šeimoje.

Tačiau kaip tai padaryti? Ko iš jų reikalaujama?
Reikia, kad jie bent šiek tiek suprastų tą globalią sistemą, kurioje šiandien gyvename. Žmogus turi tai žinoti, kitaip krizės ir kančios vis tiek prives mus prie būtinybės pažinti naująjį pasaulį. Mes juk 20 metų mokome vaiką suprasti, kokiame pasaulyje jis gimė ir kaip jame susiorientuoti. O čia kalbama apie naują gamtos sistemą. Be šių žinių neišgyvensime...

Bet nejaugi nesvarbu, ką išsirenku į porą?
Ne, tai gali būti žmonės iš skirtingų pasaulio kampų. Jei jie nori taikos šeimoje, tai šiandien šitai įmanoma tik pritraukus integralią gamtos jėgą, kuri sujungia visą tikrovę į vieną sistemą. Juk dabar

žmonija išgyvena globalią krizę, nes atsiskleidžia visiškai tarpusavyje susijusi sistema, o mes nemokame joje egzistuoti.

Šiuolaikiniame pasaulyje žmogus trokšta sau į porą rasti patį geriausią, tinkamiausią ir gražiausią kandidatą.

Ir jam tai nepavyksta! Pirmiausia todėl, kad etaloną gauname iš žiniasklaidos, televizijos. Aš ieškau žmonos vadovaudamasis tuo, ką matau kine! Ir ji lygiai taip pat.

Paprastai žmonės šiandien ieško išorinio grožio ir turtų: maksimalus patrauklumas ir maksimalus patogumas. Kaip paaiškinti jaunimui, kad tai nėra teisinga metodika sprendimams priimti?

Labai paprastai: ar gali žmogus save parduoti? Juk jeigu vedu moterį, nes ji turtinga, o aš vargšas, tai iš esmės einu į vergiją: ji moka, o aš parsiduodu. Tas pats ir dėl grožio. Aišku, kad žmogus turi būti patrauklus, bet grožis?! Kas nutinka po gimdymo, po 10–15 vedybinių metų? Iš buvusio grožio nieko nelieka. O motyvacija būti kartu turi trukti visą gyvenimą: aš žinau, kad su šiuo partneriu, kurį vertinu ne pagal išorę ir ne pagal piniginę, vidumi būsime susiję taip, kad gausime tokį laimėjimą, kokio negautume su niekuo kitu pasaulyje. Tada šis ryšys išliks. Šiuolaikinis egoizmas kitaip neleis – žmonės tiesiog lakstys nuo vieno partnerio prie kito.

Bet kaip tai galima žinoti, kai tau šešiolika?

Nieko nereikia ieškoti. Jeigu vaikinas ir mergina išauklėti ieškoti partnerio, su kuriuo galėtų pasiekti vidinį gyvenimo tikslą, jeigu abu žino, kad ketina juo remdamiesi susijungti, tai nėra jokių problemų. Tik neturėtų būti fizinio atstūmimo, o trauka turi kilti dėl bendro tikslo.

Vadinasi, fizinė trauka vis dėlto svarbi?
Gyvūnai ieško pagal kvapą. Yra žinoma, kad daugybės mūsų smegenų ląstelių paskirtis – atpažinti kvapus. Todėl kalbame apie kūnišką atitikimą. Jeigu nėra abipusio atstūmimo – to pakanka santuokai.

Išoriniu lygmeniu?
Taip. Jeigu du žmonės gali laikytis už rankų, apsikabinti, jei nejaučia kūniško nemalonumo, tai to gana. Visa kita – vidinis atitikimas: ar jie turi gyvenimo tikslą, dėl kurio verta išlaikyti šį ryšį, ar ne.

Tačiau vidinis atitikimas – tai ir būdo bruožai, ir siekiai...
Ne. Vidinei daliai priskiriame tik tai, ką pasiekiame kartu, tai, ko nepasieksi atskirai. Mes vienas nuo kito priklausome, tarpusavio atitikimu pritraukiame visuotinę jėgą, ir ji mus sujungia. Mes pažadiname jos poveikį, tik jeigu reikalaujame jos kartu.

Žmonės dažnai ieško priešingybės sau. Šis ryšys atrodo įdomus, patrauklus, tačiau itin greitai nutrūksta.
Žinoma, geriau rasti porą savo aplinkoje. Taip patogiau, mažiau nesutarimų, bet tai nėra svarbiausia, jeigu du žmonės nori tarpusavyje atskleisti aukštesnį bendrą egzistavimą.

Kaip paprastas žmogus gali tai suprasti?
Vaikai tai supras netgi geriau už suaugusiuosius. Jie pajaus, koks laimėjimas jų laukia: visąlaik būti kartu dvasinėje laboratorijoje. Jai nereikia vaidinti fotomodelio, o jam „supermeno". Jie „žais", kad atskleistų žmonių tarpusavio ryšio sistemą ir kad šiame ryšyje pajaustų pasaulį valdančią jėgą. Tai irgi tam tikras žaidimas: aš noriu

ŠIUOLAIKINIAI VAIKAI

atskleisti valdančią jėgą ir todėl laikau sutuoktinį pagalbininku, kuris man kaip tik dėl to ir duotas. Todėl mano santykis su juo ypatingas, stengiantis taisyti save, juk tarp mūsų yra visa apimanti gamtos jėga. Ir tada matau, kad partneris visiškai mane atitinka.

PIRMOJI DALIS

Kaip teisingai pasirinkti gyvenimo draugą II

Jau kalbėjome apie 13–18 metų amžių ir sustojome prie klausimo, kaip išsirinkti porą. Kaip paaiškėjo, ši tema įvairiapusė, gili ir daro įtaką visam tolesniam gyvenimui, be to, ji itin svarbi apibrėžiant ir sprendžiant vėliau iš to kylančias problemas. Taigi aptarėme, kaip paauglystėje padėti teisingus pamatus renkantis partnerį, idant būtų galima išvengti problemų ateityje. Pokalbis buvo įdomus ir jį pratęsime. Su kokio amžiaus paaugliais reikėtų pradėti šnekėti apie vyro ir moters esmę, apie tai, kaip rinktis gyvenimo partnerį?

Norėčiau paklausti Jūsų: o kokiame amžiuje jie patys ima apie tai šnekėti?

Iki trečios klasės vaikai nenori apie tai girdėti, o štai nuo ketvirtos ir vėliau, t. y. maždaug nuo 10–11 metų, jiems jau kyla susidomėjimas priešinga lytimi.

Kitaip tariant, pirmasis hormonų pliūpsnis išsilieja 10–11 metų.

Taip. Staiga visai netikėtai ir jiems patiems nesuprantamai priešinga lytis ima traukti. Jūs palyginote tai su apsiuostymu. Iš tikrųjų taip ir yra. Jie pradeda siekti priešingos lyties dėmesio. 5–6 klasėse jau itin sudėtinga dirbti bendroje klasėje, nes vaikai visąlaik užsiėmę vieni kitais. Pakanka, kad, pavyzdžiui, kokia nors mergaitė nusijuoktų ir visą pamoką berniukai ieškos preteksto vėl ją prajuokinti, kitaip tariant, nuolatos ieškoma, kaip pritraukti dėmesį. Šis varžymasis dėl dėmesio akivaizdus. Tik kyla klausimas, ar su tokio amžiaus paaugliais jau galima kalbėti apie lyčių skirtumus, ir jei galima, tai kaip?

Jūsų pateiktas pavyzdys nepaprastai taiklus. Mano manymu, bendros klasės – žalinga, ypač tokio amžiaus vaikams. Tai išsklaido mokymosi atmosferą, neleidžia jiems susikaupti. Mes įmetame vaikus į aplinką, kuri juos painioja ir neleidžia teisingai susiorientuoti. Vaikai bijo prarasti save ir yra priversti griebtis kokio nors vaidmens. Tai vaikui sukuria tokias problemas, kad galima tik jo pagailėti.

Jūs manote, kad atskirai mokytis tokio amžiaus vaikams naudinga?
Be abejonės. Jie turėtų ramybę bent jau per pamokas. Tai itin nelengvas amžius. Juk vaikas nesupranta, kas su juo vyksta, jis tarsi užhipnotizuotas, o hormonų poveikis – vienas iš stipriausių. Negana to, vaikas turi slėpti šiuos impulsus nuo kitų, imtis kokio nors vaidmens. Apskritai tai itin nepaprasta. Ir čia, remdamiesi gamtos tyrinėjimu, vienareikšmiškai turėtume atskirti besimokančius berniukus ir mergaites. Įsivaizduokite save tokio amžiaus su visomis būdingomis mintimis bei impulsais, juk vaikai be paliovos turi varžytis. O mes kalbame apie tai, kaip sukurti su jais ryšį, draugystę, integraciją. Įsivaizduokite, kad jūs esate tokios būsenos daug valandų per dieną. Ar nejaustumėte nuovargio po tokios mokyklos?

Žinoma.
Ar po viso to galima kalbėti apie kokį nors tylų skaitymą, ramybę, svajingumą be išorinių aplinkybių primesto spaudimo, painiavos ir nervingumo?

Nėra vidinės ramybės. Tačiau vis dėlto jie turi kažkaip vieni su kitais bendrauti...

Tegu bendrauja, bet nereikia papildomo spaudimo, ne per pamokas ir aptarimus. Tegu būna susitikimai, pažintys, klubai – bet ne mokykloje.

Kitaip tariant, siūlote nepriešarauti prigimčiai, nes visiškai natūralu, kad paaugliai nori susitikinėti ir bendrauti. Siūlote juos atskirti tik mokykloje, kad sukurtume ramią aplinką mokytis.

Juk pati sakėte, kad, jiems būnant kartu vienoje klasėje, iš esmės nėra mokomasi...

Su lytine branda susijusi įtampa itin stipri. Jau dešimtoje klasėje jaunuoliai gerokai ramesni, jie turi mažiau maksimalizmo. Tai galima pavaizduoti kreive, kuri iš pradžių kyla, o paskui pamažu leidžiasi. Paaugliai tarsi pripranta prie savo brandesnės būsenos.

Vadinasi, per keletą metų – nuo penktos iki devintos klasės – jie pereina itin sunkų savo gyvenimo periodą. Mes sustojome prie to, kad mokydamiesi atskirai vaikai gali susitikti ne mokykloje.

Žinoma, nereikia vaikų atskirti nuo pasaulio, nuo priešingos lyties, nereikia pulti į kraštutinumus. Norime, kad vaikai būtų šiuolaikiški žmonės, tačiau vystytųsi darniai ir sukurtų teisingus tarpusavio santykius.

Kaip trumpai ir suprantamai paaiškintumėte šešiolikmečiui skirtumą tarp vyro ir moters?

Skirtumą jie jau ir patys žino.

Turiu omenyje vidines savybes.
Reikia paaiškinti ir vidinius, ir išorinius skirtumus. Pamenu, kaip antrame universiteto kurse dėstytojas...

... nusivedė Jus į gimdymo namus, kad pažiūrėtumėte, kaip vyksta gimdymas.
Taip. Be to, jis vedėsi mus į morgą, psichiatrijos ligoninę ir kitas nestandartines vietas. Iki šiol atsimenu, nes tada buvome kokių dvidešimties metų jaunuoliai ir likome itin sukrėsti. Juk niekada anksčiau nematėme, kaip preparuoja lavonus, kaip prausia ką tik gimusį kūdikį ir t. t. Pamenu, stovėjau šalia gimdyvės, jaudinausi dėl jos, užjaučiau ir taip norėjosi kaip nors jai padėti.

Kiek gi žmonių su jumis buvo gimdymo palatoje? Nejau ji gimdė prie visų studentų?
Taip, beje, visi studentai buvo vaikinai. Buvo sunku žiūrėti. Išėjome iš ten nuščiuvę, šoko būsenos, kuri truko keletą dienų. Ir nepaisant to, kad mano mama ginekologė ir nieko nuo manęs neslėpė, tai, ką pamačiau, mane itin sukrėtė. Vėliau dėstytojas vedėsi ir merginas į tokias ekskursijas, tik jos, man regis, į visa tai žiūrėjo kiek kitokiu žvilgsniu.

Bet juk tai gali ir išgąsdinti?
Ne, aš manau, kad tokie įspūdžiai leidžia berniukui įgyti atsakomybės jausmą. Būtent nuo tos akimirkos, mes, studentai, ėmėme kitaip žvelgti į moterį, juk pamatėme visą jos skausmą ir kančias. Nepamirškite, kad tais laikais būdavo gimdoma be narkozės.

Tai Jūsų akyse išaukštino moterį?

Taip. Ir pažadino atsakomybės jausmą. Aš gerai pamenu, kad vienas toks apsilankymas gimdymo namuose manyje sukėlė vidinę revoliuciją. Akimirksniu suaugau, tapau vyras. Todėl man atrodo, kad turėtume vaikams parodyti viską, kas yra gyvenime, paaiškinti ir suteikti galimybę pažinti ir pajausti visas jo puses. Žinoma, viskas turėtų vykti tik tinkamai pasirengus. Tokio auklėjimo nūnai trūksta jaunimui. Nieko nuo jų nereikia slėpti, taip pat ir santykių tarp lyčių. Savo atvirumu sumažiname nesveiką domėjimąsi šia tema. Reikia paaiškinti, kad visa tai – hormonų žaismas. Jie turėtų tai žinoti, kad suprastų savo ir kitų vidinius pasikeitimus, išmoktų juos valdyti. Reikėtų aiškiai suvokti, kad kai mus prie ko nors traukia, tai šitaip pasireiškia mūsų gyvūninis pradas. O kadangi mes tarpusavy skiriamės, tai kiekvieną traukia kas nors kita.

Kitaip tariant, kiekvienas išsirenka tai, kas jam arčiau.

Maža to, mes dar mėginame nuo visų nuslėpti savo potraukį. O pasirinkdami tai, kas arčiau, tik realizuojame gamtos dėsnį – savybių panašumo dėsnį.

Tačiau šiandien matome priešingą reiškinį: visi renkasi tai, kas visuomenės akyse laikoma gražiu.

Šiandien į pasaulį žvelgiame taikydami Holivudo arba vietinės žiniasklaidos standartus. Kurgi čia rasi teisybę? Juk vaikinas žiūrėdamas į merginą mato ne ją pačią, o ieško, kuo ji panaši į kokią nors žymią aktorę ar paveikslėlį iš žurnalo. Koks gi tai pasirinkimas? Turėtume grįžti prie natūralaus savo skonio ir tada neklysime.

Bet ar tai realu?

Man atrodo, kad tai įmanoma pasitelkus tą pačią žiniasklaidą, nes ji nulemia visuomenės nuomonę. Pasistengsime grąžinti visuomenę prie tikrųjų vertybių.

Kalbėjome, kad reikia išmokyti vaikus matyti save iš šalies ir suprasti, kiek juos veikia visuomenė...

Jie turėtų tapti psichologais patys sau. O norint tai pasiekti, reikia pasitelkti specialistus, kurie mokytų juos psichologijos ir savityros. Tai būtina kiekvienam žmogui, kitaip kiekvienam reikės asmeninio psichologo ir nuolatinės specialistų pagalbos, o tai atima iš žmogaus savarankiškumą, pasitikėjimą. Gyvenimas – tai savęs pažinimo procesas.

Tačiau kaip paaiškinti vaikams labiau vidinius dalykus? Žvelgdami iš šalies galime paaiškinti hormonų sukeltus lytinius pokyčius. Bet kaip pateikti kur kas giliau slypinčius skirtumus tarp vyro ir moters?

Tik per globalų mokymą, lavinimą, švietimą. Turime vaikams parodyti, kad visa gamta ir žmonių visuomenė yra globalūs ir kad mes visi tarpusavyje susiję. Gamtos pagrindas – viena, visa valdanti jėga. Mes jos nejaučiame, nes mūsų savybės nėra tapačios. Tačiau galime ją pajausti pakeitę savo savybes ir jai prilygę. Taip dirba visi mūsų jutimo organai: mes jaučiame tik tai, kas atitinka mūsų receptorius, tik tai, ką jie suvokia.

O kurgi čia vyriškoji ir moteriškoji dalis?

Gamtoje ir kiekviename iš mūsų veikia gavimo ir davimo jėga.

PIRMOJI DALIS

Trauka ir atostūmis?

Visiškai teisingai. Kiekvieną iš mūsų ir apskritai visą gamtą sudaro dvi dalys. Negyvuose objektuose tai pasireiškia jų atomų ir molekulių sąveikos struktūroje. Augaliniame lygmenyje tai aiškiau reiškiasi procesuose, kai įsiurbiama tai, kas naudinga, ir pašalinama tai, kas žalinga. Gyvūniniame, o juolab žmogaus lygmenyje tai atsiskleidžia per elgesį.

Kalbėdamas apie dvi dalis, turite omenyje vyriškąją ir moteriškąją?

Taip, žinoma. Bet kalbu ne apie fizines mūsų kūno dalis, o apie tai, kaip suvokiame pasaulį.

Įdomu, kad atlikta nemažai tyrimų, kaip vystosi vyrų ir moterų smegenys, kaip skiriasi berniukų ir mergaičių smegenų veikla sulaukus 13 metų. Praėjusio amžiaus paskutiniajame dešimtmetyje buvo daugybė panašių tyrimų, bet paskui jie kažkur išnyko...

Yra Džono Grėjaus knyga „Vyrai kilę iš Marso, moterys – iš Veneros".

Jos autorius teigia, kad mes visiškai skirtingi...

... ir susitinkame Žemės planetoje. Tai graži idėja. Visų pirma mes ne tik skiriamės, mes priešingi vieni kitiems. Mūsų priešingumas absoliutus, mes negalime suprasti vienas kito, esame svetimi ir tolimi vieni kitiems. Pažvelkite į paauglius iki prasidedant hormonų audroms: berniukai ir mergaitės tiesiog nemato vieni kitų. Ir hormonų sukelta trauka mūsų nesujungia, nes ji atsiranda tik tam, kad būtų patenkinti lytiniai poreikiai.

Nėra vilties susijungti... O kaipgi bendros integracijos idėja globaliame pasaulyje? Juk Jūs tvirtinate, jog gamtos tikslas – atvesti civilizaciją į tokią būseną, kai ji prilygs gamtai.

Taip, yra šis tas, kas gali mus sujungti – tai judėjimas mūsų bendros šaknies link, artėjimas prie tos jėgos, kuri sukūrė mus priešingus vienas kitam. Kita vertus, kad pratęstume giminę, kad toliau egzistuotume ir pasitenkintume, esame priversti būti kartu. Tačiau priešprieša išsiveržia išorėn ir mus atskiria. Vis dėlto jei suvoksime, kad ši atskirtis sukurta gamtos tikslingai, o mes esame priešingi, bet drauge papildome kits kitą, tai pradėsime ieškoti ne to, kuo esame panašūs, o to, kuo papildome vienas kitą, – ir tai raktas į sėkmę.

Papildymas – tai vidinė gamtos jėga ar partneris?

Ieškau to, kas mane papildytų, jaučiu poreikį, o mano partneris tai papildo, ir atvirkščiai. Tačiau „poreikis" – ne tai, ko aš neturiu, o būtent papildymo paieška. Kitaip tariant, aš noriu jausti poreikį, nes jis mane veda į vienybę.

Vadinasi, nekalbama apie kažką, ko aš neturiu?

Ne, žinoma. Niekas neturi daugiau už kitą. Kiekvienas iš mūsų tik puselė, ir kalbama apie teisingą vienas kito papildymą, idant susidarytų visuma – panaši į aukštesnę, amžiną ir tobulą gamtą. Tik tada, kai vyras ir moteris nori susivienyti, kad atskleistų tarpusavyje tobulybę, jie šią tobulybę atskleidžia. Mūsų atskyrimas ir būtinybė gyventi kartu gamtos duoti neatsitiktinai. Tokie mes sukurti kaip tik tam, kad išmoktume teisingai susijungti. Dabartinė karta yra pereinamoji siekiant tokios harmonijos. Ją pasiekus ir bus išspręsta šeimos krizė.

Mes esame kelyje sprendžiant šią krizę?

Tai priklausys nuo žmonių pasirengimo išgirsti. Mes pasieksime tokį tašką, kai žmonės pamatys, kad savarankiškai, netapę panašūs į gamtą, jie negalės teisingai tarpusavyje susijungti. O be šito nebus įmanoma kurti nei šeimos gyvenimo, nei žmogaus ateities.

Ką reikia daryti norint, kad ta bendroji gamtos jėga atsiskleistų?

Žmogus turi žinoti, kad jai atsiskleidus jis šiame pasaulyje pajaus pilnatvę, absoliutų malonumą ir tobulybę. Kiekvienas šio pasaulio malonumas, taip pat ir seksualinis, sustiprės daugybę kartų. Mums gali atrodyti, kad santykiuose tarp vyro ir moters atsiradus trečiai jėgai tai gali juos atitolinti, tačiau viskas kaip tik priešingai. Jeigu tarp sutuoktinių ima veikti pagrindinė gamtos jėga, jos pagrindinė davimo ir meilės savybė, tai nelauktai mums atsiskleidžia galimybė taip vidumi susijungti tarpusavyje, kad mes, sau patiems netikėtai, iki begalybės užpildome vienas kitą ir pakylame į visiškai kitą lygmenį – aukštesnį, esantį virš mūsų gyvūninio gyvenimo.

Galbūt vertėtų duoti keletą praktinių patarimų? Pavyzdžiui, kiek svarbus nusileidimas vienas kitam poros santykiuose?

Ne, tai nesuveiks. Santykiai turi būti kuriami ant visai kito pagrindo. Čia nėra vietos menkiems išskaičiavimams. Reikia visiško supratimo, kad susijungiame draugėn pasitelkdami motinišką gamtos jėgą. Būtent tai yra svarbiausia. Mes egzistuojame tik dėl to, kad atskleistume savyje tą globalią, integralią gamtos jėgą, kad taptume panašūs į ją, kaip ir visi kiti gamtos lygmenys – negyvasis, augalinis bei gyvūninis. Tik jie pusiausvyros ir panašumo su gamta būseną išlaiko nesąmoningai. Jie tokie sukurti, jie neturi valios laisvės, o žmogus privalo įsisąmoninti, kad jis sukurtas priešingas gamtai ir pats turi įgyti panašumą su ja. Tai galime atlikti tik kartu – tai ir yra mūsų vienintelis laimėjimas, mūsų bendro gyvenimo, giminės tęsimo ir apskritai žmogaus gyvenimo tikslas. Tam esame sukurti.

Jūs sakote, kad turi būti aukštesnis tikslas nei tik asmeninis patogumas ir pasitenkinimas?
Žinoma, juk tai gyvenimo tikslas. Būtent jis sutvirtina šeimą.

Ar galima šią gamtos jėgą pavadinti Meile?
Meile vadinama tokia būsena, kai žmonės susijungę ima jausti ir užpildyti vieni kitus.

Bet prieš tai žmogus turi išmokti jausti kitą.
Ir liautis jautęs tik save. Jis turi to norėti ir tada pažadins tą paslėptą gamtos jėgą, kuri suteiks jam jėgų mylėti visus. Kaip tik ji ir sutelks šeimą. Meilė – tai abipusis užpildymas, kai kiekvienas siekia pripildyti kitą ir rūpinasi tik tuo, kaip tai atlikti. Žmogus tarsi yra ne savyje, o kitame.

Gal kaip tik dėl to bus daugiau nuolaidumo?
Ne, apie tai visai nešnekama. Nuolaidumas – tai mūsų egoistinio žodyno samprata. Pakilus į altruistinių santykių lygmenį nėra būtinybės nusileisti, nes visi norai, pasiekimai ir pojūčiai – bendri, nėra dalijimo į „mano" ir „tavo", yra bendras pojūtis.

O ar aš pats būsiu užpildytas? Išeitų, kad aš užpildau ką nors, o tas kas nors užpildo mane. Tai ir yra mano pasitenkinimas?

Mes niekada neįstengsime visiškai prisipildyti, patirti absoliutaus malonumo, jeigu tai darysime dėl savęs. Visos mūsų bėdos gyvenime kyla dėl to, kad klaidingai galvojame, jog ką nors pasigviešę sau sugebėsime prisipildyti. To niekada nebus. Prisipildyti įmanoma tik tada, kai išmokstame pripildyti kitus ir prisipildyti iš kitų. Tai panašu į kūno ląstelių sąveiką – kiekviena atlieka savo darbą, kad palaikytų viso kūno gyvastį, pripildo jį ir todėl gauna iš kitų visa, kas būtina.

Apibendrinkime. Kalbėjome tema, kuri itin svarbi ne tik paaugliams, bet ir suaugusiesiems – apie pasirengimą šeimos gyvenimui ir meilę. Kadangi lytinę brandą lydi stiprus hormonų poveikis, tai šiuo etapu labai svarbu aiškinti paaugliams, kas su jais vyksta ir kaip ši hormonų audra veikia jų elgesį bei pasaulėžiūrą. Taip pat svarbu išsamiai paaiškinti, kad tik susijungus su bendra gamtos jėga, kurios esmė – davimas ir meilė, galima sukurti darnią žmonių sąjungą. Priešingos lyties egzistavimas ir potraukis vienas kitam yra tik tam, kad kiekvienas papildytų save, nes mes esame priešingos vienos visumos, kurią siekiame atskleisti, pusės. Mus sujungti gali ta pati gamta, kuri tyčia mus ir atskyrė. Sujungus dvi priešybes gimsta kažkas, kas aukščiau už abi dalis atskirai.

ŠIUOLAIKINIAI VAIKAI

Virtualus ryšys

Nuo 12–13 metų vaikai ima bręsti. Tėvams su vaikais reikėtų elgtis kaip su suaugusiais žmonėmis?

Suaugusiųjų požiūris į vaikus priklauso nuo visuomenės išsivystymo lygio. Kas buvo prieš 2000 metų ir kas bus po 200 metų, mums neaišku. Bet kuriuo atveju būtent šiame amžiuje vaikai patiria didžiulių psichologinių ir fiziologinių pasikeitimų. Gamta pažymėjo šį amžiaus tarpsnį kaip visiškos brandos pradžią. Tačiau fiziologinei brandai būdingi ypatingi reiškiniai, į kuriuos būtina atkreipti dėmesį.

Lytinės brandos metą ankstesnėse kartose natūraliai lydėjo psichologinė branda. Juk vaikų nei mokykla, nei šeima nebuvo taip atskyrusi nuo gyvenimo. Dauguma žmonių gyveno kaimuose augindami gyvulius ir visi vaikai namuose turėjo pareigų. Šiandien suaugusiuosius gyvenimui gamta parengia, o visuomenė atsilieka. Jeigu aplinka suteiktų vaikams žinių, kurias šiuolaikinė visuomenė privalo duoti šio amžiaus vaikams, tai padėtis būtų kitokia.

Jūs turite omenyje žinias apie save?

Apie save, pasaulį, visuomenę. Tokio amžiaus vaikas turi gauti žinių, kaip ir kiekvienas pilietis. Juk žmogus, net jei nebaigia mokyklos, sulaukęs dvidešimties turi kažkiek žinių apie gyvenimą. Tai turėtų žinoti 12–13 metų paauglys. Kad nepridarytų klaidų besimokydamas gyvenimo, jam turi būti aiškinama, kas ir kaip, o mes apribojame vaikus atsilikusia sistema: mokykla, televizija, tad jie tiesiog kopijuoja filmuose pateikiamas elgesio normas.

Taip, jie nuolatos vaidiną kokį nors vaidmenį.
Taip vyksta, nes mes nesuteikiame jiems alternatyvos. Mes kuriame jiems aplinką ir patys esame kalti, jog mūsų sukurtos aplinkos forma yra tokia iškreipta, kad iškreipia žmogų.

Jeigu teisingai supratau, Jūs teigiate, kad noro mokytis nebuvimas ir susidomėjimo mokykla praradimas (vaikai tiesiog nenori ten būti) yra natūralus reiškinys?
Aš visiškai sugriaučiau suaugusiųjų vaikams sukurtą sistemą – tiek susijusią su Holivudo serialais, tiek su mokykla. Ir viena, ir kita yra siaubinga. Mes žlugdome savo vaikus, nesuvokdami žalos masto. Bėda ta, kad žmonės kol kas nežino, ką daryti.

Šiuo laikotarpiu ima stipriai traukti virtualūs ryšiai.
Virtualių ryšių užmezgimas vaikus tobulina. Tyrimais įrodyta, kad šis procesas atskleidžia kūrybiškas jų savybes. Apie kūrybingumą kalbėti ankstoka, nors viskas vystosi – žmogui nebūdinga statiška būsena. Todėl, kaip ir bet kurio kito reiškinio atveju, yra inkubacinis periodas, po kurio išsiveržiama į išorę įgijus tikrąją formą. Manau, kad žmonės liausis žavėjęsi įvairiais socialiniais tinklais, o noras palaikyti ryšius įgaus kitą formą. Galiausiai jiems pavyks virtualią erdvę paversti gera. Mes galėsime valdyti virtualų pasaulį, nustūmę į šalį tuos, kurie prasigyvena parduodami mūsų vaikams tai, kas žalinga. Ir kaip nuo fizinės visuomenės perėjome prie virtualios, taip nuo virtualios visuomenės pakilsime į integralią visuomenę.

Kitaip tariant, dabar jie yra tarpinėje stotelėje pakeliui į tikrąją virtualią visuomenę, iš kurios bus pakilta į aukštesnę pakopą?

Taip. Jie panorės integralaus bendravimo, o virtuali bendruomenė pasitarnaus kaip tramplinas siekiant tokios vienybės.

Vadinasi, mums tik atrodo, kad tarpusavyje susirašinėdami jie užsiima niekais, o iš tikrųjų už viso to slypi sudėtingi procesai?
Gyvename pereinamuoju laikotarpiu, kai vaikai nemoka naudotis šia priemone, o ir pati priemonė sugedusi: ji suteikia galimybes, bet tos galimybės tuščios.

Tėvus dažnai jaudina kitas klausimas: ar tai netrukdo įprastam bendravimui, juk vaikai valandų valandas sėdi prie kompiuterio? Anksčiau jie žaidė futbolą, rinkose kieme, o dabar tokio bendravimo ir fizinių veiksmų gerokai mažiau.
Mes nesuprantame, kad to reikalauja laikas. Vaikams reikia kitokio, labiau vidinio, ryšio. Tėvai turi suprasti vystymosi ypatumus ir padėti vaikams, o ne eiti prieš laiką. Aš asmeniškai daug tikiuosi iš virtualaus bendravimo. Žinoma, nepritariu jo dabartinei formai, bet vertinu galimybę susisiekti su bet kuriuo žmogumi pasaulyje be fizinio kontakto. Šiuose tinkluose galima užmegzti ryšius, kurių niekada sau neleistum paprastame pasaulyje. Ir jeigu žinosime, kaip teisingai nukreipti interneto ir jo socialinių tinklų teikiamas galimybes, galėsime auklėti ir ugdyti gerus žmones.

Iš ten perimti ryšio sampratą ir išmokyti teisingai tuo ryšiu naudotis?
Negalime priversti vaiko bendrauti ten, kur jis nenori, ir todėl turime pasirūpinti, kaip jam sukurti gerą virtualią aplinką. Internetui turi būti nustatyti aiškūs, rimti įstatymai. Juk koks internetas – tokia ir jaunoji karta.

Ar reikia riboti priėjimą prie tam tikrų temų?
Pirmiausia reikia duoti ką nors mainais, juk apriboti nesunku. Apribojome ir kas toliau? Problema ta, kad vaikams reikia sukurti aplinką, kurios jie norėtų. Tada pamažu galima panaikinti žalingas sritis.

Jie sutiks su kažkuo nauju? Kuo konkrečiai? Gilesniu vidiniu bendravimu? Juk šiandieninis ryšys paviršutiniškas ir trumpalaikis.
Viskas priklauso nuo motyvacijos ir programos. Galima į tuos pačius žaidimus įtraukti mokomųjų elementų.

Apie tai atlikti įdomūs tyrimai: „Youtube" svetainės lankytojams buvo pasiūlyta ką nors užsirašyti ant delno ir nufotografuoti. Klipas, sudarytas iš tų kadrų, tapo labai populiarus. Dažniausiai žmonės rašė: „aš tave myliu", „aš tavimi tikiu", „mes viena visuma" ir t. t. Tai rodo, kad jiems reikia ryšio. Žmonės trokšta tikro ryšio, tačiau nežino, kaip jį užmegzti.
O *kaip šis potraukis pasireiškia tarp berniukų ir mergaičių? Kaip išmokyti juos ieškoti poros?*
Atvirai kalbantis apie organizmo fiziologiją, meilę, ryšius, atskiriant vieną nuo kito. Su paaugliais reikia kalbėti apie žmogaus esmę, jo psichologiją, paaiškinti meilę. Meilė ne įsiliepsnoja, ji kuriama. Tokiems paaiškinimams verta skirti daug laiko, kad žmogus išmoktų žvelgti į save kritiškai ir suprastų, jog teisingi santykiai reikalauja didelių investicijų.

Jaunimas mokosi susisieti su visa gamta ir žvelgti į save iš aukščiau.
Tai pašalina įtampą ir jausmus papildo protu.

Logikos įtraukimas į šį procesą, be abejonės, labai naudingas, tačiau užduotis rasti porą vis dėl to lieka neišspręsta.

Tačiau dabar jaunuolis kitaip žvelgia į užduotį išsirinkti tinkamą gyvenimo palydovą. Jis nesusieja savo paieškos su laikinu įsimylėjimu, kuris paliepsnos kurį laiką, o paskui užges. Jis supranta, kokios būtent savybės daro žmones tinkamais vienas kitam partneriais. Juk jis mokosi ir per užsiėmimus aptarinėja, kad visa gamta remiasi savybių panašumo dėsniu, todėl partneriai turi būti panašūs – charakteriu, auklėjimu, kultūra, įpročiais, vidinėmis savybėmis. Visa tai mes žinome ir suprantame, tačiau jaunuoliams reikia paaiškinti, kad šitaip ieškotų poros. Jeigu taip lavinsime tėvus, tai jų santykių pavyzdį ateityje perims vaikai.

Jie žiūri į išorinius požymius, o panašumas turi būti vidinis...

Mes turėtume įsitraukti į šį procesą žiniasklaidoje aiškindami tėvams, o mokykloje – vaikams. Užduotis sunki, tačiau įmanoma ją atlikti. Indėlis į auklėjimą – visų svarbiausias, o žmonija to nesupranta. Auklėjimas svarbiau už sveikatos ar krašto apsaugą, juk jis kuria gyvenimą. Suformuoti laimingą žmogų turėtų būti svarbiausias visuomenės tikslas.

Kas daro žmogų laimingą?

Pirmiausia žinojimas, dėl ko jis gyvena ir ką turi atlikti gyvenime: ne kaip įveikti sunkumus, bet kaip kurti laimingą gyvenimą.

Ar galima sakyti, kad jeigu vaikui pavyks realizuoti save per visus augimo etapus ir pasiekti tą vidinę formą, apie kurią šnekėjome aptardami 3, 6–9, 12–13 ir 20 metų amžiaus tarpsnius, tai jis bus laimingas?

Laimingas žmogus, kuris žino, kas su juo vyksta, ir moka save realizuoti. Jį turėtų supti aplinka, kuri irgi tai supranta ir su juo sąveikauja. Jausdami ir suprasdami gyvenimo tikslą esame laimingi. Gaudamas atsakymus, kodėl tai su juo vyksta, kaip kurti gyvenimą, kaip sulaukti teisingos reakcijos iš aplinkos, kaip kreiptis į aplinką, žmogus jaučia tvirtą atramą, ir nuo jos atsispyręs gali žingsniuoti toliau.

Šiuolaikinėje psichologijoje atsirado nauja kryptis – „pozityvioji psichologija", arba „mokslas apie laimę". Psichologai tiria teikiančius žmonėms laimę reiškinius. Kol kas ten daug klausimų, bet mažai pasiūlymų.

Jie siūlo ypatingai kvėpuoti, koncentruotis į savo teigiamas savybes ir t. t. Beje, šių paskaitų kursas populiariausias.

Tai suprantama, juk nelaimingumas – visų ligų šaknis, o depresija paplitusi visame pasaulyje. Tačiau sprendimo jie neras, juk šiandien žmogus serga depresija, nes nemato, dėl ko verta gyventi.

Iš jaunimo dažnai girdžiu kaltinimus, kad suaugusieji sukūrė blogą gyvenimą, ir todėl neverta į jį įsitraukti. Nieko nepadarysi – jie įsitraukia ir gyvena. Tačiau kalbama, jog galima ir reikia būti laimingiems. Taip sakome neturėdami išeities, tačiau jokio sprendimo nepateikiame.

Matote, problema – ne jaunoji karta, o mes, tėvai, nes mes neparodome vaikams kelio, ir tai visai kitoks požiūris.

Be abejonės. Juk paprastai kaltinami vaikai: kokia netikusi karta!
9–13 metų amžiaus tarpsniui skyrėme keletą pokalbių, juk tai nepaprastai svarbus laikotarpis. Sakoma, jei iki 13 metų nenurodei vaikui krypties, jei nesuspėjai įskiepyti vertybių, tai paskui jau nebeįskiepysi.

ŠIUOLAIKINIAI VAIKAI

Kokius tikslus reikia iškelti šio amžiaus vaikui, kad jis juos pasiekęs jaustųsi laimingas? Kokius vidinius reikalavimus jis turi išpildyti? Kokia turėtų būti jo būsena?

Šio amžiaus vaikų padėtis sudėtinga, jie jaučia didžiulį spaudimą nežinodami, kaip sudarytas pasaulis ir visuomenė, kuo grįsti santykiai tarp žmonių. Jie kuria tarpusavyje dirbtinius ryšius pagal savo norą ir absoliučiai nerealius pavyzdžius iš filmų. Pripratę prie tokių standartų, jie paskui negalės jų atsikratyti. Toks mėgdžiojimas itin pavojingas, nes gyvenimas pakeičiamas žaidimu „Gyvenimas". Tokį požiūrį būtina „išrauti" ir kaip priešpriešą pateikti visišką atvirumą bei paprastą aiškinimą apie visas gyvenimo sritis. Vaikai turi pabūti visur: pradedant gimdymo namais, baigiant kapinėmis. Jie turi žinoti, kas yra universitetas, gamykla, ligoninė, bankas – turi pažinti viską, kas sukurta mūsų civilizacijos, ir pamatyti tikrus pavyzdžius. Mes turime būti tokie atviri, kad jie galėtų su mumis šnekėtis apie viską, be jokių tabu. Jiems reikia leisti užmegzti virtualų tarpusavio ryšį, tačiau taip pat reikia pasirūpinti, kaip sukurti teisingą virtualų bendravimą.

Neturiu ką pridurti prie šio apibendrinimo, tik tai, kad virtualus ryšys – tai tramplinas į integralų ryšį, į naują tikrovę.

Būtent šito jie nori jausdami vidinį poreikį. Jų nusivylimas ir visa ko nepaisymas – tai tuštumos, kurios jie niekuo negali užpildyti, pasireiškimas.

Teisingas auklėjimas ir aiškinimas apie tą tikrovės dalį, kurios jie nepažįsta, gali išspręsti šią problemą.

PIRMOJI DALIS

Vyresnysis auklėja jaunesnįjį I

Pašnekesį baigėme 13 metų amžiumi, taip pat šiek tiek palietėme priešingų vyresniojo amžiaus lyčių santykius. O dabar pakalbėsime apie tai, kas aktualu visiems amžiaus tarpsniams. Kiek supratau, svarbus integralaus auklėjimo metodikos aspektas, kad vyresnieji lavina jaunesniuosius. Ar galėtumėte paaiškinti, iš kur kilo tokia idėja?

Iš gamtos sandaros! Ką jaunesniajam reiškia vyresnėlis brolis? Pamenu save pirmoje klasėje. Žiūrėjau į vyresniųjų klasių moksleivius ir galvojau: nejaugi tai įmanoma?! Tai juk viso gyvenimo viršūnė! Nei suaugusiųjų, nei mokytojų nepastebėdavau, bet užtai vyresniųjų klasių moksleiviai!.. Tačiau jie man buvo per dideli. Ką padarysi – aš pirmokas, jie dešimtokai! O antrokai, trečiokai ir ketvirtokai buvo kur kas arčiau. Aš natūraliai juos gerbiau, nes jie vyresni, buvau pasirengęs jų klausyti, su jais sutikti, suprasti. Jie buvo mano matymo lauke.

Prieš pradedant ką nors realizuoti, reikia patikrinti, kaip tai veikia gamtoje – iš jos kyla visi dėsniai. Gamtoje visa padalyta į lygmenis ir pakopas. Žemesnioji pakopa yra tiesiogiai susijusi tik su už ją aukštesne pakopa, o per šią su dar aukštesne ir taip toliau. Aš negaliu užmegzti ryšio su tuo, kas yra dviem pakopomis aukščiau už mane, galiu susisiekti tik su artimiausia pakopa, kuri kiek aukščiau manęs. Esant teisingam požiūriui ir pasirengimui, antrokai turėtų mokyti pirmokus. Žinoma, aš nekalbu apie dalykus, dėstomus mokykloje. Tačiau jei suteiksime vaikui teisingą auklėjimą, tai jis kiek ūgtelėjęs galės padėti jaunesniesiems, jais rūpinsis.

Bet ar toks metodas tinka visiems amžiaus tarpsniams?

Tai tinka bet kokiam amžiui, ir mes turėtume tokiu požiūriu vadovautis savo gyvenime.

Ryšys, apie kurį Jūs kalbate, dinamiškas? Ar 9–13 metų vaikai gali užsiimti 6–9 metų vaikais? Ar skirtumas turi būti lygiai metai?

Viskas priklauso nuo mokomosios programos ir nuo brandumo kiekviename konkrečiame amžiuje.

Koks tokio ryšio privalumas?

Jis natūralus! Mažieji nori ko nors išmokti iš vyresnėlių, nes jie gerbia ir vertina juos, trokšta būti į juos panašūs. Mažesni vaikai mėgsta, kai vyresni su jais draugiški, kai jų neniekina.

Tai jiems suteikia savigarbos.

Tiesą pasakius, tai mes, suaugusieji, nematome, kad vyresnis vaikas gali ko nors išmokyti jaunesnį. Jeigu nurodysime kryptį, tai vaikai galės išmokyti vieni kitus visų dėstomų mokykloje dalykų.

Vaikai turi būti pedagoginio kolektyvo dalis? Jie turi dirbti kartu su mokytojais? Kaip tai teisingai sukurti?

Žinoma, vaikus turi lydėti pedagogas, bet dabar kalbu apie auklėjimą, apie tai, kaip duoti pavyzdį, rūpintis, o ne apie dėstomuosius dalykus.

Vaikų vaidmuo daugiausia auklėjamasis?

Taip, auklėjamasis. Tačiau jei vyresniems vaikams leisime mokyti jaunesniuosius, tai taps puikia dingstimi mokytis! Vaikai to sieks, juk čia susipina ir pasididžiavimas, ir pavydas, ir garbės troškimas, o visa tai padeda pasiekti gerų rezultatų.

Kiekvienas „auklėtojas" užsiima keletu vaikų ar tik vienu?
Sakyčiau, keletu. Dirbant vienam su vienu gali susiformuoti neteisingi santykiai.

Sakėme, kad kiekvienai dešimtiems žmonių grupelei reikėtų dviejų pedagogų ir vieno psichologo. Kai klasės auklėtoju tampa vaikas, klasė turėtų būti tokia pati ar mažesnė?
Tai reikia patikrinti kiekvienu atveju atskirai. Tai turėtų būti stimulas tiek vaikams, tiek suaugusiesiems.

Vadinasi, ne visi gali ir ne visi turi mokyti?
Pageidautina kiekvienam vaikui ugdyti tokį gebėjimą.

O jeigu vaikas nenori?
Negali būti taip, kad nenorėtų. Visada galima rasti ką nors, kas pažadins tokį jo norą. Visi žmonės pavydi, siekia šlovės, garbės, lenktyniauja su kitais: „aš geresnis už juos" arba „aš blogesnis". Išnaudodami visa tai, galėsime auklėti ir pakoreguoti kiekvieną be išimties, kiekvienam suteiksime puikų motyvą mokytis ir mokyti kitus.

Ar kiekvieno dalyvavimas ugdant jaunesniuosius yra tiek pat svarbus, kaip ir kiekvieno dalyvavimas diskusijose?
Taip. Vaikui, kuris ne itin sėkmingai mokosi, pritingi, sakau: „Tu gali pasiruošti ir visiems papasakoti, pravesti pamoką ir parodyti pavyzdį."

Vaikui atsiranda motyvacijos. Bet gali nutikti taip, kad vaikas ims bijoti.
　　Tai irgi gerai.

Baimės įveikimu galime įskiepyti vaikui gebėjimą duoti?
　　Taip. Ir apskritai dirbant su vaikais klasėje, pavyzdžiui, kai jie dainuoja po vieną ir visi kartu, yra daugybė sąlygiškumų, kuriuos teks pašalinti.

Kuo mažiau gėdijimosi ir kiek galima daugiau tikrumo?
　　Šiandien visi slepiasi, baiminasi, gėdijasi elgtis natūraliai ir atvirai.

Esant žiauriai konkurencijai ir kritikai, visiškai nelogiška save rodyti. O kaip teisingai paruošti tuos vaikus, kurie užsiims auklėjimu? Ką verta jiems pasakyti, kad jie jaustų atsakomybę už kitus vaikus, bet kad tai nevirstų pamokslavimu? Ar nereikia ruošti? Tiesiog pasakyti: pakalbėk tam tikra tema, paaiškink, kaip moki.
　　Ne, vaiką reikia paruošti! Kiekvienas mokytojas iš anksto rengiasi pamokai. Jis mokėsi, turi metodiką, žino, kiek laiko skirti aiškinimams, kiek klausimams ir atsakymams, kiek pratimams ir t. t. Vaikas turi tapti mokytoju ir jį reikia to mokyti. Tada jis supras, ką jam reikia perimti iš savo mokytojo pamokų.

Galbūt jis ims gerbti savo mokytoją, nes žinos, ką šis jaučia?
　　Suprantama. Jie susipažins su profesija. Kad išmoktum pats, reikia žinoti, kaip išmokyti kitus.

Iš esmės geriausiai išmokstama ta medžiaga, kurią dėstai. Pirma, tu ją mokaisi skersai ir išilgai. Antra, galvoji apie kitą žmogų, kurį mokysi. Tai sugeba jau 6–7 metų vaikai. Jūs rekomenduojate pradėti nuo šio amžiaus?

Taip, nuo pačių mažiausiųjų. Be to, visa tai darydami neturėtume siekti tikslo surengti žaidimą arba skatinti vaikus mokytis.

Mokyti juos veikti iš tikrųjų?

Taip. Tikslas juk išugdyti teisingą žmogaus norą ir teisingą požiūrį į mokymąsi bei mokymą. Reikėtų tai išugdyti kiekvienam. Jei vaikas nemoka mokyti, jis taip pat nemokės mokytis.

Tai susiję?

Jis negebės teisingai suvokti medžiagos, jos struktūrizuoti, konspektuoti. Tai reikia mokėti. Reikalinga saviorganizacija.

O ar čia atsirastų vietos vaiko kūrybingumui? Tarkime, aš duodu jam kokį nors planą. Ar jis gali pasiūlyti savo būdą medžiagai pateikti?

Spręsdamas, kaip pravesti pamoką, vaikas kuria save.

Vadinasi, reikia suteikti jam laisvę? Aš galiu pasakyti vaikui, kaip paaiškinti temą, o jis gali parinkti, jo manymu, tinkamų pavyzdžių, būdų, bet neperžengti nubrėžtų rėmų.

Teisingai. O paskui galbūt jis sulaužys tavo rėmus. Bet jis jau turės savo požiūrį.

Svarbiausia, ką supratau iš panašių mėginimų vaikams dirbant su vaikais, yra tai, kad vaikas, kuris moko kitus, reikalauja grįžtamojo ryšio.

Be parengiamojo etapo yra ir baigiamasis etapas: aptarti, kas pavyko, o kas ne.

Tegu pamokoje dalyvauja pedagogai ir rašo pastabas, o paskui galės vaiką pagirti.

Pedagogai šiuo atveju turėtų būti nepaprastai taktiški. O vaikas iš savo pamokos turi suprasti, kur jam verta padirbėti.

Ar verta nufilmuoti pamoką ir paskui pažiūrėti?

Taip, rekomenduotina.

Taip nušauname du zuikius: nufilmuojame filmą apie tuos, kas moko, ir apie tuos, kas mokosi.

Jeigu vaikas nuo mažens moko kitus, tai šitai jam formuoja šį tą daugiau: jis jau ne šiaip vaikas, jaunesniųjų atžvilgiu jis jau suaugęs. Vadinasi, taip mes vystome žmogų.

O ar bus tai efektyvu paauglystėje, sulaukus 13–14 metų? Gal tai padės išugdyti gebėjimą galvoti apie kitą žmogų?

Nuėję auklėjimo kelią iki paauglystės, tie vaikai jau nebesusidurs su problemomis. Jau gerokai anksčiau jie supras visus santykių ir gyvenimo aspektus. Jiems bus paaiškinta apie viską, kas vyksta, ir apie tai, kas turi įvykti su jais vėlesniame amžiuje. Todėl nemanau, kad paaugliui bus sunku, jeigu jis jau bus gavęs viską, ko reikia: auklėjimą, pasirengimą, galimybę matyti save iš šalies, paaiškinimą to, kas vyksta gyvenime.

Tokie vaikai galės tapti mokytojais?

Ne tik. Jie mokės teisingai žiūrėti į gyvenimą, ir tai svarbiausia.

Esu įsitikinęs, kad pakankamai paruošti žmonės vėliau galės sukurti teisingus visuomeninius tarpusavio ryšius. Ir kas žino, į ką tai išsirutulios. Mes juk stovime ant slenksčio, už kurio – didžiulis kokybiškas šuolis žmonijos vystymosi kelyje.

Ar turi atsirasti kas nors naujo?
Neatsitiktinai sergame depresija ir jaučiame tuštumą.

O jaunesnysis gali mokyti vyresnįjį?
Nemanau, juk tai prieštarauja gamtai. Tačiau užduodamas klausimus jis gali teisingai nukreipti vyresnį vaiką.

Paversti jį geresniu mokytoju?
Paklausiu taip: kaip augdamos Jūsų dukterys veikė viena kitą?

Daug kaip. Tarp brolių ir seserų nusistovi aiški hierarchija. Psichologai teoretikai, ypač Alfredas Adleris, sako, jog vyresnis vaikas visada gali ko nors išmokyti jaunesnįjį, o ne tik su juo pyktis. Taigi vaidmenys, kuriuos suteikiame vaikams, leidžia jiems parodyti pagarbą, vertinti vienas kitą ir galbūt netgi tartis vieniems su kitais. Juk interakcija mokantis sukuria ypatingą ryšį. Vaikas jaučia, kad gauna iš vyresniojo draugo ne tik baksnojimus! Tai galima taikyti ir namuose, ne tik mokykloje.

Jeigu mokykloje pripratinsime vaikus taip elgtis, tai jie lengvai pritaikys tai bendraudami namuose. Juk visa, kas jiems sakoma namuose, jie laiko apsunkinimu.

Tačiau šį procesą reikia stebėti. Mes dažnai matome, kad vaikai neturi kantrybės padėti jaunesniam broliukui ar sesutei, ir tiesiog už juos atlieka namų darbus. O mes juk siekiame visai ko kito!

ŠIUOLAIKINIAI VAIKAI

Mums reikia pradėti įgyvendinti šias idėjas ir tada bus galima plėtoti šią temą toliau. Jeigu eisime tokiu keliu, mums pasiseks, nes tai atitinka gamtą, ir bet kuris iš gamtos paimtas pavyzdys yra sėkmingas.

Taikant metodą „vyresnieji moko jaunesniuosius", kokią bendro pamokų laiko dalį jis turėtų sudaryti – dvidešimt, dešimt procentų, penkis? Kartą per dieną ar per savaitę?

Ką norime pasiekti mažiesiems mokantis iš vyresniųjų? Kad jaunesnis gerbtų vyresnįjį, kad norėtų būti kaip jis, kad irgi norėtų būti mokytoju ir mokyti jaunesnius – imti pavyzdį iš vyresniojo ir perduoti jaunesniesiems. Juk gautą pavyzdį vaikas nori realizuoti. O ką iš to gauna vyresnysis? Išdidumą, savigarbą, mat jis nori išmokyti jaunesnįjį būti mokytoju, jausti, kad jį gerbia. Kitaip tariant, pasiekiame daug.

Turime pasverti, kiek šie rezultatai vaikus paveiks ir kiek bendro mokymosi laiko mokykloje tam skirti. Manyčiau, kad porą kartų per savaitę po pusvalandį vaikui turėtų pakakti. Tai jau sukuria teigiamą įspūdį. Juk vaikas turi pasiruošti pamokai: kaip išnaudoti skirtą laiką, suplanuoti, kas bus pradžioje, o kas pabaigoje, kokius klausimus užduoti baigiant pamoką. Pedagogas kartu su vaiku turi sudaryti planą, todėl nemanau, kad reikėtų daugiau nei dviejų kartų per savaitę.

Norėčiau tik pridurti, kad dirbdama su vaikais pastebėjau, jog 13–15 metų jaunuoliai itin mėgsta rūpintis mažaisiais, juos mokyti ir daro šitai tarsi suaugę žmonės. Jiems patinka užsiimti su vaikais, ko nors juos išmokyti. Vyresnieji mato, kad tai nepaprasta. Kitaip tariant, mūsų aptariami procesai vyksta ir esant didesniam amžiaus skirtumui. Bet šiuo atveju tai nėra vien mokymas, tai tam tikra santykių praktika.

Tai jau primena santykius tarp tėvų ir vaikų.

Mėginimas suprasti, ką reiškia būti tėvais.

Čia kita užduotis: kaip 14–16 metų jaunuoliams perduoti pavyzdį, ką reiškia būti tėvais. Baiminuosi atverti šią temą, nes tai itin sudėtinga. Juk mes turime parodyti jiems įsipareigojimus darbe, buityje, turime išmokyti, kaip naudotis banku, kaip kreiptis į gydytoją, draudimo kompanijas.

Manote, kad tai reikia daryti kuo anksčiau?

15–16 metų amžiaus vaikams tai nėra anksti. Greitai jie ims gyventi savo gyvenimą! Vaikas šiandien turi turėti sąlygišką sąskaitą banke ir mokytis tinkamai ją tvarkyti. Tarkime, per paskutinius dvejus metus mokykloje paaugliai patys turi išmokti visų suaugusiųjų gyvenimo aspektų, įskaitant šeimos santykius. Reikia visko išmokyti. Jie turi įsigilinti į aiškinimus, išmokti spręsti, kas teisinga, o kas ne. Būtina supažindinti paauglius su supančiu pasauliu, kad jie pasiruoštų gyventi tomis sąlygomis, kurias jiems suteikia visuomenė. Mes turime įskiepyti jiems teisingas reakcijas ir elgesio pavyzdžius.

Žmogus ir visuomenė

Kalbėjome apie tai, kaip sukurti mokyklą, kurioje didžiausia vertybe būtų laikomas žmogaus indėlis į visuomenę. Kadangi svarbiausias šiuolaikinio auklėjimo aspektas – asmeninė sėkmė išnaudojant artimą, tai vaikai negeba užmegzti ryšių, vyrauja abipusis išnaudojimas ir prievarta. Ar negalėtumėte plačiau paaiškinti apie vaiko indėlį į visuomenę? Ką vadinate indėliu? Ką vaikas gali padaryti?

Turiu omenyje, kad viskas vertinama ne atskirai, o tik kartu su visuomene. Puikus pavyzdys – alpinistai, tarpusavyje susirišę virve. Jeigu kris vienas, nukris visi. Tad jų sėkmė gali būti tik bendra, visos grupės.

Be grupės veiksmo, ten yra lyderiai, „žvaigždės".

Čia ir slypi problema – pastaruoju metu iškreipta žaidimo samprata. Žaidimas liovėsi buvęs komandinis – kiekvienas trokšta asmeninių laimėjimų ir todėl pasirengęs už didelius pinigus parduoti save, nesvarbu kam – komandai, šaliai. Galiausiai kiekvienas žaidžia pats, bet ne su komanda.

O turėtume nuo pat ankstyvo amžiaus formuoti kolektyvinę vaikų atsakomybę, grupės pojūtį, kai nė vienas nėra svarbus ir reikšmingas pats savaime. Turėtume nežiūrėti į vaiką asmeniškai, tik į jo gebėjimą išaukštinti grupę, pakelti ją, išjudinti, išgauti iš jos jėgų ir būti kartu su visais it viena visuma. Reikia mokyti vaiką ieškoti tokios vienybės instinktyviai, automatiškai. Šį instinktą turi gyvūnai, taigi čia nekalbama apie atsietus nuo realybės reiškinius. Žinome, kaip yra ruošiamos povandeninių laivų įgulos ar kitų uždarų vietų komandos, kur nuo kolektyvo sutelktumo priklauso gyvenimo ir mirties klausimas. Žmogus tikrąja žodžio prasme praranda savo „aš", viską suvokia ir vertina tik atsižvelgdamas į visus. Žinoma, tam jis specialiai parengiamas, tačiau akivaizdu, jog tai įmanoma.

Povandeninio laivo įgulos narys visiškai anuliuoja savo norus, juk jeigu jis neatliks to, kas būtina, niekas neišgyvens – ne tik jis. Jis stipriau už asmeninį gyvenimą jaučia ryšį su grupe?

Savaime suprantama, tai išimtinis atvejis, kai ypatingomis treniruotėmis žmonės paverčiami kolektyvu. Mes gi kalbame apie būtinybę auklėti žmogų, kad šis būtų normalus visuomenės narys, pajėgus skaitytis su kitais žmonėmis. Jis turi suprasti, jog privalo investuoti į visuomenę: ne todėl, kad kitaip neišgyvens, o todėl, kad sociumas – tai vieta, kurioje jis nuolatos turi būti. Tai pagrindas, be kurio žmogus ir jo šeima, kuria jis privalo rūpintis, neįstengs egzistuoti. Mes galime šitaip auklėti savo vaikus ir per vieną kartą pasiekti panašumą su gamta.

Ką turite omenyje sakydamas „dėl visuomenės"?

Vertinga laikoma tik tai, kas susiję su vienybe, o visa kita atmetama. Mums atrodo, kad šiame pasaulyje pasiekiame sėkmę atlikdami kažkokius veiksmus. Tačiau tai iliuzija. Dabar, kai pasaulis tampa integralus ir vis giliau grimzta į krizę, nes mes neatitinkame to integralumo, visa sėkmė priklauso nuo mūsų gebėjimo susivienyti.

Susijungti mus verčia gamta, tačiau Jūs sakote, kad šitai reikia ugdyti, juk savaime tai nenutiks? Vadinasi, tai pranoksta egoistinę prigimtį? Kaip tai turėtų atsiskleisti mokykloje?

Mokykla turi būti kitokia. Pirmiausia vaiką reikia mokyti ne dalykų, o to, kaip būti visuomenės dalimi.

Ką tai reiškia? Pavyzdžiui, pastatyti kėdę ne tik sau, bet ir kitiems?
Ne tik. Reikia bendro požiūrio: kiekvienas tiria save, gauna pavyzdžių, auklėjimą ir vadovavimą tik užmezgęs ryšį su kitais. Mažas žmogus vos įsisąmoninęs, kad priklauso sociumui (nuo trejų metų), turi kartu su kitais įsitraukti į gyvenimo palaikymą, kai jis priklauso nuo visų, o visi nuo jo. Toks instruktažas turėtų būti perimamas natūraliai, instinktyviai: įprotis tampa antrąja prigimtimi visų jo visuomeninių santykių atžvilgiu.

Tai galioja ir mokymuisi: turime pakeisti savo požiūrį. Į gamtą žvelgiame iš egoistinio, individualaus požiūrio taško ir to mokome. O jeigu žvelgsime į gamtą kaip į visumą, kur viskas tarpusavyje susiję ir subalansuota, tai ir vaikus išmokysime suprasti visa apimantį ryšį: turime būti susiję tarpusavyje ir su gamta sudaryti vieną globalią sistemą. Tada biologijos, fiziologijos, geografijos ir kitų dalykų mokymasis taps vienu mokymu, juk gyvename vientisoje gamtoje ir patys ją išskirstome į disciplinas. Mes padalijome gamtą į gabalėlius ir studijuojame juos tarsi jie būtų vienas su kitu nesusiję. Bet juk gyvename viename apvaliame pasaulyje. Jeigu mūsų požiūris į gamtą būtų globalus, atskleistume kitas formules: kaip negyvoji gamta, augalija, gyvūnija ir žmonės tarpusavyje susiję ir kaip darniai jie visi sugyvena. Tada visas disciplinas mokytumės kitaip – kaip vieną vientisą gamtą atskleidžiantį dalyką.

Galbūt tokioje mokykloje atsiras disciplina „Kaip sukurti harmoniją"?
Taip, juk būtent tai ir turime atlikti.

Yra manoma, kad toks auklėjimas padeda vaikui išvengti krizių, nes jis nuo pat pradžių žvelgia į tikrovę kitaip ir mato gilesnį jos lygmenį. Šiandien vaikai kiekvieno dalyko mokosi išsamiai, tačiau niekas jų nesujungia draugėn. Reikia kitokios auklėjimo programos, kuri įpareigotų susieti reiškinius.

Iš esmės mes tiriame ne gamtą, o jos dalis, žvelgiame į ją siaurai ir specializuojamės mokydamiesi apie jas iškreipta forma, tarsi niekas nebūtų susiję.

Įdomu, jog auklėjimo sistema JAV kelia sau tikslą formuoti žmogų, pasirengusį konkuruoti XXI amžiuje. O Jūsų siūloma sėkmės pasiekimo šiame amžiuje metodika visiškai priešinga tai, kurią mėginama taikyti už Atlanto. Ten vaikui sakoma, kad jo gebėjimas atlaikyti konkurenciją sustiprins šalį, ir to visi siekia. Tačiau jų požiūris, kaip tą tikslą pasiekti, yra griaunantis ir duoda priešingą rezultatą.

Nenorėčiau kalbėti apie jų ateitį, tačiau tai bus pamoka visiems. Amerika sutelkė geriausius mokslininkus ir pažangiausias technologijas. Savo ateitį jie įsivaizduoja taip: stipri technologinė valstybė, pirmaujanti technologijų ir mokslo laimėjimų srityje. O gamyba „nuteka" į Aziją. Tačiau, manding, jau greitai išvysime, kaip šią sistemą ištiks didžiulė krizė.

Jeigu mokslas netiria gamtos bendrai, tai jo laukia krizė. Šiandien matome, kaip pasaulis tampa „apvalus", ir nežinome, kaip su tuo susidoroti, nežinome, kokiu būdu tarpusavyje susisieja jo dalys.

Siūlomi tik technologiniai sprendimai: išmokysime vaikus šiuolaikinių komunikacijos metodų ir pasieksime laimėjimų. Tačiau tai visiškai neteisinga kryptis. Šitaip veikiant paliečiama vos viena vaiko vidinio pasaulio briauna ir neatsižvelgiama į jo socialines reikmes, apie kurias Jūs kalbate.

ŠIUOLAIKINIAI VAIKAI

Jei vaikas mato vientisą pasaulio paveikslą, mes išsprendžiame visas jo ir visuomenės problemas, o svarbiausia, įgyjame pusiausvyrą su gamta.

Ar reikia vaiko akyse didinti visuomenės svarbą?

Ne, jis tiesiog turi jausti save ir visuomenę kaip visumą. Senosiose gentyse nebuvo dalijimo į „aš" ir „jie". Neįmanoma, kad aš apgaučiau kitą žmogų, – jis juk mano brolis. Mes neturime tokios sampratos, o brolį apgaudinėjame gerokai dažniau už pašalietį!

Kalbame apie visą sistemą. Pažvelkime į šeimą, namus. Ar tėvai turi apie tai kalbėtis su vaikais?

Reikia, kad visa visuomenė sutiktų eiti tokiu keliu, nes neturime pasirinkimo. Privalome pakeisti visuomenės nuomonę ir pamažu, veikdami per skirtingas sistemas, skiepyti tokį požiūrį. O jeigu ne, tai krizės ir gamtos smūgiai mus privers.

Bet kaip galima namuose imti įgyvendinti globalią idėją, apie kurią šnekame? Mokykla dirba kitaip, bet vaikus traukia vienybė ir jie nori kaip nors pradėti.

Manau, kad ir mokykloje neliks varžymosi dvasios. Jeigu mes keičiame požiūrį į visuomenę, klasę ar grupę ir į sėkmės sampratą, tai viskas bus visiškai kitaip. Mes jau kalbėjome, kad mokykloje negalima rašyti pažymių, rengti egzaminų. Vertintina tik tai, kiek vaikas dalyvauja bendruose veiksmuose, jo pagalba ir parama. Kai jis kartu su visais tirs gamtą globaliai ir integraliai, jo elgesys ir vertinimas sutaps. Tarkime, požiūris į draugus ir požiūris į mokomąjį dalykas bus kaip visuma.

Vadinasi, mums, auklėtojams, svarbiausias turėtų būti vaiko gebėjimas jausti visuomenę taip, kaip jis jaučia save, ir nebrėžti skiriančios linijos tarp savęs ir aplinkos.

Vaikas turi jausti, kad be grupės jis neįstengs pasiekti sėkmės, kad tik per ryšį su kitais, per sutarimą ir abipusę pagalbą, kai niekas nelieka vienas, jis galės įgyti sėkmę.

Matome tai mokykloje. Yra atlikta tyrimų, rodančių, kad klasėse, kur vyrauja draugiška atmosfera, mokinių pasiekimai kur kas didesni. Kitaip tariant, blogai jausdamiesi, blogai ir mokomės.

Visų tyrimų rezultatas per pastaruosius keturiasdešimt metų yra toks: mokymasis draugiškoje grupėje efektyvesnis nei įprastoje klasėje. Tačiau lig šiol tai nėra taikoma arba taikoma minimaliai. Esmė ta, kad iš grupės vaikas gauna didžiulę jėgą, o tai gali būti ir pavojinga, ir baugu – žinoma ir neigiama šios srities patirtis. Savo praktikoje dažnai susidurdavau su žmonėmis, kurie mokėsi internatuose. Dauguma mano pacientų jautėsi visiškai neatitinką visuomenės ir netgi buvo patyrę socialinių traumų, nes negalėjo susigyventi su savo grupe. Galiausiai jų gyvenimas viena ar kita forma buvo sugriautas. Todėl tai, apie ką šnekame, man automatiškai kelia baimę: jeigu pasitelkiame grupės jėgą, tai grupė turi elgtis labai teisingai. Kaip tą pasiekti? Kaip garantuoti, kad nebus panašių išsišokimų?

Kalbame apie pusiausvyrą. Žvelgdami į gamtą ir į savo būseną suprantame, kad pasirinkimo nėra – privalome susijungti, kitaip žūsime. Todėl turime aiškinti vaikams apie šią būtinybę. Taip laikomės gamtos dėsnių. Tačiau svarbu auklėti, o ne slopinti žmogų, jo norus. Norime pripratinti vaiką dalyvauti visuomenės gyvenime.

O kaip išsaugoti individualumą, kad neištrintume vaiko „aš"?

Jo „aš" nenukentės, nes paaiškinsime, kaip pasiekti sėkmę būnant kartu su kitais.

Šiandien netgi moksle nieko nepasieksi be komandos, tyrimų grupės.

Tikra tiesa. Viskas vyksta grupėje, o sėkmė priklauso nuo jos narių susijungimo laipsnio, nuo jų noro kartu galvoti, siekti ir linkti prie to paties. Šiandien atsiskleidžianti globali gamta įpareigoja mus. Todėl nematau čia jokių sunkumų. Svarbiausia pasimokyti iš nesėkmingų istorinių pavyzdžių, kai žmonės buvo slopinami, pavyzdžiui, rusiškojo komunizmo varianto ir kitų.

Reikia rasti būdų būti kartu.

Ir kuo geriau paruošime vaikus mokykloje, tuo lengviau jiems bus gyvenime.

Pažymėjome, kad svarbiausias elementas auklėjant – aplinka, visuomenė, prie kurios pamažu jaukiname vaiką. Mūsų tikslas – kad vaikas laikytų save visuomenės dalimi, o ne kažkuo atskiru, ir kad savo laimėjimus vertintų pagal visuomenės laimėjimus. Galiausiai save ir visuomenę jis ims laikyti viena šeima. Įskiepiję vaikams globalų požiūrį, suteiksime teisingus metodus naujai tirti gamtą. Taip išaugs nauji mokslininkai ir tyrėjai, apie kokius nė nesvajojome. Šitaip lavinant vaiką, jo individualumas nedingsta. Priešingai, jam suteikiama galimybė rasti savo vietą visuomenėje ir įgyti supratimą, kad vienybė, darbas grupėje veda į didesnę sėkmę nei asmeniniai tyrimai. Jei toks auklėjimas bus sėkmingas, tai vaikui bus sukurta palanki terpė, kuri vėliau leis pasiekti pačių didžiausių ir geriausių rezultatų. Tereikia tai įgyvendinti!

ANTROJI DALIS

INTEGRALUS AUKLĖJIMAS – KLESTĖJIMO GARANTAS

Baimės šaltinis

Dabar pašnekėkime apie tai, kas jaudina visus, – baimes ir nerimą. Kiekvienas savo gyvenime ko nors bijo. Augdami išmokstame baimes slėpti nuo kitų, tačiau žvelgiant į mažylius tai akivaizdu. Jie turi begalę abejonių, klausimų ir visiškai nesuprantamų problemų. Aptarsime baimės temą: su kuo ji susijusi, kokios jos šaknys, kur ištakos. Nėra žmogaus, kuris ko nors nebijotų. Ir vos ne kas penktas turi ne paprastą, o patologinę baimę. Per tūkstantmetę žmonijos raidos istoriją šie rodikliai tik auga. Baimė nuolatos didėja.

Yra metodų, kuriuos pasitelkę padedame savo pacientams kaip nors susidoroti su baimėmis. Taigi, kokia šios problemos šaknis? Toks jausmas, kad mes visiškai jos nesuprantame ir visąlaik ko nors bijome. Kodėl?

Tai saugo mus. Neleidžia krėsti kvailysčių, kenkti sau, padeda išsaugoti mūsų gyvenimą, egzistenciją. Mes taip ir sakome savo vaikams: „Pasisaugok, žiūrėk, būk geras berniukas, neik ten, kad tavęs nenuskriaustų, nesiartink, nes ten policininkas" ir panašiai. Be paliovos mokome vaikus bijoti.

Tą patį matome ir gamtoje stebėdami gyvūnus. Tarkime, liūtė kur nors savanoje vedasi savo jauniklius pasivaikščioti, kad perteiktų jiems gyvenimo išmintį, ir moko juos visų būtinų dalykų. Pirmiausia to, kas nemalonu ir pavojinga jų gyvenimui. O jau po to išmoko juos, kaip susimedžioti maisto, bet kol liūtukai maži, moko juos, kaip bijoti, bet bijoti realių dalykų, ir nesibaiminti įsivaizduojamų grėsmių.

Baimė glūdi žmogaus prigimtyje. Ją galima padalyti į keletą rūšių. Yra šio pasaulio baimė, t. y. kad man ar mano artimiesiems gali būti blogai, šios baimės šaltiniai supa žmogų šiame pasaulyje; yra ir pomirtinio pasaulio, teismo ir bausmės baimė. Mūsų pasaulyje galima suskaičiuoti daugiau nei 700 baimės ir nerimo rūšių.

Kadangi esame egoistai ir mus sudaro noras mėgautis, tai pastarasis nuolatos kelia baimę, ar patirsime malonumą, ar turėsime viską, ko geidžiame, bent jau iš dalies, bent šiek tiek, ar neteks kentėti. Visada bijausi, ar nesijausiu blogai. Kitaip tariant, šis pojūtis pagrindinis ir tai jausdami atliekame visus veiksmus, įgyvendiname planus, programas, atitinkamai elgiamės. Taigi žmonės labai kenčia.

Žvelgiant iš suaugusiojo pozicijų, suprantama, ką Jūs paaiškinote – jog daugybė baimių kyla dėl to, kad mano norui mėgautis gali būti kaip nors pakenkta, ir tai pati įprasčiausia, žemiausio lygmens, baimė. Būna ir aukštesnio lygmens baimių. Bet kodėl bijo vaikas, juk jis neišmano, kas bus šiame pasaulyje arba kas bus vėliau?

Galime drąsiai kalbėti apie informacijos perdavimą iš kartos į kartą per sėklos lašelį ir maitinimą motinos įsčiose. Juk visiems akivaizdu, kad paskutiniosios kartos gerokai labiau išsivysčiusios ir pasirengusios naujajam pasauliui, netgi pranokusios pačius gimdytojus. Taigi, jeigu savo baimių ir problemų neištaisome, tai perduodame jas iš kartos į kartą kaip paveldą mūsų palikuonims. Negana to, akivaizdu, kad šios problemos kaupiasi. Mūsų laikai, pasaulio ir gyvenimo suvokimas gerokai sugedę, dar blogesni nei anksčiau.

ANTROJI DALIS

Todėl matome, kad jaunoji karta bėga nuo gyvenimo. Jie susikuria įvairių dirbtinių apvalkalų ir nenori dirbti, kad prasimaitintų, nenori būti supančioti vaikų, pinigų, gamybos. Jie bėga į dirbtines erdves. Neatsitiktinai išradome internetą, neatsitiktinai jaunimas susikūrė tokią dirbtinę aplinką, tokią terpę, kurioje galėtų būti, kur galėtų pabėgti ne tik nuo baimių, bet apskritai nuo nežinios. Toje erdvėje jie jaučiasi taip, tarsi ten gyventų. Jie ne šiaip prisijungia prie interneto, kad juo naudotųsi, jie tiesiog eina ten kaip į kitą pasaulį. Taip jie slepia baimes ir nerimą, kurie priešingu atveju juos užvaldytų.

Yra keletas psichologinių baimės priežasčių, viena iš jų – elgesio: teigiama, kad žmogus gimsta it baltas lapas ir visa, ką jis patiria, visa, ką rašome tame lape per gyvenimą, ir yra tai, kuo jis galiausiai taps.

Aš sakyčiau, kad yra dviejų priežasčių derinys. Kai žmogus gimsta, jame jau slypi visa informacija apie būsimą, dabar augantį žmogų, ši informacija užrašyta dar tame pradiniame sėklos lašelyje. Žinoma, yra dalykų, kurie sudaro pagrindą ir kurių nepakeisime, jie tokie ir liks. Tačiau daug kas priklauso nuo visuomenės, nuo aplinkos, kiek ir kokie dalykai labiau išsivystys, koks bus jų tarpusavio ryšys ir ar galėsime tuos ryšius iškelti aikštėn. Egzistuoja griežta struktūra, kaip antspaudas ir jo atspaudas, ir žmogus būna toks ir ne kitoks. Bet kaip jame atsiskleis kiekviena savybė ir jų tarpusavio ryšiai, priklauso nuo visuomenės, nuo supančios aplinkos.

Todėl jeigu įstengsime žmogui sukurti teisingą aplinką, neišvysime žmonių su tokiomis fobijomis kaip šiandien. Esu įsitikinęs, kad teisingas auklėjimas tinkamoje aplinkoje padės atsikratyti baimių.

ŠIUOLAIKINIAI VAIKAI

O kas yra teisingas auklėjimas?

Tai auklėjimas aplinkoje, kuri suteikia vaikui tikrumą ir tarpusavio garantiją. Žmogus – visuomenės kūrinys. Jis taip nuo jos priklauso, kad visuomenė visai nesunkiai gali užpildyti visus trūkumus, kuriuos žmogus jaučia patirdamas baimes. Tai pasakytina netgi apie tokias baimes kaip uždarų patalpų ar aukščio baimė. Visuomenė gali pateikti žmogui tokių pavyzdžių, kurie perduos aplinkos požiūrį į šias baimes ir jis liausis bijojęs.

O ką daryti su tėvais, kurie kenčia negalėdami padėti savo vaikui? Kartą nuėjau su savo vaiku į polikliniką, o ten tėvas bešaukiąs ant savo trimečio sūnaus, kad šis nustotų bijojęs. Žvelgiant iš profesionalaus požiūrio taško, šis tėvas visiškai nesupranta problemos šaknies, vaiko kančių. Ką būtų galima jam pasakyti, kad jis įsijaustų, kad suprastų?

Jūs, psichologai, turėtumėte vesti pamokas per televiziją. Įkurkite kanalą ir transliuokite laidas, mokykite tėvus, kaip auklėti vaikus, pateikdami tai gera, malonia ir patrauklia forma. Aš klausiu savęs, kodėl turime per televiziją žiūrėti visokius siaubus ir klausytis to, kas ten šnekama? Nejau tai svarbiau, nei tapti gerais tėvais? Ir mokytojai, ir psichologai, ir advokatai, – sukurkite savo kanalą. Juk tas kenčiantis dėl vaiko jaučiamų baimių tėvas neabejotinai jį įsijungs, kad gautų paaiškinimus. Per šį kanalą turėtų būti aiškinama, ką daryti su vaikų baimėmis, kaip gyventi visuomenėje.

O kokį požiūrį į baimes turėtume ugdyti vaikams, kaip jiems paaiškinti?

Tėvai to nepajėgs padaryti. Reikėtų sukurti gerą aplinką, įtraukti vaiką į grupę, į sporto komandą, kad ten, padedamas savo draugų, įgytų pasitikėjimą.

Yra vaikų, kurie bijosi labiau nei kiti. Kodėl?

Sakėme, kad baimė sudaro mūsų, kaip gamtos kūrinių, pagrindą, ji slypi mūsų nore mėgautis, kuris yra visos kūrinijos medžiaga. Jautrūs vaikai turi nukrypimų, juk kuo labiau išsivystę norai, tuo žmonės imlesni ir todėl jie stipriau bijo supančios tikrovės. Mes žinome, kad didūs žmonės vaikystėje kentėjo dėl tam tikrų nukrypimų. Tikrovės išgyvenimas visada lydimas sąmoningos ar pasąmoningos baimės dėl to, ką jaučiu: „Gerai tai ar blogai? Ar tai nepakenks?"

Reikia gerbti tokią baimę, juk be jos iškart susinaikintume. Kitaip tariant, tereikia žinoti, kaip su ja tvarkytis. Nėra blogų baimių. Nėra tokių baimių, kurių turėtume atsikratyti ar jas užmigdyti. Mes taip elgiamės, nes nemokame jų teisingai išnaudoti. Ko nors bijodamas, susidūręs su kokia nors problema žmogus turi virš to pakilti. Turiu pakilti virš baimių ir pamatyti, kad augu pasinaudodamas savo baimėmis, problemomis, nepritekliais, tuštuma, neviltimi. Aš pakylu virš jų, nes mane vilioja galimybė būti aukščiau savo prigimties, tai tampa visų svarbiausia. Ir tada į baimes žvelgiu kaip į pagalbą.

Tai galima paaiškinti vaikui?

Ne. Tačiau negalime tiesiogiai slopinti baimių. Turime jas įveikti pasitelkę visuomenę.

O ką daryti su vaikais, kurie nieko nebijo, tai iš tikrųjų kraštutinumas?

Taip, tai išties baugu. Tai netgi didesnė bėda nei baimės. Mačiau, kaip toks vaikas meta krepšį ant kelio ir bėga jo pasiimti. Kas bus, tas bus. Kitaip tariant, jis žino, kad jį gali partrenkti, bet taip jis nori išmėginti likimą. Čia kita problema, rimtesnė – savo likimo ieškojimas ir jo bandymas. Giliai viduje turime tokį siekį, kuris kyla, kai nėra ryšio su kuo nors aukščiau, ir tokiu poelgiu vaikas meta iššūkį likimui.

Psichologija kalba apie tokius vaikus, kuriems sunku sutikti su visuomeninėmis normomis. Tai susiję su šiuo reiškiniu.
Galbūt jie nenori sutikti su visuomenės požiūriu į gyvenimą. Jie trokšta pajausti gyvenimo valdymo programą ir koks turėtų būti santykis su juo.

Kartą minėjote, kad baimė verčia žmogų vystytis. Mane tai itin nustebino. Ieškojau paaiškinimų literatūroje, bet neradau priežasčių, kodėl taip yra.
Esmė ne pati baimė, o koks mūsų požiūris į ją. Pavydas, neapykanta, savimeilė, apgaulė – visa, kas yra mumyse, visas šias savybes ir polinkius, gerus ar blogus, galime valdyti gerai ir teisingai, nes nieko nėra sukurta šiaip sau arba, kad mums pakenktų. Visa tai skirta tam, kad išmoktume šias savybes teisingai valdyti.

Todėl turime valdyti baimę ne slopindami, bet nukreipdami ją reikiama linkme ir pakildami virš jos. Baimė augs, o mes savo ruožtu kilsime dar aukščiau, virš jos.

Sakote, reikia pakilti. Nesuprantu, ką tai reiškia. Kaip žmogui paaiškinti, ką reiškia „pakilti"?
Žmogus mokosi teisingai realizuoti visas savo savybes. Jis jas valdo, o ne jos jį. Ir tada jis supranta, kam gamta davė jam šias savybes.

Apibendrinkime. Kalbėjome apie baimę ir kad reikia mokytis teisingai ją panaudoti. Materialiame lygmenyje baiminamės, kai nemokame teisingai realizuoti savo baimių, tačiau išmokę su jomis „žaisti" įgysime instrumen-

ANTROJI DALIS

tą savo egoizmui valdyti. Kalbant konkrečiai, jaučiantys baimę vaikai turėtų tapti grupės, sportinių būrelių nariais, kad žaisdami galėtų iš kitų perimti pasitikėjimą. Namuose juos taip pat reikia apsupti meile ir šiluma. Kad padėtume vaikui pakilti virš baimės, reikia su juo kalbėti apie tai, kaip baimės mus ugdo. Nereikia telktis į tai, ko bijau, reikia mėginti suprasti, kad šis pojūtis atlieka svarbų vaidmenį man vystantis ir turi pakelti mane į geresnę būseną.

ŠIUOLAIKINIAI VAIKAI

Baimės rūšys

*P*akalbėsime apie baimių rūšis ir pamėginsime išsiaiškinti, kokia jų šaknis ir esmė. Norėčiau pradėti nuo daugeliui tėvų rūpimo klausimo – kodėl vaikai bijo tamsos?

O Jūs argi nebijote tamsos?

Ne taip kaip mano sūnus.

To negali būti. Nėra žmogaus, kuris nebijotų tamsos. Tik klausimas, kas ta tamsa. Anksčiau kalbėjome, kad baimė slypi mūsų vidinėse savybėse ir mes turime ne sunaikinti jas, bet virš to pakilti. Baimė virsta drebėjimu: drebėjimu prieš šį pasaulį, drebėjimu prieš būsimąjį pasaulį. Taigi tamsos baimė yra pagrindinė, pirminė baimė.

Kodėl būtent ši baimė yra pagrindinė? Kas gi tokio slypi tamsoje?

Nes pats kūrinys yra tamsa.

Kūrinija – tai tamsa?

Taip, kūrinija – tai tamsa. Pasakyta: „Darau šviesą ir kuriu tamsą."* Ir būtent tai mus baugina. Kitaip tariant, pasąmonėje glūdi baimė, kad atsidursiu kažkur išorėje. Panašiai kaip su vaiku, kuris negali atsitraukti nuo motinos. Tik augdamas jis vis lengviau nuo jos tolsta. Bet kol mažas, vaikas trokšta būti kuo arčiau mamos, o iš pradžių netgi glūdi joje – įsčiose.

---

* Biblija, arba Šventasis Raštas, ekumeninis leidimas. Senasis Testamentas, Iz 45, 7, vertė A. Rubšys, Vilnius: LBD, 1999.

Lygiai taip ir su mumis. Todėl tamsos baimė iš esmės reiškia šviesos nebuvimo baimę – baiminamasi nežinomybės. Ir susidoroti su tuo galiu, tik jeigu būdamas toje tamsoje ją pajausiu, suprasiu ir atskleisiu.

Iš to turėtume suprasti, kad tamsa itin svarbi, kad ji būtina ir neturime jos pašalinti, kitaip nepanorėsime iš jos išeiti, nepanorėsime judėti į šviesą, teikiančią pripildymą, suvokimą. Juk tamsa yra išvirkščioji šviesos pusė ir būtent ji traukia mus prie šviesos.

Atitinkamai tamsa man bus ne daiktų nebuvimas, o kažko didesnio trūkumas, aš jausiu tamsą ne dėl įprastinio gyvenimo, ne dėl fizinio egzistavimo, pinigų, šlovės ar net žinių trūkumo, o dėl to, kad man trūks dvasinių dalykų. Juk tamsa – tai kažko praradimas. Tad jei man vis tiek bus tamsu, tai tegu ši baimė kyla dėl kokių nors aukštesnių dalykų!

Vaikas bijo tamsos. Kaip, remiantis Jūsų paaiškinimu, galima išmokyti tėvus susidoroti su šia baime?

Iš viso to galime padaryti tokią išvadą: pirmiausia tamsa – gerai, ir gerai, kad vaikas jos bijo. Įsivaizduokite tokią situaciją: naktį vaikas išeina iš namų ir kuo ramiausiai visur sau vaikštinėja. Tai jau verčiau tegu bijo. Kitaip tariant, viskas priklauso nuo to, kaip tai panaudosime. Jeigu vaikas bijo tamsos, tai gerai.

Bet kaipgi mums žiūrėti į jo baimes, kad jis norėtų teisingai vystytis? Vadinasi, atsižvelgdami į vaiko amžių turėtume jį išmokyti, kad tamsoje nėra nieko baisaus. Aišku, tai nepanaikins baimės, juk mes ir patys jos bijome. Jeigu atsiduriu tamsioje nepažįstamoje vietoje – tai itin baugina! Ir tikrai nebūna taip, kad panašioje situacijoje žmogus jaustųsi gerai.

ŠIUOLAIKINIAI VAIKAI

O, tarkim, kai naktį atsikeliu iš lovos, tai nė neatsimerkęs žinau, kur man eiti. Tada nebijau būti tamsoje, net neužsidegu šviesos – juk ši vieta man pažįstama! Vadinasi, baimę sukelia ne tamsa, o nepažįstama vieta. Būtent čia ir yra problema. Ir jeigu vaikui vieta nauja, tegu susipažįsta su ja!

Ką jis turi pažinti?

Jis turi žinoti, kas slypi už tamsos! Turi suprasti, kad tamsa tik stumia jį pirmyn, idant jis pažintų, kas gi tai yra. Ir tada tamsa liaujasi buvusi tamsa. Darsyk pabrėžiu: naktį keldamasis žinau, kas mane supa mano miegamajame. Todėl nekyla jokių sunkumų, nejaučiu, jog tai tamsa, netgi nejungiu šviesos. Kodėl? Nes tai man netrukdo. Aš žinau! Ir šis žinojimas man užpildo vietą, kurioje karaliauja tamsa. Kad ir su kuo tektų gyvenime susidurti, elgtis derėtų lygiai taip pat.

Ir vis dėlto – ką turi žinoti vaikas? Juk jis žaidžia savo kambaryje, jis jį pažįsta. Bet kai ateina naktis ir reikia gultis, jis bėga pas tėvus ir nori miegoti drauge.

Dar sykį įjungti ten šviesą, vėl iš naujo paaiškinti. Tik aiškinti.

O gal miegoti su įjungta šviesa?

Galima šiek tiek šviesos, tai nepakenks.

Nepalikti visiškos tamsos?

Ne, ne! Nereikia, kad vaikas savarankiškai mėgintų susidoroti su savo baimėmis. Padedame jam arba žiniomis, arba kitu būdu. Bet palikti vaiką vieną kautis su savo baimėmis – blogai. Tai reiškia, kad neduodame jam sprendimo.

Noriu pakalbėti apie nesėkmės baimę. Dėl suaugusiųjų viskas aišku, tačiau kai trimetis bijosi, kad jam kas nors nepavyks, man nėra suprantama. Kuo tai paaiškinti?

Nuo trejų vaikas ima jausti būtinybę, kad jį palaikytų aplinka. Iki tol vaikai apskritai nejaučia, kad gyvena visuomenėje. Nuo šio amžiaus vaikas jau žino, kas jo draugas, o kas ne, su kuo jis žaidžia, su kuo būna kartu ir pan. Jis ima jausti aplinką.

Todėl visas baimes, kylančias vaikams nuo trejų metų, galima išspręsti pasitelkus aplinką. Tik reikia žinoti, kaip tai atlikti. Tarkime, ta pati tamsos baimė. Tegu pirmiausia vaiko draugai įeina į tamsų kambarį, tegu ir jis su jais kartu. Tegu pradeda ten lakstyti, šokinėti, verstis per galvą. Tai sunaikins visas tamsos baimes.

Ruošiu žaidimus vaikams. Kokią metodiką man pasiūlytumėte taikyti, kad ji padėtų vaikui įveikti nesėkmės baimę?

Tai kitokia baimė. Reikia patyrinėti, iš kur ji atsiranda: dėl sumažėjusios savivertės, dėl visuomenės ar tėvų vertinimo? O gal vaikas bijo netekti prizo? Tada tai ne šiaip baimė, kad nepasiseks. Juk pati nesėkmės baimė – tai kažkas abstraktaus, ji kyla, nes vaikas gali kažką prarasti, kažko nelaimėti. Ir tada ši baimė virsta kitokiomis baimėmis.

Juk žaidžiant patirta nesėkmė – tai priežastis, o pasekmės gali būti gana nutolusios. Tarkime, kai vasarą lankantis pas močiutę ji sužinos, kad kažkada kažkas man nepasisekė, tai man dėl to bus gėda. Vaikas geba prigalvoti ilgiausią štai tokių pasekmių grandinę, ir tai gali jį palaužti.

O kaip padėti vaikui įveikti lyginimosi su kitais baimę? Ką pasakys mama, tėtis, draugai, jei būsiu už ką nors blogesnis?

Tai nebūdinga tokiam amžiui, apie kurį kalbate. Ir jau tikrai ne sulaukus trejų. Tai jau konkurencija, kova dėl vadovavimo.

Tai prasideda pradinėje mokykloje.
Nuo penkerių. Vaikai išsiaiškina, kas stipresnis, kas labiau veikia bendraamžius. Ir čia jau reikia dirbti toje aplinkoje. Mes turime suprasti, kad žmogus – tai visuomenės dalis ir negali jo iš ten ištraukti ir užsiimti juo atskirai. Šis principas – auklėjimo proceso sėkmių arba nesėkmių šaltinis. Nuvedame vaiką pas psichologą, mokame pinigus, įvyksta 20 pokalbių ir tuo viskas pasibaigia. Tai neduoda jokios naudos. Tai veikiau pagalba tėvams, o ne vaikams. Tėvai mano, kad suteikė savo vaikui viską, kas tik įmanoma, kad pokalbiai su psichologu atskleidė jo problemą. Bet juk vaiko būsena nepasikeitė.

Mes nesuprantame, kad vaikams aplinka yra viskas. Jų baimės, nedrąsa, sėkmė arba, atvirkščiai, demonstratyviai atžagarus elgesys, kai kas nors nepavyksta, – visa tai priklauso nuo aplinkos. Todėl nuvesti vieną vaiką pas psichologą ir nedirbti su klase yra neteisinga.

Vadinasi, reikia dirbti grupėje?
Manau, kad kiekvienai klasei reikia psichologo, kuris suprastų vaikus, pažintų juos ir jų tėvus, žaistų su jais, dalyvautų jų ginčuose ir peštynėse – taptų kaip jie. Privalėtų būti kaip jie, juk jis profesionalus psichologas! Privalėtų tapti vaikų draugu, nes jie neturi jausti, kad jis aukščiau už juos. Kitaip tariant, jis turėtų būti toks pat kaip jie, lygus su visais. Tai iš tikrųjų turi būti profesionalas. Taip nedirbdami neįstengsime teisingai išauklėti naujos kartos.

ANTROJI DALIS

Neseniai spaudoje buvo publikuotas pranešimas apie vaiką, kuris surengė savo paties pagrobimą, kad tik išsisuktų nuo egzamino, kurio labai bijojo. Kaip jam galima paaiškinti tai, kas su juo nutiko?

Galbūt būtų buvę paprasčiausiai tą egzaminą išlaikyti, nei prisigalvoti visokių gudrybių, kankintis ir jaudintis bijant, kad viskas bus atskleista. Bet tokie dalykai vyksta, nes nemokome vaikų teisingai traktuoti įvairių gyvenimo situacijų. Mes visiškai nepadedame jiems analizuoti ir teisingai vertinti viso to, kas su mumis vyksta. Tarkim, susimovei per egzaminą – kas čia baisaus? Na, nebūsi pirmūnas ir apie tave blogai pagalvos. Arba, sakykim, jis netgi ką nors pavogė – tai kas? Žinoma, už tai prisieis sumokėti baudą, o kažkam gal ir kalėjime pasėdėti, bet pasaulis tuo nesibaigia!

Pavogti gali kiekvienas. Padėkite priešais vieną žmogų milijardą, prieš kitą – milijoną, o prieš trečią – šimtą dolerių. Visiškai akivaizdu, kad kiekvienas turi savo ribą, bet ją viršijęs žmogus neišvengiamai pavogs. Reikia paaiškinti vaikui visus šiuos dalykus.

Juk niekas žmogui nepasakoja apie jo prigimtį ir jis mano, kad tai nutinka tik su juo, bet ne su kitais. Jis nesupranta, kad yra vienas iš daugelio ir kad visi tokie patys. Jam neaiškus kitų elgesys. Jam atrodo, kad tie, kuriuos jis gerbia, – kone dangaus angelai.

Lygiai toks pat nesusipratimas būdingas berniukams ir mergaitėms pereinamuoju laikotarpiu. Jie apskritai nieko nenusimano apie priešingos lyties elgesį, ir todėl bendraujant kyla daugybė sunkumų. Kiekvienas rengia tokius „žaidimus", kurie iškreipia priešingos lyties suvokimą ir lemia neteisingą jo paties elgesį.

Trumpai tariant, mes neužsiimame psichologija klasėje, nors kiekvienai klasei būtinas savas psichologas. Be to, tai turi būti tikras profesionalas, kuris žino, kad iš kiekvieno vaiko reikia padaryti žmogų. Ir kol to nebus, nieko nepasieksime. Aš manau, kad tai kur kas svarbiau už visus vaikų mokslus ir visus tuos egzaminus.

Taigi tėvams pasiūlėte metodiką, kaip kalbėtis su vaiku – paaiškinti, kad tokia jo ir visų mūsų prigimtis ir kad nieko baisaus, jog jis taip pasielgė. O kas toliau? Juk reikia kaip nors spręsti šį klausimą! Juk blogai, kad vaikas pavogė. Ar to pakanka?

Pakanka. Nereikia bausti. Svarbiausia, kad jis suprastų. Vaikui reikia paaiškinti: „Tu taip elgeisi kurstomas prigimties. Pasistenkime kartu išsiaiškinti, kodėl mūsų prigimtis tokia, kodėl gimei su tokiomis savybėmis, ar kiti jas irgi turi, ko iš mūsų reikalauja gamta. Kaip mums derėtų su tuo elgtis?"

Ir ko gi ta gamta iš mūsų reikalauja?

Akivaizdu, kad jei jau gavome tokias savybes, tai jos turi kur nors mus nuvesti. Juk žmoguje nėra nieko blogo. O dėl polinkių, tai gal juos įveikęs pasieksiu ką nors gero. „Pažiūrėkime, ką gero gausiu nevogdamas, nesipešdamas, bet susivienydamas su kitais. Pasistenkime išsiaiškinti, kodėl mano blogosios savybės manyje egzistuoja būtent taip, kad man visąlaik tenka jas įveikinėti. Ką iš to laimiu?" Turime tai aiškinti ir sykiu užtikrinti aplinkos palaikymą.

Kitaip tariant, ką laimiu įveikdamas šias savybes?

Taip, žinoma. Juk mes, suaugusieji, šiaip sau nesipešame vieni su kitais ir neįžeidinėjame vieni kitų, nes suprantame, kad taip mums ramiau gyventi. Juk nenoriu visąlaik bijoti, kad kas nors iš už nugaros man suduos lazda. Aš tiesiog žinau, kad mes visi daugiau ar mažiau suinteresuoti sukurti sau patogesnę aplinką – tiek, kiek įstengiame. Ir jeigu teisingai auklėsime savo vaikus, tai jie susikurs kur kas geresnę visuomenę.

Nūnai daugelyje šeimų vyrauja tendencija apskritai nekalbėti apie baimę. Tėvai mano, kad taip jiems pavyks išguiti vaiko baimes. Ar čia yra kokia nors logika, ar tai visiškai neteisinga?

Manau, kad toks požiūris neteisingas. Pirmiausia turime sukurti teisingą sistemą. Reikia, kad suaugusieji žinotų, kaip tinkamai dirbti su vaikais, be to, ne šiaip su vaikais, o su vaikų grupėmis. Juk neatsitiktinai šis pasaulis integralus ir globalus it „didelis kaimas", kuriame visi vieni su kitais susiję.

Mums reikia dirbti ne su vienu, o su visais vaikais ir jų tėvais, su visa aplinka, kurioje jie gyvena. Mes turime viskuo užsiimti kartu. Kam gi guiti kokius nors dalykus? Imkime ir kiekvienos dienos pabaigoje surenkime aptarimą – ir tegu kaskart kas nors kitas būna teisėju.

Sakykime, klasėje yra 30 mokinių, kurie mokosi penkias dienas per savaitę. Tai štai tegu kasdien vis naujas penketukas tampa teisėjais. Jie atsiskaitys mums, kas dieną vyko klasėje. Pavyzdžiui, paskutinė pamoka bus toks teismas, ir šie penki vaikai teis visus kitus. Pažiūrėsime, ką jie matė, kaip kalbės, kodėl tai nutiko ir t. t. Tas išvadas, kurias jie padarys per dieną, išgirs visi ir visi galės išsakyti savo nuomonę – sutinka ar ne.

Atstovaudami klasės interesams?

Taip. Tada jie patys galės save teisti. Ir taip kasdien vis naujas penketukas.

Ir ką taip darydami pasieksime?

Pirmiausia galėsime išanalizuoti, patikrinti, išsiaiškinti. O tarp vaikų esantis psichologas turėtų jiems padėti, nukreipti juos taip, kad teisingai viską pamatytų. Galiausiai po kiekvieno tokio teismo jie patys galės parašyti sau, savo klasei tam tikrą įstatymų knygą.

Kažką panašaus į įstatus?

Įstatus, „konstituciją", į kurią atsižvelgdami jie dabar elgsis. Ir tada vaikas išvys, kad taip jis kuria save bei savo aplinką. Užaugę tokie vaikai panorės sukurti visuomenę, kuri grindžiama teisingo bendravimo dėsniais. Klausimas tik toks, kaip tai įgyvendinti. Mokslas apie aukštesniuosius gamtos dėsnius galėtų daug padėti, bet, deja, žmonija dar tikriausiai nepakankamai prisikentėjo, kad panorėtų į tai įsiklausyti.

Šnekėjome apie darbą klasėje. O ar galima taip elgtis šeimoje? Dienai baigiantis susirinkti su vaikais, kad kartu apibendrintume, kas nutiko per dieną?

Netgi šeimoje tai įmanoma, jei yra keletas vaikų.

Diena baigiasi, ir rytdienai vėl užsibrėžiame, kokių principų laikysimės.

Tik į tai įsitraukdami tėvai turi nusileisti iki vaikų lygmens.

Ką tai reiškia? Kad aš irgi dalyvauju?

Žinoma, kad taip! Lygiai kaip ir tavo mažoji dukrytė. Ir tavo vyras taip pat.

Ir jie abu gali pažeisti susitarimą?
Taip, suprantama. Visi čia dalyvaujame nusileidę iki vaikų lygmens.

O šnekame su jais kaip su vaikais ar kaip su suaugusiaisiais?
Kaip su visais.

Visi gali klysti, visi gali ko nors bijoti.
Tarkim, mama pasakoja, kad šiandien nesusitvardė ir suvalgė pyragaitį, nebesilaikė savo dietos ir jai iki šiol tai nemalonu. Kaipgi jai atsikratyti tokio pojūčio? Galbūt vaikai jai ką nors patars? Tai visai ne žaidimas. Čia sprendžiami labai svarbūs klausimai – kaip žmogui susitvarkyti su kokiomis nors problemomis, ar jam reikia graužti save, kaip jam nusiraminti ir rytoj tapti stipresniam. Taip elgiantis galima padaryti nepaprastai svarbias išvadas.

Taigi šiandien palietėme daug temų. Kalbėjome apie tamsos baimę ir priėjome prie išvados, kad bijoti tamsos – gerai, kad vaikui reikia papasakoti apie tai, kas jį supa. Kuo labiau jis pažins tikrovę, pradėdamas nuo miegamojo ir eidamas toliau, tuo mažiau bijos. Be to, negalima palikti vaiko su jo baimėmis, verčiant jį patį su jomis kovoti. Priešingai – reikia jam padėti. O norint rasti būdą pažaboti jo baimes, reikia, kad į tamsų kambarį jis įeitų su grupe vaikų ir kartu su jais suvaldytų tą baimę.

Taip pat kalbėjome apie nesėkmių baimę, apie tai, kad maždaug nuo trejų metų vaikas pradeda jausti aplinkos palaikymą ar nepalaikymą, jaučia aplinkos santykį su savimi. O iki tol jis išvis nejautė aplinkos. Todėl pradedant nuo trejų galima vaikui aiškinti, kad jis – visuomenės dalis.

ŠIUOLAIKINIAI VAIKAI

Geri ir blogi vaiko poelgiai atsiskleidžia kaip jo prigimties dalis. „Tu padarei ką nors blogo – nieko baisaus, tai nėra bloga, tokia tavo prigimtis, kitiems irgi taip nutinka. Turi tai suprasti, neišgyventi dėl to ir nuo to nebėgti." Mes drauge su vaiku tai aptariame ir suprantame, kad tai normalu. Toks aptarimas savaime pakeičia bausmę, ji jau visiškai nereikalinga.

O pabaigoje kalbėjome apie tai, kad kiekvienai klasei reikia psichologo, kuris padėtų organizuoti teismą ir aptarimus grupėse. Tokį pat teismą galima surengti ir namuose, jo metu aptarti dienos įvykius, padaryti išvadas, užsirašyti taisykles, kad rytoj nekartotume klaidų, kurios galbūt buvo padarytos šiandien, kad išmoktume teisingai susidoroti su kliūtimis. Ir mama gali klysti, ir mokytojas – tai normalu. Svarbiausia, kad visa tai kiekvienam padėtų vystytis.

ANTROJI DALIS

Fantazijos ir stebuklai I

Šiame skyriuje pakalbėsime apie vaikų fantazijas, apie fantazijų vietą mūsų gyvenime, apie tai, kaip teisingai su jomis dirbti, kur slepiasi problemos ir kaip jų išvengti. Taip pat apie tai, kaip reikėtų lavinti vaikų vaizduotę. Nuolat teigiate, kad vaikui reikia sakyti tiesą apie tikrovę, kurioje jis egzistuoja. O kaip reaguoti į fantazijas ir vaizduotę?

Neigiamai. Mat tai, ką vadiname fantazija, yra arba pasakos, kur gyvūnai ir augalai šnekasi žmonių kalba, arba filmai, kur pilna ateivių ir pan. Galbūt tai galima panaudoti tam tikra filosofine forma ar kaip alegorijas, tačiau kai vaikui piešiame tokį paveikslą, kai pateikiame jam tokį gyvenimą filmuose, žaidimuose, spektakliuose, jis į tai žiūri kaip į tikrus dalykus. Tai tarsi atsispaudžia jo smegenyse ir nugula jo atmintyje. Vaikas tai suvokia kaip mūsų pasaulio stereotipus ir neatskiria tikrovės nuo fantazijų – jam viskas yra tiesa.

Bet tai priklauso nuo amžiaus.

Vaikų būna ir trisdešimtmečių, keturiasdešimtmečių... Kalbu rimtai: visa, ką vaikas gauna iš savo aplinkos, jį veikia ir tam tikra prasme jis tai suvokia kaip tikrus reiškinius. Todėl auklėjant neleistina pasakoti fantazijų ir realiai nepagrįstų dalykų.

Bet Jūs kalbate ne apie vaizduotę, o apie fantazijas, apie tai, kas neegzistuoja tikrovėje.

Noriu pasakyti, kad neleistina į vaiko pasaulį įnešti nerealių formų.

Mąstymo formų ar kokių nors neegzistuojančių daiktų?

ŠIUOLAIKINIAI VAIKAI

Visokių pavidalų – neva saulė šnekasi su mėnuliu arba gyvūnai ir augalai bendrauja tarpusavyje. Taip nebūna ir nereikia vaikui to pasakoti!

Tai nepakenks jo raidai?
Tai melagingas vystymasis, kuris veda prie įvairiausių fantazijų, prie to, ko nėra tikrovėje. Todėl šiandien ir gyvename iliuzijomis, tikėjimais, bijome kažkokių mistikų: tai šešėliai slankioja, tai namuose vaiduokliai įsikūrę ir reikia juos išvaryti prieš apsigyvenant. Mes turime pakilti virš visų įsivaizdavimų, iš kurių negalime išsipainioti jau ištisus tūkstantmečius.

Teigiate, kad tai sukuria iliuzijas?
Tai sukuria tokias iliuzijas, kad patys to neįsisąmonindami suvokiame tuos daiktus ir veiksmus kaip tikrus. Savo viduje kažkaip žaidžiame su šiais pavidalais ir netgi naudojame juos tarpusavio santykiuose. Mes matome, kaip kalba mūsų vaikai mėgdžiodami įvairius scenos personažus. Kai pasakoji vaikui apie tai, kaip vilkas šnekasi su avimi ar žmogus su medžiu, jis taip ir suvokia: jam atrodo, kad su vilku galima šnekėtis. Žmogus prisimena šiuos pasakojimus ir tai visą gyvenimą tūno pasąmonėje.

Ir kas gi nutinka, kai vaikas susiduria su tikrove?
Jam neegzistuoja tikras ir netikras pasauliai – vaikui viskas yra tiesa, jis mano, kad yra taip, kaip jam pasakoji.

Bet jis juk mato, kad taip nėra! Dauguma penkiamečių, šešiamečių aktyviai gyvena šioje tikrovėje ir nesiskundžia suvokimo problemomis.

Jie vis dėlto jaučia tą prieštarą. Matau, kaip tėvai savo vaikams zoologijos sode pasakoja visas tas kvailystes.

Gal tai tam tikras nusivylimas?
Tai ne nusivylimas, tai apgaulė!

Žiūrint iš vaiko pozicijų. Jis juk tikėjosi, kad beždžionėlė šnektels su juo...
Būtent beždžionė atrodo kaip vienintelis gyvūnas, galintis su mumis pašnekėti, ji iš visų gyvūnų į mus panašiausia. Bet vaikas mato, kad kiškiai nekalba, o pelės nepadeda Pelenei. Ir tai problema...

Ir pati Pelenė – problema.
Kodėl?

Todėl, kad turime kalbėti su vaikais apie realius dalykus, kaip ir su suaugusiaisiais. Kitaip tai sukuria visokias iliuzijas. Ar matėte filmą „Graži moteris" (apie prostitutę, pakartojusią laimingą Pelenės istoriją)? Tai štai psichologai tvirtina, kad šis filmas Europoje 13 procentų padidino nepilnamečių, įsitraukusių į prostituciją, skaičių.
Juk tai toks romantiškas filmas!

Psichologai teigia, kad dvylikametės, pažiūrėjusios šį filmą, išvydo gražų ir lengvą kelią į sėkmę. O kadangi filmas buvo nepaprastai populiarus ir jį matė milijonai žmonių, tai tenka susidurti su tokiais katastrofiškais padariniais. Kitaip tariant, privalome suprasti, kad žmogus viską, kas jam yra rodoma, suvokia kaip tikrą istoriją.
Nesvarbu, koks jo amžius?

Net jeigu tai suaugęs žmogus – jis irgi kaip vaikas. Jūs tikriausiai žinote, kaip suaugusieji mėgsta animaciją...

Tai didžiulis malonumas, lyg žaidimas... Tačiau mes nesuprantame, kokius melagingus įsivaizdavimus tai sukuria. Tik nepamanykite, kad noriu iš mūsų gyvenimo išmesti viską, kas gražu ir malonu. Visai ne. Tačiau turėtume rasti naują prisipildymą, kuris nebūtų grindžiamas apgaule.

Ruošdamasi pokalbiui šiek tiek analizavau šiuos dalykus ir man atrodo, kad šiais laikais vaikų pasakose vyksta tam tikra stebuklų „infliacija". Imi kokią knygą, atverti ją, o ji tik žėri, tik liejasi visomis spalvomis... Tai vyksta visuose lygmenyse, visąlaik kalbama apie stebuklus. Manau, kad taip tėvai ieško būdų parodyti vaikui, jog jis gyvena nuostabiame stebuklų pasaulyje.

Mums dar daug ką teks ištaisyti pereinant iš individualaus, egoistinio pasaulio į bendrą, altruistinį...

Norėčiau aptarti vieną iš psichologijos teorijų. Daugelyje kursų mokiausi, kad pasitelkus liaudies pasakas galima atskleisti įvairiausius vidinius konfliktus, kurie būdingi absoliučiai visiems vaikams. Dauguma tų pasakų vaizduoja, kaip pagrindinis herojus įveikia visokias kliūtis. Be to, dažniausiai šis herojus – antiherojus, pats mažiausias berniukas arba pats didžiausias nevykėlis. Bet jis su viskuo susitvarko ir nepaisydamas sunkumų randa išeitį. Dirbdama su vaikais matau, kaip šitai netiesiogiai juos vysto. Kol kas tik skaitau jiems pasaką, nes dar negaliu kalbėti atvirai...

Bet tokioje pasakoje nėra jokios apgaulės. Tokių herojų pavyzdžių yra arba jie labai panašūs: mažiau sėkmingi ir ne tokie žinomi.

Tačiau šiose pasakose pilna visokių slibinų ir drakonų...
    O tai jau negerai – tai pramanyta.

Sakote, kad turi būti kažkokia riba...
    Jeigu tokio reiškinio nėra gamtoje, tai nevalia jo naudoti auklėjamaisiais tikslais.

Kitaip tariant, gali būti pasakojimas apie herojų, bet...
    Tarkime, jei kalbama apie žmogų, kuris savo kelyje įveikia įvairias kliūtis ir pasiekia sėkmę, – tai prašom, kiek tik norite. Turime pateikti vaikui tokius pavyzdžius. Tačiau nereikia „prikaišyti" slibinų.

O jei juos naudosime kaip simbolius? Sakykim, drakonas simbolizuoja kokią nors sunkiai įveikiamą kliūtį?
    Tokius pavyzdžius turėtume visiškai pašalinti iš auklėjimo programų. Tai veda prie „stabų garbinimo" – tikėjimo įvairiomis jėgomis ir pavidalais.

Ką tai reiškia?
    Žaltys kalbasi su žmogumi ir įkalbinėja jį suvalgyti obuolį nuo rojaus sodo obels. Nevalia taip pateikti šio pasakojimo vaikui. O jeigu jau jį skaitome, tai turime iš karto aiškinti, kad čia alegorijomis kalbama apie mūsų savybes, glūdinčias mūsų prigimtyje. Kitaip vaikas taip ir įsivaizduos, kad šis žaltys iš tikrųjų egzistavo ir turėjo dvi kojas. Tokia samprata ir išliks.

O kaip dėl kūrybingumo ugdymo? Juk tam reikia mokėti fantazuoti, įsivaizduoti.

Bet vaizduotė – tai tikras galimų objektų ar įvykių įsivaizdavimas! Aš juk įsivaizduoju tai, kas gali nutikti. Tai ateitis, atsiskleisianti po akimirkos ar po kelerių metų. Būtent tai vyksta pasaulyje. Tereikia duoti laiko vystytis, ir mes prie to prieisime.

O kaip lavinti vaiko vaizduotę?
Reikia jam duoti pavyzdžius iš gyvenimo: „Žiūrėk, jis buvo mažas, užaugo ir tapo lakūnu. O tas tapo dideliu mokslininku arba puikiu sportininku."

Bet kaip išmokyti vaiką įsivaizduoti tai, ko jis niekada nematė? Jūs juk sakote, kad negalima atsiplėšti nuo tikrovės. Kūrybinis mąstymas grindžiamas tuo, kad imi kokius nors šio pasaulio šablonus ir iš jų kuri kažką visiškai naujo.
Būtent taip!

Bet kaip man tai padaryti, jei nemokau vaiko išsiveržti iš stereotipų? Sakykime, yra gyvūnas ir yra žmogus. Matau, kad žmogus geba kalbėti, ir tada sujungiu tai draugėn. Išeina, kad ir gyvūnas moka kalbėti.
Bet juk tai neatitinka tikrovės!

O kaip tada išmokyti vaiką atsikratyti šabloninio mąstymo? Kaip išmokyti galvoti ne tik apie tai, kas iš tikro egzistuoja, bet ir apie tai, kas nerealu? Juk šiandien, kai mėginu galvoti apie pasaulį, kupiną meilės ir ryšio tarp žmonių, turiu įsivaizduoti tai, ko niekada nemačiau!
Yra apgaulė ir yra tiesa. Yra dalykų, kurie mūsų pasauliui nebūdingi. Gyvūnas yra gyvūnas, žmogus yra žmogus. Ir jeigu eisiu tokiu keliu, kaip siūlote, tai tiesiog sukursime dar keletą melagingų isto-

rijų, pasakų. O davus vaikui teisingus apibrėžimus, jis iš tikrųjų įsivaizduos realius dalykus ir puikiai vystysis. Kitaip jo vystymasis bus grindžiamas apgaule.

Bet kai kalbame apie tai, kas realu, tai šitai atrodo kažkaip pilkai ir nuobodžiai. Man kur kas įdomiau įsivaizduoti save skrendantį ant drakono, o ne dirbantį kokiu nors gydytoju.

Todėl visi ir gyvename iliuzijose, patys save painiojame, nepajėgiame išspręsti nė vienos konkrečios savo gyvenimo problemos. Vieni iš kitų, iš savo vaikų reikalaujame tam tikro elgesio, laukiame kažkokių veiksmų iš valdžios, ir viskas – grynos iliuzijos. Mes nesame realistai! O juk viskas kaip tik atvirkščiai! Džiaugsmas ir laimė yra visai čia pat, tačiau negalime jų pasiekti, nes „nesusiduriame" su jais, mat veikiame nutolusioje nuo tikrovės plotmėje. Mes neteisingai sprendžiame apie save ir kitus žmones, apie savo sutuoktinius ir vaikus, valdžią, gydytojus. Į visus žvelgiame per savo fantazijų prizmę. Gal jau metas apsivalyti nuo iliuzijų ir fantazijų! Ir tada išvysime, kaip galima išlaisvinti pasaulį iš kančių.

Iš kur žmogui atsirado toks noras ir poreikis sugalvoti ir fantazuoti?
Iš senųjų kultūrų.

O argi fantazijos nėra žmogaus įgimtų savybių dalis?
Poreikis fantazuoti kilo iš mūsų žmogiškosios prigimties, ir tai padeda mums vystytis. Tačiau fantazijose turėtume matyti ateityje galinčius nutikti, o ne neįmanomus dalykus. Šiandien vieni siūlo fantazijas, kad užsidirbtų, o kiti pasirengę mokėti, kad atsiribotų nuo gyvenimo problemų.

ŠIUOLAIKINIAI VAIKAI

Bet, kita vertus, gebėjimas įsivaizduoti augina žmogų.

Ginčijame tik tai, ko nėra gamtoje! Mums būtina pasitelkti sau viską, kas yra naudingo gamtoje, ir nutolti nuo visko, kas nerealu, nes tai mus painioja gyvenime.

Sakėte, kad viena iš formų, kurias galime pasitelkti, – tai alegorijos. Gal galėtume apie tai pakalbėti plačiau? Pavyzdžiui, istorija apie Adomą, Ievą ir žaltį. Ar pakanka pasakyti, kad žaltys – vidinis žmogaus balsas? O kaip dėl pasakėčios apie liūtą ir pelę? Liūtas iš pradžių nekreipia į ją dėmesio laikydamas visų silpniausia, bet kai ši išgelbėja jį iš narvo, tai supranta, kad ir pelė svarbi.

Bet mes juk kalbame apie vaikus...

Vadinasi, neturėtume jų painioti?

Taip, galima pasitelkti šiuos pavyzdžius kaip dviejų gamtos formų simbolius: stipriausios ir žiauriausios (didžiulio plėšrūno liūto) ir silpniausios (pelytės), kad parodytume, jog ir silpnasis gali būti naudingas stipriajam. Bet ir tai leistina tik tam tikrais atvejais. Aš manau, kad ne tokia jau ir didelė problema sutikti su tuo, ką sakau, jeigu tik imsime į gyvenimą žiūrėti realiau. Kuo labiau žmogus apsivalo nuo visokių fantazijų, tuo teisingiau mato savo gyvenimą. Juk tiek daug ko galima išmokti iš to, kas iš tikrųjų egzistuoja.

Koks Jūsų požiūris į lavinančius vaizduotę žaidimus? Tokius žaidimus labai mėgsta 4–5 metų vaikai. Vaikas įsivaizduoja esąs policininkas, gydytojas ar gaisrininkas. Tai juk galima, tiesa?

Be abejonės, netgi jei įsivaizduosime save skrendančius ant baliono.

ANTROJI DALIS

Bet kartais jie tariasi esą tokie herojai laimėtojai, stipruoliai. Juk ir tada jie įsivaizduoja nesamus dalykus... Nejau yra skirtumas tarp riterio ir „supermeno"?

Taip, žinoma, yra, nes riterius žinome iš istorijos, o „supermenai" neegzistuoja. Bet įsivaizduoti, kad esi herojus, kuris skrisdamas įveikia įvairiausias kliūtis arba atlieka kokius nors triukus...

Mano nuomone, „supermenas" – apskritai pavojingas reiškinys! Būta atsitikimų, kai žmonės, prisižiūrėję tokių filmų, šokinėjo nuo stogų.

K. G. Jungas teigė, kad žmogaus pasąmonėje yra tam tikri simboliai, tarkime, įasmeninantys jėgas. Ir dažnai tai yra gyvūnai. Tai gal žaisdamas vaikas gali įsivaizduoti save liūtu?

Nepageidautina, nes gyvenime to nebūna, ir tai vėl skatina vaiką neteisingai įsivaizduoti tikrovę. Neseniai Šveicarijoje suaugusi moteris įšoko į duobę pas baltąsias meškas, nes nuo vaikystės laikė jas geromis, juk jos tokios minkštutės, gražutės, vadinasi, ir geranoriškos. Ją tik per plauką išgelbėjo!

Taigi apibendrinkime. Su vaikais turime kalbėtis tik apie realius dalykus, ir tai geležinė taisyklė. Turime pasakoti jiems apie tai, kas gali nutikti gyvenime, visa kita iškraipo vaiko tikrovės suvokimą. Būtent kalbėdami su juo apie tai, kas iš tikrųjų egzistuoja, parodome galimybes išsamiai pažinti šią tikrovę. Ir būtent to šiandien nepadarome pasakodami jiems įvairiausius nebūtus dalykus.

ŠIUOLAIKINIAI VAIKAI

Fantazijos ir stebuklai II

*K*albėdami apie fantazijas supratome, koks šis klausimas revoliucinis. Sakėte, kad iliuzijos, kuriomis maitiname vaikus pasakodami apie fėjas ir burtininkus, neturi ribų.

Mes jomis penime ne tik vaikus, bet ir suaugusiuosius – tai įprasta ir gerai perkama. Pažiūrėkite, kas vyksta su istorijomis apie Harį Poterį! Šiandien jų autorė Dž. Rouling laikoma žymiausia ir įtakingiausia moterimi Anglijoje. Akivaizdu, kad fantazijos paklausios.

Skaičiau visas jos knygas.
  Tikrai? Profesiniais sumetimais?

Ne tik. Aš mėgstu fantastiką.
  Kaip tai galima iškęsti?!

Man buvo įdomu, kodėl žmonės taip žavisi. Pasakojimas itin įtemptas, bet ten daugybė sampratų apie žmonių ryšius, tarpusavio pagalbą ir gėrį. O drauge tiek daug blogio ir netgi baimės. Tos knygos ir pagal jas sukurti filmai gąsdina, ir kai jas duoda jaunesnio amžiaus vaikams, tai sukelia problemas, nes padeda sukurti kitos tikrovės pojūtį.
  O tai ir yra problema!

Kita vertus, noras daryti stebuklus toks tikras ir natūralus kiekvienam – ir vaikui, ir suaugusiajam! Kaipgi parodyti vaikui pasaulį, kuriame pilna sunkumų, jeigu norisi atskleisti jam gėrį ir mūsų tarpusavio ryšį?

ANTROJI DALIS

Manau, kad dabar išgyvename tokį periodą, kai turime išsilaisvinti iš visų fantazijų ir stebuklų.

Iš melagingų stebuklų?
Apskritai iš visų stebuklų ir fantazijų, kurios lydi žmoniją nuo jos ankstyvųjų raidos etapų. Teks pripažinti, kad tai tušti ir žalingi pasismaginimai, nes skatina mus neteisingai įsivaizduoti tikrovę. Po tokių pramogų imame painiotis tarp tikrovės ir fantazijų, ir tai mums trukdo priimti teisingus sprendimus tikrame gyvenime. Žiūrime į žmones ir į gyvenimą idealistiškai, atitrūkstame nuo realaus pasaulio. Tarp idealų ir tikrosios padėties susidaro atskirtis. Tai painioja žmogų, erzina, stumia elgtis neapgalvotai ir nesuprantamai. Žmogus gyvena išgalvotame pasaulyje, su kuriuo tikrasis gyvenimas niekaip nesutampa. Kodėl reikia žmogui piešti kažkokį neegzistuojantį tikrovėje pasaulį?

Jūs kalbate apie suaugusį žmogų?
Taip, bet tai prasideda vaikystėje, iš pradžių jis skaito pasakas, kur gyvūnai ir negyvi daiktai šneka žmogaus balsu. Vėliau tai tęsiasi knygose apie Harį Poterį ir „rožiniuose" Holivudo filmuose, kur kas nors ką nors pamilsta.

Ten myli visi! O ir pati meilė – iliuzinė! Galima sakyti – nesibaigianti romantika.
Visa tai melas! Visa tai veda žmogų prie nesėkmių ir nemalonumų.

Iš tikrųjų šiandien viskas, apie ką rašoma žurnaluose, vaizduoja absoliučiai idealų gyvenimą, netgi kalbant apie nėštumą ir gimdymą. Visiš-

kai sutinku su Jumis, kad tokiose fantazijose daug tuštybės. Tačiau gebėjimą fantazuoti galima pasitelkti vaikui vystantis. Pavyzdžiui, jeigu jis nori pasijausti stiprus ar vikrus, tai gali įsivaizduoti gyvūną, turintį tokią savybę.

Mano tėvas norėdamas, kad tapčiau muzikantu, vesdavo mane į kino teatrą žiūrėti filmų apie didžiuosius muzikantus.

Bet matau, kad jam nepavyko pasiekti svajonės...

Ne, aš esu linkęs į techniką. Bet man rodė pavyzdžius iš gyvenimo ir taip norėjo pritraukti, o ne šiaip piešė fantazijas. Turime pakeisti požiūrį ir tiksliai atskirti naudingą vaizduotę, kuri gali padėti planuoti gyvenimą, ir raidos procesą bei tikslą.

Ar galite paaiškinti, kas yra gera fantazija?

Tai reiškiniai, kurie realūs šiame pasaulyje ir, be jokios abejonės, gali būti realizuoti – mano ar kitų žmonių.

Ar prie to priskiriami pasakojimai ir filmai apie pasiekimus?

Kaip tik taip. Bet tai tikri pasiekimai. Nori būti kaip Aleksandras Makedonietis ar Napoleonas – fantazuok, tai įmanoma. Nepasakysi, kad tokios fantazijos neturi pagrindo, todėl tai įmanoma pasiekti. Žmogui verta įsivaizduoti kokį nors svarbų tikslą, kad galėtų jo siekti. O ką mes darome su tokiomis fantazijomis kaip Haris Poteris, „supermenas" ir kitokiomis pasakomis?

O ką daryti su fokusais?

Reikia paaiškinti, kaip jie atliekami. Tai ugdo.

ANTROJI DALIS

Pirmiausia parodyti fokusą, nustebinti, o paskui atskleisti?
Taip. Tokiu būdu galima paaiškinti daugelį fizikos dėsnių.

Pats fokusininkas aiškina, kaip jis tai atliko, ir vaikas, kuris iš pradžių įsivaizdavo, jog tai stebuklas, supranta, kad pasaulyje viskas realu.
Tai labai įdomūs ir sudėtingi dalykai. Jų galima išmokti ir parodyti tai mokykloje, o paskui paaiškinti. Tada visi su džiaugsmu mokysis gamtos mokslų.

Grynas malonumas: fizika ir fokusai drauge! Tai tikra stebuklų mokykla, ir ji kitokia nei Hario Poterio.
Psichologai išskiria dar vieną fantazijų rūšį – įsivaizdavimą, kas nutiks su negyvu daiktu, atlikus su juo tam tikrą veiksmą arba jam įgijus kokią nors savybę. Tai laikoma pagrindu siekiant ugdyti gebėjimą pajausti kitą. Jeigu to nedarome, tai sugriauname vaiko pojūtį, kurį norėtume ateityje vystyti ir stiprinti.
Tai kažkuo primena savęs tapatinimą su mus supančiais objektais.
Iš pradžių vaikai paprastai tapatina save su viskuo, ką mato, bet pamažu nukreipiame juos į tai, su kuo iš tikrųjų reikia tapatintis. Ar, Jūsų požiūriu, toks procesas natūralus, nenuveda į šalį?
Šis būdas natūralus: žmogus turi susitapatinti su viskuo, ką mato pasaulyje, ir pajausti atsakomybę už visus ir viską.

Kaip vaikui paaiškinti, kas yra bendroji gamtos jėga?
Klausimas, kaip paaiškinti ne tik vaikams, bet ir visiems, juk suaugusiesiems net sunkiau nei vaikams tai suvokti! Reikėtų paaiškinti gamtos jėgas, jų tarpusavio sąveikas, kryptį, tikslą, juk jis mus vysto, o gamtoje viskas vyksta pagal planą, tik mes jo nesuprantame. Jeigu

suprasime šią bendrąją gamtos jėgą, jei atskleisime ją sau, tai jau vien šitai mus pakeis. Ši jėga sukūrė visą Visatą ir mus, žmones. Ji valdo mus, kuria visa, kas mus supa. Galima ją pavadinti kuriančiąja gamtos jėga. Tik nereikėtų jai suteikti žmogiškų savybių, reikia palikti ją tokią, kokia ji mums pasireiškia – kaip jėga.

Mes šios jėgos nematome?

Nematome, tačiau jaučiame jos pasireiškimus analizuodami tai, kas su mumis vyksta, matome, kaip ši jėga mus veikia. Ankstyvesniame amžiuje abstrakčiai suvokti paprasčiau, esama tokių pavyzdžių. Vaikas paaiškinimus suvokia natūraliai ir įpranta analizuoti, apibendrinti, sintezuoti savo stebėjimus.

Vaikams trūksta knygų apie integralius santykius tarp vaikų, apie tarpusavio priklausomybę ir ryšius tarp žmonių, apie globalų mąstymą. Reikia rašyti apie tai, tačiau be fantazijų. Vaikams patinka įvairūs aptarimai. Ypač būtina pamažu supažindinti juos su sąvoką „gamta", kitaip jie jai suteiks žmogiškas savybes. Kaipgi ši jėga gali būti žmogus, jeigu mūsų Visata sukurta dar iki gimstant žmogui?

Vaikas, kaip ir suaugęs žmogus, kiekvieną reiškinį mėgina įsprausti į formą, nes mums sunku įsivaizduoti jėgą, net apie elektrą suprantame tik mokydamiesi vyresnėse klasėse.

Remiantis tyrimais, Visata susiformavo prieš 15 milijardų metų. Prieš 10 milijardų metų susikūrė Saulės sistema ir planeta Žemė. O mes joje egzistuojame vos keletą milijonų metų. Kaipgi gamta gali turėti ribotą žmogaus pavidalą?

ANTROJI DALIS

Negali, bet vaikui atrodo, kad suaugęs asmuo gali viską, ir jeigu gamta visagalė, tai jis sudaiktina gamtos jėgą.

Todėl ir reikia sakyti, jog gamta – tai jėga, apimanti visą tikrovę. Ši jėga palaiko visa, ką sukūrusi, ir viską valdo. Ji, kaip ir kitos jėgos pasaulyje, neturi formos. Argi gravitacijos jėga turi formą? Mes tik jaučiame jos poveikio rezultatus.

Negyvoji gamta, augalija, gyvūnija ir žmogus yra vienos gamtos jėgos pasekmė. Jėga – sunkiai suvokiama samprata, kaip ir elektra, kurią galime atpažinti tik ten, kur ji pasireiškia materijoje.

Bet juk yra ryšys tarp manęs ir tos jėgos? Koks jis?

Norint atsakyti į šį klausimą, būtina iš pradžių paaiškinti savybių panašumo dėsnį: mes jaučiame tik dalį gamtos, tik tas savybes, kurias generuojame patys. Tai lyg radijo imtuvas, kuris generuoja tam tikras bangas ir būtent dėl to pagauna tokią pat bangą išorėje. Aplink mane vyksta daugybė gamtos reiškinių, tačiau jeigu aš atitinkamų savybių neturiu, tai tų reiškinių nejaučiu.

Ar galiu gamtai suteikti žmogiškų savybių, įsivaizduodama, kad ji kartu su manimi verkia, juokiasi arba ant manęs širsta? Ar ji viską atleidžia ir nusileidžia? Kaipgi man geriau vaikui paaiškinti, kad gamta turi mūsų vystymo planą ir kad ji aukščiau mūsų? Kaip galime išsiugdyti trūkstamas savybes, kad pajaustume visą gamtą, visą jos įvairovę, nes sakote, jog dabar tejaučiame nedidelį jos fragmentą?

Štai čia ir prieiname prie esminės išvados! Visą gamtą jaučiame savo viduje, norę gauti, sugerti. Šis noras vadinamas egoizmu. O yra ir kitas jautimo būdas – ne savyje. Jį mums ir reikia išvystyti. Gamta yra parengusi būdą, kaip išugdyti mūsų gebėjimą jausti ne savyje. Šis jutimo organas vystosi kylant virš egoizmo, ugdant vienybės jausmą su kitais iki pat meilės artimui. Todėl šiandien ir virstame globalia, integralia žmonija – tai leis mums suvokti visą gamtą.

Aš myliu savo draugą, bet ne gamtą, esančią aplink mane...
Tai nėra paprasta, ir neatsakysi dviem žodžiais. Ši idėja pamažu įsitvirtina žmoguje, iš anksto paaiškinus, kokia jo prigimtis ir dabartiniai jutimo organai. Palaipsniui žmogus ima įsisąmoninti egoistinėje prigimtyje slypintį blogį ir kaip galima jį pakeisti iš neapykantos ir pavydo į davimą ir meilę.

Tai visas procesas.
Žinoma.

Reikia itin atsargiai kalbėtis su vaiku apie tai, kad jo prigimtis bloga.
Vaikai su tuo sutinka paprastai ir natūraliai. Tiesą, kai ji paaiškinama, jie lengvai suvokia.

Vaikas nenori, kad jam būtų blogai.
Jam blogai davimo ir meilės atžvilgiu. Tu ką nors myli? Nagi, patikrinkime pasitelkę draugo pavyzdį. Kodėl tu jį myli? Nes jis tau ką nors duoda ir tu jo prisibijai? Taip pamažu gilinamės į psichologiją ir vaikas ima matyti tikrąją prigimtį: kad jis nieko nemyli ir trokšta tik naudos sau. Jis gimė su tokia prigimtimi, todėl neturi savęs su ja tapatinti.

Ar šioje prigimtyje yra kas nors gero?
Ne, iš kurgi ji bus gera, jei yra sakoma, kad žmogaus širdis bloga

nuo gimimo. Bet kieno atžvilgiu ji bloga? Čia imame vaikui atskleisti tikrovę: šio pasaulio plotmėje egzistuoja vertybės, visiškai priešingos absoliučiam gėriui.

Bet galima jam pasakyti, kad jis turi pradinę gerąją meilės ir davimo savybę, tik reikia ją išugdyti.
Jeigu vaikui pateikiame tokią tiesą, tai jis ją lengvai supranta – tokia prigimtis. Šitokį paaiškinimą suprasti lengviau nei tas fantazijas ir melą, kuriuos jiems brukame.

ŠIUOLAIKINIAI VAIKAI

Hiperaktyvumas

Pakalbėkime apie visuotine tapusią hiperaktyvumo problemą. Gydytojai ir auklėtojai ieško būdų, kaip ją spręsti, pradedant gydymu pasitelkus gyvūnus, sportą ir baigiant vaistų skyrimu. Tačiau problema vis dėlto lieka rimta.

Jeigu problema tampa visuotinė, tai šitai jau ne išskirtinis reiškinys, o tikrovė, ir ją reikia traktuoti ne kaip ligą. Esame neteisūs manydami, jog ši situacija laikina, jog ji praeis.

Šiuo metu depresija laikoma sutrikimu, kliūtimi.
    Žinoma, jeigu trukdo, tai kliūtis.

Galima į tai žiūrėti ir taip. Šiam reiškiniui būdingi įvairūs simptomai ir reiškiasi jie labai įvairiai. Daugiausia tai elgesio problemos – apie tai kalba visi. Šios problemos kyla anksčiau, nei pradeda kentėti vaikas, jo tėvai ar auklėjimo sistema. Be abejonės, kenčia visi: pakanka vieno tokio vaiko klasėje, kad kentėtų jis ir visi aplinkiniai. Remiantis statistika, iki 10 procentų visų tiriamųjų įvardijami kaip hiperaktyvūs, ir šis rodiklis auga. Kalbant apie suaugusiuosius šis procentas mažesnis, o tai reiškia, kad laikui bėgant žmonės priartėja prie normos. Vidutinėje klasėje yra mažiausiai keturi vaikai, oficialiai įvardijami kaip hiperaktyvūs, nors mokytojų patirtis sako, kad hiperaktyvūs visi, o keturi – ypač. Problemų kelia ne tik jų elgesys klasėje, bet ir įprastose situacijose. Tuo užsiima įvairūs specialistai ir visi kalba apie tai, kad elgesio, kurį sukelia ramybės trūkumas ir negebėjimas susitelkti, pavyzdžių vis daugėja. Paprastai neramūs ir patys tėvai.

ANTROJI DALIS

Suprantama, nes tai kyla iš mūsų prigimties. Mes gyvename ypatingu laikotarpiu. Baigėsi egoizmo linijinio augimo iš kartos į kartą laikotarpis ir dabar žmonijai atsiskleidžia jos globali tarpusavio priklausomybė. Egoizmas iš tiesiog didelio virto integraliu, t. y. sudaro didžiulį tinklą iš tarpusavy sujungtų septynių milijardų egoistų. Daugelį tūkstantmečių žmonių gyvenimas buvo pakankamai ramus. Paprastai jie nugyvendavo jį ten, kur gimė, nesiveržė į kitas šalis, vesdavo kaimyno dukrą, o amato išmokdavo iš tėvo. Netgi drabužius perduodavo iš kartos į kartą, ką jau kalbėti apie namus ir ūkį. O šiandien nerandame sau vietos, atostogauti skrendame kuo toliau nuo namų. Kitaip tariant, suaugusieji irgi kenčia nuo hiperaktyvumo, tik turi galimybių savarankiškai išsikrauti. Prieš šimtą metų futbolo aistruoliai nesielgė kaip šiandien: šimtas tūkstančių žmonių laksto, šūkauja, žaloja kits kitą. Žmonės ieško būdų išsikrauti, nuraminti augantį norą mėgautis. Daužo kriaušę su viršininko atvaizdu... Hiperaktyvumas ėmė reikštis per pastaruosius 50 metų, nuo to kenčia dauguma suaugusiųjų ir vaikų. Dabar jis įgyja naują formą: neramumas atsiskleidžia ne judrumu, o vidinės pilnatvės paieškomis. Žmonėms trukdo kažkas viduje, o ne išorėje. Tik 10 procentų hiperaktyvių vaikų nurimsta judėdami, todėl juos ir matome, o kiti puola į depresiją.

Mums, psichologams, tai gerai žinoma.
Vaikai turi žaidimus, kiną, internetą – duodame jiems viską, ką galime, ir tuo pat metu matome stiprėjančią depresiją, kuri taip pat kyla dėl hiperaktyvumo: norima daugiau, nei galima užsipildyti.
Padidėjęs aktyvumas nėra susijęs tik su judėjimu.

Jūs hiperaktyvumo terminą suprantate kaip stipresnį norą?

Kaip egoistinio noro sustiprėjimą. Šį norą reikia patenkinti, bet nepajėgiame: nėra kaip jo užpildyti, nors vaikams ir duodame viską! Pažiūrėkite, ką šiandien turi vaikas!

Visą pasaulį!
Kelionės, žaidimai, ryšio priemonės. Ir viso to negana, visa tai neužpildo. Tad problema ne ta, kad hiperaktyvumas mums trukdo. Jeigu atsižvelgsime į visas sustiprėjusio egoistinio noro problemas, tai pamatysime, kad šis reiškinys apima visus. Augantis egoistinis noras neranda pripildymo, todėl žmogus jaučiasi susikrimtęs ir yra priverstas slopinti tai vaistais arba įvairiomis apkrovomis.

Jūs kalbate apie bendrą reiškinį ir aš tai suprantu, nes matau daugybę nerimastingumo pavyzdžių. Tai būdinga ir jaunesniems vaikams. Anksčiau jie tą patį žaidimą žaisdavo metus arba dvejus, o dabar akimirksniu praranda susidomėjimą ir reikalauja naujo žaidimo. Bet yra ypatinga vaikų grupė, kuriai šie reiškiniai atsiskleidžia kraštutiniu būdu. Tokie vaikai neįstengia susidoroti su susijaudinimu ir vidiniais impulsais.

Žmoguje skiriame keturis egoizmo išsivystymo lygius: negyvąjį, augalinį, gyvūninį ir žmogiškąjį. Egoizmas auga ir skirtingai atsiskleidžia kiekviename iš keturių lygmenų. Radęs būdą prisipildyti žmogus yra ramus. Iš tikrųjų nėra ramus, tiesiog išsikrauna taip, kad to nesimato išoriškai.

Norite pasakyti, kad visas vyksmas viduje, o ne išorėje?
Kaip tik tai. Kitais atvejais jis patiria malonumą judėdamas ir jam nesvarbu, kokia kryptimi leistis ir ką daryti, svarbiausia – supainioti save ir kitus. Būtent šį reiškinį mes matome.

Ir vadiname tai hiperaktyvumu.
Visa tai byloja apie tą didžiulį mumyse augantį norą mėgautis. Tačiau įprastiniai metodai nepadės jo patenkinti. Slopindami vaikus sukeliame jiems gilius ir nepageidaujamus reiškinius. Jeigu yra užtvanka, vanduo kyla vis aukščiau. Jam reikia leisti nuslūgti, kitaip pratrūks visa sistema. Jei problemos nesprendžiame, tai ji atsiskleidžia aukštesniame lygmenyje. Girdydami vaikus vaistais, perkeliame problemą į aukštesnį lygmenį. Galiausiai susiformuos žmonės su įvairiausiais nukrypimais, nes reikiamu laiku nesuteikėme jiems galimybės natūraliai išsikrauti, kaip to reikėjo jų egoizmui. Tai gali virsti psichinėmis ligomis, lytiniais nukrypimais, žiaurumu.

Hiperaktyvumas dažniau pasireiškia vaikams, kurie linkę laužyti taisykles. Bet yra atvejų, kai pavyksta šią savybę išnaudoti teigiamai: vaikas vienu metu gali atlikti keletą veiksmų, jam pakanka energijos visai dienai. Yra dalykų, kurių kiti vaikai negali atlikti, o jie gali. Tačiau iki pilnametystės šiems vaikams kyla problemų ne tik su mokykla, bet ir su draugais. Jie negali susitelkti į kokį nors vieną dalyką, yra egocentriški – daugiau galvoja apie save, ne taip gerai supranta kitus. Dėl to, kad jie tokie nenuoramos, su jais sunku žaisti. Kaip į tai žiūrėti ir kaip jiems padėti? Kaip juos pripildyti ir apskritai – apie kokį pripildymą kalbama?
Čia, be abejonės, atsiskleidžia auklėjimo spragos. Kiekvienas toks vaikas turi tapti psichologu pats sau: reikia paaiškinti, kas juos judina, kas su jais vyksta, kodėl jie nuolatos išsišoka ir pratrūksta. Su vaikais būtina aptarti visus šiuos reiškinius. Mes jiems neaiškiname apie žmogaus prigimtį, evoliuciją ir procesus, vykstančius mūsų laikais. Jie turi pažinti gyvenimą, o apie gyvenimą, deja, mes su jais nešnekame.

Įdomu, ką kaip psichologė turėčiau daryti?
 Kaip psichologė galite aiškinti apie tai kalbėdamasi asmeniškai. Tačiau mokykloje vaikui neaiškinama apie gyvenimą. Jį „prikemša" žinių, moko specialybės, o ne auklėja, kitaip tariant, neformuoja iš jo žmogaus.
 Vaikas turi žinoti, kas su juo vyksta, o to nemokome. Todėl jis neišmano, kaip teisingai elgtis su savimi ir kitais. Reikia paaiškinti, iš kur ir kodėl kyla šios problemos, kaip su jomis susidoroti. Čia gali padėti aktorystės pamokos, kaip išeiti iš savęs ir vaidinti kitą. Vaikas turi jaustis partneriu dirbdamas su reiškiniais, kuriuos jaučia, be to, tai reikia matyti kartu su draugais. Kaip jie žiūri į jį, o jis į juos? Ar jie sutaria tarpusavyje? Kas apskritai vyksta klasėje ir kodėl? Vaikai turėtų būti savarankiškesni, geriau suprasti, stengtis susidoroti su gyvenimu savo jėgomis.

Tai padaryti jiems neabejotinai bus sunku.
 Jeigu nieko jiems nepaaiškinsime, neduosime pagrindų, jie nesupras savo elgesio priežasčių ir kentės. Kartais kas nors mus suerzina, bet kai suprantame priežastį, tai į problemą ir į žmogų žvelgiame supratingai. Taip reikia mokyti ir vaikus.

Paaiškinus tiems vaikams, kurie pasižymi hiperaktyvumu ar negali sutelkti dėmesio, jų elgesio priežastis, jie bus ramesni ar pasikeis visa mūsų visuomenė? Su jais juk ir taip nelengva kalbėti, nes jie nesugeba į ką nors susitelkti ilgiau nei tris minutes.
 Jeigu kalbėsime būtent apie jų bėdą ir suteiksime jiems galimybę paaiškinti, pasisakyti, tai išvysime kitokį vaizdą.

ANTROJI DALIS

Kalbėtis jie geba, tiesiog nesugeba išsėdėti.
  Bet juk klasėje galima ir stovėti! Tegul stovi...

Dėl klasės reikia pagalvoti. Juk jeigu nesėdi, tai nesimokai – mokykloje taip judėti nedera. Bet jeigu vaikai jaučia poreikį judėti ir drauge geba kalbėti, tai ar gali gebėjimas kalbėti apie problemą ir žmogaus prigimties supratimas nuraminti iš vidaus?
  Be jokių abejonių. Žmogus, kuris žino, iš kur kyla problema, gali geriau pasiruošti, susitvarkyti su savimi ir suprasti, kaip elgtis su kitais žmonėmis. Jis kenčia, nes nežino, kaip save pateikti. Jam vis dėlto teks išsikrauti, bet jau kitokiu būdu – kaip tai daromo mes. Vaikai – maži žmonės ir reikia atitinkamai su jais elgtis. Taip pat ir su tais, kuriems sunku mokytis. Disleksija taip pat hiperaktyvumo rūšis. Vaikai nesugeba visko suvokti tokiu greičiu, kokiu dirba jų smegenys.

Bet kaip paaiškinti vaikui, kad jis skiriasi nuo kitų?
  Kai kalbate su vaiku, nejau nejaučiate būtinybės paaiškinti jam, kodėl jis taip elgiasi?

Aš palaikau jį pripažindamas, kad jo noras judėti yra teisėtas, juk vieniems judėti reikia daugiau, kitiems mažiau. Jis kitaip mąsto, kitaip suvokia, o mums sunku suprasti, kad klasėje ne visi vienodi.
  Vadinasi, pabrėžiate jo ir kitų vaikų skirtingumą.

Bet juk jis taip jaučiasi! Nepabrėžiu, kad jis skiriasi, o parodau teigiamą jo savybių pusę, juk visi jas laiko neigiamomis.
  Negerai taip kalbėti su visa klase, juk kiekvienas kažkuo skiriasi nuo kitų. Jeigu situaciją paaiškinsime remdamiesi jos bendrąja prie-

žastimi, tai vaikai lengviau su ja sutiks, ims ją vertinti kaip natūralią. Jie supras, kad galiausiai vystosi normaliai. Net jeigu jų elgesys neracionalus ir neatitinka visuotinai įprasto, jie jį suvokia teisingai. O jeigu vaikas auga susikrimtęs, nes jį laiko neigiama išimtimi, tai jis tiesiog jausis nelaimingas.

O kaip paaiškinti, kodėl ne visi vienodi? Kodėl klasėje yra keletas žmonių, kurie visiems trukdo mokytis? Kodėl jie nuolatos išsišoka?

Toks jų noras, kuris nė akimirkai nenurimsta. Jie mėgina užsipildyti įvairiausiais dalykais ir nuolatos ieško, kur išsikrauti. O kitiems to nereikia, nes jų noras vystosi lėčiau.

Vadinasi, hiperaktyvūs vaikai labiau išsivystę už kitus?

Žinoma, juk jų egoizmas didesnis. Todėl gyvenime jie gali pasiekti daugiau už kitus, jeigu išmokysime juos savarankiškai įgyti pusiausvyrą, be jokių vaistų, juk visuomenė nesuformavo teisingo požiūrio į tokius vaikus. Augant genai ir hormonai įgyja pusiausvyrą, o vidinis siekis save realizuoti lieka didesnis nei įprastas. Tokius žmones galiausiai lydės didelė sėkmė. Ką apie tai sako statistika?

Šiuos duomenis reikia patikrinti. Bet jau dabar aišku, kad dauguma sėkmingų gydytojų iš prigimties hiperaktyvūs, taip pat programuotojai – kompiuteriui jų judrumas netrukdo, o jų suvokimo greitis ypatingas.

Kodėl gi neišnaudojus to visuomenės gerovei?

Taip, tokie žmonės tikrai turi ypatingus gebėjimus, tačiau reikia padėti juos atskleisti.

Apie tai ir kalbu. Ir pradėti reikia nuo ankstyvo amžiaus.

Kaip manote, jie turėtų mokytis kartu ar atskirai nuo kitų vaikų? Anksčiau juos atskirdavo, o dabar įtraukia į grupę, duoda dar vieną auklėtoją ar pagalbininką, juk reikia sukurti sąlygas visiems.

Šiandien yra tokių mokyklų, kur nuo ankstyvo amžiaus praktikuojamas skirstymas ne tik pagal kryptis (technika, gamtos mokslai, kalbos, menai). Klasės sudaromos ne tik pagal specializaciją, bet ir pagal suvokimo lygmenį: pažangesniems ir ne tokiems pažangiems ir t. t. Galima atskirti ir čia, juk vaikui geriau mokytis tokioje bendruomenėje, kur daugumos narių savybės tokios kaip jo.

Dažniausiai hiperaktyviems vaikams puikiai sekasi sportuoti. Tikriausiai tarp sportininkų daugybė hiperaktyvių žmonių. 5–10 procentų vaikų ir 6 procentai suaugusiųjų laikomi hiperaktyviais. Kitaip tariant, ne visi tai išauga.

Tiesiog suaugusiųjų hiperaktyvumas nepasireiškia judėjimu, jis įgyja kitą formą – vidinį nerimą.

Žmogus mokosi išnaudoti šią savybę naudingai, nejaučia, kad ji amžina kliūtis. Bet tai priklauso ir nuo aplinkinių požiūrio į ją. Tose šeimose, kur vertino vaiką tokį, koks jis yra, gautas pasitikėjimas suteikė jam jėgų suprasti savo ypatingumą ir teisingai juo naudotis.

Reikia padėti vaikui susirasti tinkamą užsiėmimą. Tada jis žinos, kaip pažaboti tuos impulsus ir kitur nukreipti hiperaktyvumą. Sportas šiuo atveju ne itin tinka, nes reikalauja tik fizinių pastangų.

Dauguma futbolininkų nesimokė mokykloje, nesėdėjo klasėje. Tačiau sportas iš tikrųjų reikalauja nuolatinės vidinės drausmės.

Mes dar neaptarėme vaistų hiperaktyvumui mažinti vartojimo.

Visiškai tam nepritariu. Mes nesuprantame reiškinio esmės: juk tai noras mėgautis, kurio vaistais nenuslopinsi. Mes grumiamės su pasekmėmis ir nenueiname iki problemos šaknies. Taip žlugdome žmogų, juk paskui tai, kas nuslopinta, pasireikš nepageidaujamu elgesiu kitose srityse.

Bet jeigu vaikas vis dėlto turi baigti mokyklą, kaip jam padėti fiziškai pritapti prie sistemos?
Į tai kol kas sunku atsakyti, tačiau nemanau, kad dera kontroliuoti hiperaktyvumą girdant vaistus. Matau, kaip lengvai juos skiria: kad ir kokia problema – išgerk tabletę. Tai labai blogai. Vargšai tėvai nesutinka, bet neturi išeities, nes vaikui gresia pašalinimas iš mokyklos. Požiūris itin griežtas. Reikia ypatingų klasių, naujo požiūrio – reikia kalbėtis su vaikais apie jų problemas.

Tėvai pagrįstai baiminasi gydymo vaistais. Jis nepadeda, jei netaikomi kiti metodai.

Tuo ir baigsime. Kalbėjome apie hiperaktyvumą ne kaip apie išskirtinį reiškinį, o kaip apie tikrovę. Tai ne problema, o mūsų būsenos atspindys. Tokią būseną pasiekėme vystantis mūsų egoizmui, kuris reikalauja, bet negauna naujo, integralaus, užpildymo. Bandymai nuslopinti egoizmą sukelia sunkius padarinius.

Taip pat kalbėjome, kad hiperaktyvūs vaikai labiau išsivystę ir gali pasiekti daugiau. Bet norint, kad jie jaustųsi visuomenės dalimi, reikia su jais kalbėtis apie reiškinius, kuriuos jie jaučia, aiškinant jų priežastį. Jeigu jie atvirai apie tai šnekėsis, geriau supras vienas kitą. Hiperaktyvumo tema itin plati ir mes prie jos dar grįšime.

ANTROJI DALIS

Depresija

Pakalbėsime itin svarbia ir plačia tema, kuriai per pastaruosius dešimt metų skirta itin daug dėmesio. Šia tema rengiami įvairūs simpoziumai, jai skiriamos mokomosios programos mokyklose, šią bėdą bando spręsti valdžia ir visuomeninės organizacijos. Tai – depresija. Pasaulinė sveikatos organizacija teigia, kad mažiausiai 80 procentų žmonių pasaulyje viena ar kita forma susidūrė su šia problema. Ir vos 20 procentų gyventojų iš tikrųjų susirgo klinikine depresija. Jau dabar tai antra labiausiai paplitusi liga pasaulyje ir sergamumas ja tik auga. Šie gąsdinantys rodikliai skatina paklausti „kodėl?" Kodėl tai vyksta būtent šiandien, kodėl toks mastas ir kaip su tuo kovoti? Pasistengsime tai išsiaiškinti ir suprasti, ką galima padaryti.

Klinikinė depresija apima vis daugiau amžiaus tarpsnių – tai įgauna epidemijos mastus. Atkreipiau dėmesį, jog konferencijos šia tema tapo atviros plačiajai publikai, kad žmonės galėtų gavę informacijos padėti tiems, kurie patiria depresyvią būseną ir negali prisiversti kreiptis pagalbos. Tai itin skaudus reiškinys, su kuriuo nėra paprasta susidoroti. Jis vadinamas „tyliąja epidemija", nes dauguma kenčiančiųjų nuo šio ligos negali ar nenori apie tai kalbėtis.

Paprastai žmogus gėdijasi tokios būsenos. Be to, yra dvi depresijos rūšys. Viena pasireiškia aktyvumo sumažėjimu, o kita – agresyvumu, padidėjusiu susijaudinimu ir hiperaktyvumu, kurį sukelia baimė sustoti ir pajusti skausmą.

Prieš du šimtus metų depresija buvo pamėgta aristokratijos tema grožinėje literatūroje, buvo madinga išgyventi melancholiją... Tai rodė, kad esi aukščiau kitų, kad niekini visą šį gyvenimą... Bet visiems kitiems visuomenės sluoksniams tai nebuvo būdinga, žmonės dirbo ir mokėjo džiaugtis tuo, ką turi. Šiandien viskas visiškai kitaip. Tai lemia mūsų egoizmo, noro mėgautis, kuris sudaro mūsų gyvenimo pagrindą, vystymasis. Kadangi mūsų egoistinis noras auga ne tik kiekybiškai, bet ir kokybiškai, tai reikalaujame daugiau ir nuo praėjusio amžiaus vidurio ėmėme ieškoti savęs... Tai vienu metu prasidėjo kone visame pasaulyje. Atsirado „gėlių vaikai" – hipiai, imta ieškoti religijų, tikėjimų, susižavėta Rytais, mistika, susiformavo „Naujojo Amžiaus" judėjimas... Atsirado ir ėmė augti naujo tipo noras – noras rasti Kūrėją. Ar yra jėga, kuri mus sukūrė, ko ji iš mūsų nori?! Ką aš turiu šiame gyvenime?! Dėl ko ir kam egzistuoju?

Tai prasmės paieškos?

Tai gilesnės prasmės ieškojimas, o ne šiaip vienos veiklos pakeitimas kita. Tai jau ne paprastas pramogų industrijos, kelionių ar šiuolaikinės kultūros, atsiradusios tuo metu ir paskatinusios kino meną, plėtojimas. Pagrindinis klausimas: „Kokia mano gyvenimo prasmė?" – tai ieškojimas ne gyvenime, o virš jo. Todėl stengiamės save užimti. Suprantame, jeigu viso to neturėtume, tai įpultume į depresiją ir klausimas apie gyvenimo prasmę taptų itin skaudus, aštrus. Žmonės pasinertų į neviltį ir viską matytų juodomis spalvomis. Tai siaubinga ir gali sukelti prievartą, karus.

Būtent pramogų verslo vystymas ir galimybė užpildyti laisvą laiką kiek palengvina situaciją, tačiau, nepaisant to, 20 procentų žmonių kenčia nuo depresijos. Per antrąjį mūsų amžiaus dešimtmetį ši liga užims pirmąją vietą. Beje, nuo depresijos kenčia ne tik žmonės, bet ir naminiai gyvūnai, ir yra vaistų tiek žmonėms, tiek gyvūnams.

Kaip rodo apklausos, šiandien norėdami gauti vaistų nuo depresijos žmonės kreipiasi į šeimos gydytojus, o ne į psichiatrus.
Ši problema taip išplito, kad net peržengė psichiatrijos ribas.

Tai skaudu. Pas mane konsultuotis ateinantys žmonės sako, kad tas skausmas juos lydi visur. Tai siaubingas pojūtis, todėl suprantu žmogaus norą išgerti bet kokių vaistų, kad tik liautumeisi kentėjęs.
Be to, žmonės geria visokius energetinius gėrimus, bet jie irgi nepadeda. Klausimas apie gyvenimo prasmę... Mes nesuprantame, kad be tų 20 procentų nuo depresijos kenčiančių žmonių, kurie tai pripažįsta, yra dar daugybė sergančių depresijos sukeltomis ligomis.
Depresija vienareikšmiškai sukelia papildomas ligas – ir dvasines, ir fizines.

Kai kurie gydytojai mano, kad daugybę fiziologinių problemų verta gydyti antidepresantais. Pagerėja žmogaus nuotaika, jis grįžta prie normalios veiklos ir likusieji simptomai išnyksta.
Tarp paauglių šis reiškinys itin aiškiai jaučiamas. Jie vartoja daug alkoholio, kad nuslopintų tuštumos pojūtį.
Alkoholis, narkotikai – visa tai nepasitenkinimo rezultatas.

Ir ką gi siūlo integralaus auklėjimo sistema?
Pagal integralaus auklėjimo teoriją, mūsų kartai būdingas išaugęs egoistinis noras, kuris reikalauja iš mūsų atsakymo apie gyvenimo prasmę. Mūsų karta ypatinga, jos norai ir siekiai ypatingi, ir todėl negaudami malonumo, atsakymų į jaudinančius klausimus žmonės suserga depresija. Jeigu žinosime, kur yra problema, jeigu turėsime priemones patenkinti augantį norą bei atsakymus į gyvybiškai svar-

bius klausimus, iš depresijos išsivaduosime. Išvysime laimingą kartą, suvokiančią savo paskirtį, žinančią, kas jos laukia, suprantančią, kodėl noras pabunda tokia forma ir kodėl gyvenimo prasmė tokia svarbi, nepaisant to, kad žmonės nenori to pripažinti.

Vietoj neįgaliųjų kartos išvysime kartą, kuri teisingai vystysis, atskleis tobulą pasaulį ir pajus, kad verta gyventi darniai su tobula ir amžina gamta. Juk tapę panašūs į gamtą pajausime jos amžinumą ir tobulumą.

Kitaip tariant, jie galės išvengti nusivylimo?

Žinoma, juk dėl to tai ir atsiskleidžia. Gyvename pereinamuoju laikotarpiu, todėl integralus auklėjimas yra it vaistas. Jis ne tikslas, o priemonė patenkinti visiems žmogaus norams!

Pradėjęs taikyti integralaus auklėjimo metodiką žmogus turėtų pasijausti geriau? Klausiu kaip praktikė...

Taip, kone nuo pirmosios minutės. Matau iš žmonių, kurie pradėjo tai taikyti.

Prisimenu, kokios būsenos pats buvau ieškodamas prasmės, kokią depresiją, neviltį išgyvenau. Ieškojau moksle, religijoje ir niekur negalėjau rasti pasitenkinimo bei nusiraminimo, kol neatradau šios metodikos.

Kai žmogus ateina jausdamas depresiją, o tu siūlai jam metodiką pakilti virš egoizmo, jis ne itin noriai stveriasi šios galimybės. Jis čia nemato išsigelbėjimo...

Pirmiausia žmogui reikia paaiškinti, kad šis metodas skirtas jo norui užpildyti. Būtent dabar, kai noras peraugo materialų lygmenį ir mūsų pasaulyje jo neįmanoma niekuo patenkinti. Matome, kad žmonės negali jausti pilnatvės, tik slopina save vaistais, narkotikais ar alkoholiu. Tai liudija apie tai, kad noras ateina iš aukštesnio lygmens. Todėl šiame pasaulyje žmogui negalime pasiūlyti nieko, kas jį patenkintų.

Vadinasi, tai ne filosofinis klausimas. Žmogus turi viską, bet vis tiek nemato prasmės.

Filosofinis klausimas – tai klausimas, apie kurį man pakanka kartais pamąstyti, o čia kalbama apie mano gyvenimo pripildymą, be kurio negaliu pajudėti. Tai ne smalsumas, nejausdamas malonumo neturiu gyvybinės energijos.

Bet paprastas žmogus nėra tokios būsenos nuolat – ji aplanko ir pasitraukia, jeigu tai ne klinikinė depresija. Klinikinė depresija – itin sunki būsena, kurios neįmanoma atsikratyti savarankiškai.

Yra skirtingo lygmens depresijos. Labiausiai paplitęs variantas, kai žmogus gyvena aktyviai, bet nuolat jaučiasi nepatenkintas.

Vaistai negali padėti žmogui patenkinti noro, tad tiesiog užtušuojame problemą. Žmogus nejaučia gyvenimo, malonumo skonio. O nori būti laimingas, nori jaustis gerai!

Labai dažnai žmonės jaučia tuštumą, bet nėra pasirengę to pripažinti. Tai ypač pasakytina apie socialiniu ir ekonominiu požiūriu „laimingus" žmones.

O kaip dėl pogimdyvinės depresijos? Tai visiškai kitoks reiškinys, susijęs su hormonų pokyčiais. Nors irgi neatmestina, kad tai būdinga mūsų šimtmečiui ir yra bendros depresijos, mūsų bendro egoistinio noro dalis. Kadaise moterys nesvarstė, ar turi gimdyti...

ŠIUOLAIKINIAI VAIKAI

Egzistuoja prieštara tarp noro save realizuoti ir būtinybės paskirti savo gyvenimą vaikui bei šeimai. Ir kylęs stiprus konfliktas moterį paralyžiuoja. Nors moterį iš prigimties traukia atsiduoti vaikui, jai kyla tam tikras prieštaravimas...

Šiandien moteris mano, kad ji gali viską pasiekti, bet vaikas riboja jos galimybes. Prieš 200 metų moters gyvenimas apsiribojo šeima ir vaikais, o šiandien jos gyvenime tai užima antrą, trečią ar net ketvirtą vietą. Visos depresijos kyla dėl mūsų išaugusio egoizmo, kuris reikalauja ne šiaip egzistuoti, o kuo aukštesniame lygmenyje save realizuoti. Turime rasti galimybę paaiškinti, kad integralaus auklėjimo metodika skirta užpildyti žmogaus norui ir suteikti jam trokštamą pasitenkinimą.

Sirgdamas depresija žmogus nori tikro pripildymo, jis nekenčia melo. Šiandien žmonės dar vartoja vaistus, narkotikus, alkoholį, kad nuslopintų depresiją, tačiau greitai jie pasieks tokią būseną, kai nebegalės vartoti šių „pakaitalų" ir atmes juos kaip apgaulingus...

Kaip tik šiandien psichologams visiškai aišku, kad prieš nugrimzdami į narkomaniją ar alkoholizmą žmonės paprastai serga sunkia depresija.

Po keletos metų paaiškės, kad alkoholikai ir narkomanai nebegali daugiau gerti ar vartoti narkotikų.

Jie nebejaus tam potraukio?

Jie tiesiog pajaus, kad tai melas, ir negalės to naudoti kaip būdo nusiraminti. Noras mėgautis išaugs tiek, kad žmonės nebegalės pasitenkinti tuo malonumu, kurį teikia narkotikai ar alkoholis. Ir tada prie tų 20 procentų prisidės dar 30–40 procentų.

ANTROJI DALIS

Bus siaubinga! O ką suteikia integralaus auklėjimo metodika? Kodėl būtent ji, o ne kita?

Mūsų noras, egoizmas įgyja globalią, integralią formą, t. y. mes, visi žmonės, tampame visiškai susiję, o elgiamės kaip individualistai egoistai. Mūsų noras priešingas gamtai, kuri kasdien vis labiau atsiskleidžia kaip visuma. Mūsų priešprieša gamtai vis didėja, o tai įvairiose gyvenimo srityse sukelia krizes. Visas krizes galima įveikti tik pasiekus pusiausvyrą su gamta. Tokiu atveju mes patirsime malonumą. Priešingu atveju jausime tuštumą, kol galiausiai žūsime. Jausdami tuštumą klausiame, kokia gyvenimo prasmė. Jeigu patiriame malonumą, šis klausimas nekyla. Malonumo reikia moralaus, dvasinio, o ne materialaus. Todėl klausimas apie gyvenimo prasmę ir depresija kyla materialiai apsirūpinusiems žmonėms.

Ar galima sakyti, kad vietoj tuštumos, vienumos ir susvetimėjimo siūlote vienybę, ryšį su kitais ir prasmę, o ne šiaip „gyvenimo skonį"? Sergantis depresija žmogus yra uždarame nepasitenkinimo ir nevilties rate... Darbas grupėje itin padeda, tai veikia geriau už kitas priemones. Visuomenė duoda žmogui jėgų...

Bet galiausiai matome, kad tai ne sprendimas, o bandymas susitaikyti su tikrove.

Apie kokį ypatingą užpildymą kalbate? Kai sakome „užpildymas", įsivaizduoju šio pasaulio malonumus.

Integralus auklėjimas gali padėti žmogui pasiekti tokią būseną, kai jis pradės matyti gyvenimo tikslą. Jis atras, kad gyvenimas nesibaigia mirtimi, jis galės pakilti aukščiau laiko, judėjimo, erdvės, ir jį ims nešti amžino gyvenimo srovė. Jis tai jaus!

Ar galima sakyti, kad tai mumyse esanti amžina dalis? Ir kadangi amžina, jos neįmanoma užpildyti laikinais ir praeinančiais malonumais? Tai ypatingas kitokio tipo noras.

Ir jis atsiskleidžia daugybei žmonių, platiems visuomenės sluoksniams. Tokie žmonės klausia apie gyvenimo prasmę, apie tai, kaip pakilti virš šio gyvenimo ir pereiti į kitą egzistavimo pakopą – aukščiau egoizmo.

Apibendrinkime mūsų pokalbį. Kalbėjome apie depresiją ir sakėme, kad ji kyla dėl augančio žmogaus egoizmo. Skirtingai nei visa likusi gamta, žmogaus noras auga, vystosi ir atveda jį į būseną, kai jis pradeda reikalauti daugiau, nei šis pasaulis gali jam duoti. Vedamas kilusio noro žmogus ieško kažko aukštesnio, amžino, tačiau neranda tarp laikinų, baigtinių šio pasaulio malonumų. Todėl jaučiasi blogai, bando gydytis, kad užsimirštų ir pabėgtų nuo savo pojūčių. Jo noras ieško, bet neranda prisipildymo, ir nuo šio noro nepabėgsi.

Problemą galima išspręsti žmogaus norą prilyginant gamtai. Kitaip tariant, norą gauti pakeičiant į norą duoti. Tokiu atveju žmogus gali jausti begalinį malonumą, be to, ne tik išsigydyti nuo depresijos, bet ir pasiekti harmoniją su amžina gamta.

ANTROJI DALIS

Gėris ir blogis

Šiame skyriuje toliau nagrinėsime klausimus, susijusius su brendimo, tapimo žmogumi laikotarpiu, aiškinsimės, ką reiškia gėrio ir blogio sąvokos, kaip jas paaiškinti vaikams. Dažnai rekomenduojate aiškinti, kad žmogaus širdis iš prigimties bloga. Bet psichologų požiūris kaip tik priešingas: vaikui reikia aiškinti, kad jis ne blogas, o tik gali blogai elgtis. Kitaip tariant, psichologai skatina tėvus atskirti šiuos dalykus ir pajausti, kad jų namuose yra ne blogas, o blogai besielgiantis. Be to, reikia išmokti, kaip rasti kelią iš vidaus, kad gautum ką nors gero.

Jūsų kalboje jau yra prieštaravimų.

Teisingai. Bet tėvai turi atskirti sampratas „tu ne blogas" ir „blogas elgesys".

Kyla klausimas: „Kas tu toks apskritai?" Vadinasi, yra „tu blogas" ir „tu geras" arba „tu neutralus". Bet juk tavyje slypi ir gėris, ir blogis.

O kas yra gėris ir blogis? Tikrai nepaprasta visa tai išsiaiškinti. Pasak kai kurių teorijų, žmogus geras, o štai Froido teorijoje žmogus apibūdinamas kaip blogas iš prigimties. Žinoma, tam įtakos turėjo Antrojo pasaulinio karo įvykiai, nes parodė, koks blogis gali pasireikšti pasaulyje. Ir, aišku, yra teorijų, įvardijančių žmogų kaip ieškantį ryšio, kaip gerą ir iš tikrųjų siekiantį gėrio. Be abejonės, yra tam tikras konfliktas, ir ne šiaip keliu šį klausimą.

Mūsų požiūris į gėrio ir blogio kategorijas iš tiesų neturėtų priklausyti nuo laiko. Žmogus nei geras, nei blogas, bet kiekviename iš mūsų yra dvi jėgos – gėrio ir blogio. Ir mes turime matyti žmogų kaip tam tikrą neutralią vietą, dėl kurios kaunasi geroji ir blogoji prigimtis – kuri iš jų pasigvieš valdžią.

Tai nuostabu! Gerai yra tai, kad galime rinktis.

Teisingai, būtent žmogus renkasi, kas jį valdys. Jam nepavyks pabėgti nei nuo vienos, nei nuo kitos jėgos. Jis taip pat neįstengs pakilti virš abiejų prigimties apraiškų ir tiesiog rinktis: šito aš noriu, o šito – ne.

Jis negali būti tik geras arba tik blogas.

Iš tikrųjų egzistuoja ištisos sistemos, kurias žmogus gali prisitraukti, kad pagrįstai jas valdytų. Gėrio ir blogio jėgos stveriasi žmogaus. Ir tada jis priima sprendimą. Galiausiai žmogus gauna jėgų pakilti virš savo noro, virš gėrio ir blogio ir nuspręsti, kas valdys jo norą. Kitaip tariant, jis pats – tai taškas, esantis virš abiejų jėgų ir virš paties noro.

Iš esmės vaikas to atlikti negali, tiesa? Jis tik pradeda to mokytis.

Šis procesas lėtas, bet mums reikėtų paruošti vaiką. Turime psichologiškai jį parengti tam, kad vienas žmogus mano taip, o kitas – kitaip. Tik būtina visa tai stipriai paremti ir tam tikroje bendroje plotmėje paaiškinti, kur kalbama apie tavo norą, kur apie tavo ego, kur apie gerus, o kur apie blogus dalykus. Ir viena, ir kita skatina tave veikti, tad verta pakilti virš jų abiejų. Vadinasi, galima vaikui tai paaiškinti ir lengvai išmokyti jį būti psichologu sau. Juk vaikas labai nori būti panašus į suaugusiuosius, tad jeigu supras, kad suaugęs asmuo taip mano, tai irgi panorės taip manyti.

Teisingai, bet dažnai jo suvokimas kur kas siauresnis. Vaikas negali žvelgti aukščiau to lygmens, kurį mato ir kuriame gyvena.

Taip, tačiau mes pateikiame gėrio ir blogio, vaiko ir kito žmogaus santykių pavyzdžių: vieną situaciją, kitą, trečią. Drauge vaikui suteikiame modelius, kuriuos jis galėtų tirti ir perėmęs imtųsi spręsti sudėtingesnes problemas. Jam tai padės išsiaiškinti bet kokį atvejį.

Tai reiškia, kad, pasitelkę kalbą, apibrėžiame vaikui skirtingas galimybes. Juk yra daugiau nei vienas elgesio modelis, tiesa? Vadinasi, tu turi pasirinkimą. Elgdamasis agresyviai vaikas jaučia, kad veiksmas buvo vienintelis teisingas tą akimirką. Tačiau kai vėliau tai su juo aptariame, parodome, jog jeigu būtų pagalvojęs ir giliai įkvėpęs, jeigu minutę būtų suvaldęs savo emocijas, tai būtų galėjęs pasielgti kitaip. Tai ne tas atvejis, kad kas nors man sudavė ir aš duodu atgal.

Nemanau, kad išvysime konkrečius rezultatus. Paaiškinti paaiškinsime, ir vaikas galbūt netgi sutiks ir supras. Bet ar jis galės taip pasielgti kitą kartą? Mes sakome, kad vaikai visąlaik auga, o jų norai auga dar greičiau. Ir todėl, kai jie gauna iš Jūsų patarimą, etinį pamokymą...

Tai ne pamokymas, o, tarkim, strategija.

Tegu būna strategija, bet ji remiasi praeities pavyzdžiais. Nejau ji padės, jeigu tai atsinaujins aukštesniame lygmenyje?

Buvusi būsena jam jau nėra pavyzdys – tai silpnas pavyzdys. Vaikas pasakys: „Anąsyk irgi norėjau, bet ne taip stipriai kaip dabar. Bet dabar, kai mano noras toks didelis..."

Ir kaipgi tai padaryti teisingai?
Tik pasitelkus teisingą aplinką. Aplinka vaikui parodys, kad ji jo tokio, koks yra dabar, nepriima, kad ji nesutinka.

Bet juk ir šiandien aplinka su tuo nesutinka.
Kokia aplinka? Vaikai? Su kuo jie nesutinka?

Nesutinka su agresija, prievarta, smurtu, ir vis dėlto...
Nebūna taip, kad supantys vaikai nesutinka su kokiais nors dalykais, o vaikas vis tiek taip elgiasi. Tada jis turi būti kuoktelėjęs arba visiškai atitolęs nuo aplinkos. Negali būti, kad aplinka ne tik kad nepaaiškintų, bet ir neduotų pajausti, jog ji taip besielgiančio vaiko nepriima ir nepritaria jo buvimui. Jei vaikai parodys, kad jo nepriima, kad jis nepageidautinas jų aplinkoje, įsivaizduojate, kokį smūgį tai suduos jo savimeilei?

Tai blogiausia, kas gali būti. Likti vienam, visų atstumtam...
Būtent tai ir turiu omenyje. O visuomenė turi tapti svarbi visiems. Todėl mums apskritai nereikia dirbti su vaiku, neturime prie jo liestis.

Bet juk Jūs patarėte rengti aptarimus, pokalbius su vaiku. Kam tai daryti, jei jis nepajėgia galvoti į priekį ir tegali panaudoti ankstesnę patirtį?
Tik tam, kad suteiktume jam pagrindus, pavyzdžius, modelius, kurie leistų geriau suprasti aplinką, rasti bendrą kalbą su ja. Bet pašnabždomis jam tarsi aiškiname: „Jeigu taip elgsies, žinok, jie tavęs nemylės. Nori tai pamatyti? Pažiūrėk į tai, atkreipk į tai dėmesį." Juk galbūt vaikas išties to nemato.

Gal jis tebegalvoja esąs stiprus ir dar visiems parodysiąs. Tačiau mes lyg balsas už kadro jam kuždame: „Žinai, jie tavęs nemyli, jie nenori su tavimi draugauti. Jie nori pasišalinti nuo tavęs, nes nenori priimti tavęs į savo ratą." Mes vaikui aiškiname aplinkos kalbą, kad jis taptų jai jautresnis, nes galiausiai tik visuomenė galės jį paveikti, kad jo būsena taptų teisinga.

Bet kaipgi aplinka, sudaryta iš tokių pačių individų, vaikų kaip ir jis, gali daryti tokį poveikį?
Nieko nepadarysi, tai – grupės darbas, ir tik pasitelkus aplinką galima paveikti vaiką. Mėgindami vienas prieš vieną paveikti tam tikrą asmenį nieko nepasieksime, nesvarbu, tai suaugęs asmuo ar vaikas. Rezultatas bus toks pat tiek su keturiasdešimtmečiu, tiek su keturmečiu.

Žmogus iš karto priešinasi ir nesutinka.
Nėra kito kelio, kai žmogus yra valdomas ego, vidinių paskatų, atsiskleidžiančio gėrio ir blogio. Tokioje situacijoje jis negali būti teisėjas pats sau. Tai nutiks tik tada, jeigu žmogus bus susijęs su visuomene, kuri įstengs išlaikyti jį savo rankose. Tada jis galės teisti save, remdamasis vien savo aplinkos principais. O kitaip – kaip jis pats tai atliks? Kuo remdamasis? Kaip jis save išlaikys, kokiomis jėgomis? Kuo jis supančios save?

Mes visi – visuomenės produktas ir norime jai priklausyti. Jeigu visuomenė signalizuoja mums, kad „ji tam nepritaria", mes keičiame savo elgesį. Bet iki šiol visuomenėje matome daugybę prievartos ir smurto.
Supraskite, mes negalime tiesiogiai su tuo dirbti, nes viso, kas vyksta su mumis priežastis, yra gėda.

Ką tai reiškia?
　　Viskas labai paprasta. Gėda – tai deginanti pragaro liepsna.

Taip, tai sunkus jausmas.
　　Jeigu tai išnaudotume teisingai, nereikėtų nei įspėjimų, nei paaiškinimų, nei filosofinių aptarimų, nei veiksmų, atskleidžiančių mūsų santykį su bet kokiu žmogumi. Mums tereikia bent šiek tiek pažadinti vaiko gėdą. Kieno atžvilgiu? Tik aplinkos. Juk tik kitų šio pasaulio žmonių atžvilgiu galiu įvertinti save. Kitaip tariant, gėda ir aplinka – tai du pagrindai. Išmanydamas, kaip juos valdyti, kiekvienas žmogus galės valdyti save ir keistis veikiamas visuomenės.
　　Gamta neatsitiktinai įskiepijo mums pavydą, garbės ir valdžios troškimą. Teisingai naudodamiesi aplinka išmoksime prisiversti pakilti virš savo egoizmo, norėdami pateikti save kaip „kažką vertingo". Išnaudojant šiuos žmogaus poreikius, galima iš jo – tiek iš suaugusiojo, tiek iš vaiko – lipdyti altruistą.

Vadinasi, mums reikia formuoti ne žmogų, o jo aplinką? Aplinka – tai vyresni žmonės?
　　Tai tie žmonės, su kuriais jis skaitosi. Kurie jam svarbūs.

Bet reikia būti atsargiems naudojant tokią savybę kaip gėda, juk ją išgyventi išties sunku.
　　Prie žmogaus reikia priartėti atsargiai, kad būtų galima jam padėti. Reikia prieiti prie jo kaip prie draugo... Jis turi jausti mane kaip draugą, o ne kaip esantį aukščiau už jį. Ir tada verta paaiškinti jam, kas su juo vyksta ir ko iš jo tikisi draugai.

Bet tai vyksta jau po to, kai kažkas nutiko. Jūs tyliai su juo šnekatės...
Jeigu žmogus jaučia visuomenės spaudimą – jau galiu jį mokyti. Ir jis įdėmiai manęs klausysis, juk nenori užsitraukti gėdos ir pats jaučia, kad kažkuo prasikalto.

Vadinasi, jis patiria gėdą ne kokios nors savo savybės, o aplinkos atžvilgiu?
Žmogų veikia tik visuomenės požiūris į jį. Tai panaudodami galėsime ne tik sustabdyti agresiją, bet ir pastūmėsime žmogų mylėti artimą.

Bet taip pat galime sakyti, jog jis neturėtų gėdytis, nes jame slypinti jėga duoda dingstį taip elgtis.
Žinoma, galima, bet nemanau, kad net suaugusieji pasirengę sutikti su tokiu aiškinimu.

Mūsų pokalbiuose Jūs visąlaik grįžtate prie tos pačios sampratos, kuri psichologijoje vadinama „veidrodžiu", t. y. žmogus kviečiamas be paliovos žiūrėti į save tarsi iš šalies. Tokį metodą taiko šiuolaikiškiausios psichologijos teorijos, pavyzdžiui, siūlydamos, kaip dirbti su gyvenimiškomis situacijomis – papasakoti apie jas ir į viską žiūrėti iš šalies, o ne gyventi su tuo savo viduje. Tarytum visus faktus išdėliotum ant stalo ir žiūrėtum, kas nutiko.
Kurti filmus ir kartu aptarinėti.

Kai pasakėte, ką aiškinsite vaikui, man kilo klausimas: „O kaip bus su autoritetu?" Kaipgi išsaugoti autoritetą grupėje, jeigu norite likti vaiko draugu? Manote, kad neprarasite savo autoriteto? Man atrodo, kad tokiais atvejais jo netenkama, kaip ir galimybės išrinkti sprendi-

mus priimantį žmogų. Tarkime, esu grupėje, kurios auklėtojas tokio pat amžiaus kaip ir aš arba vyresnis. Kas nutiks, jei prireiks nubrėžti ribą arba ką nors sustabdyti susiklosčius negerai situacijai, juk grupėje visi lygūs?

Turi egzistuoti tam tikras aukščiau esantis šaltinis, visų pripažįstamas ir vertinamas. Mūsų atveju – tai mūsų tyrimų išvados, kurios skelbiamos internete ir pripažįstamos daugybės autoritetų. Auklėjant reikia pritaikyti žinias iš šių šaltinių, kurie pasakoja apie atskleistus pasaulio sistemos pagrindus. Šias sąvokas vaikai turėtų gauti ne iš mokytojo.

Nuimate šią atsakomybę vaikui ir mokytojui nuo pečių ir teigiate, kad egzistuoja kažkas trečias.

Teisingai. Vaikas žiūrėdamas į mokytoją mato ir savo paties pavyzdį. Tačiau, be kita to, su vaikais būtina studijuoti papildomą medžiagą apie pasaulio sistemą ir su ja susijusių būsenų psichologinius aspektus. Labai svarbu, kad vaikas matytų, jog jo keitimasis veikiant aplinkai gerbiamas jo draugų ir šeimos.

Pavyzdžiui, vaikai skaito drauge straipsnius, kuriuos vėliau jiems paaiškina, ir mato, kad jų tėvai taip pat studijuoja šiuos straipsnius. Mato, kad visi laikosi bendrų principų, o ne nori, kad tik jis vienas jiems paklustų.

Čia yra šis tas aukščiau – dėsnių, kurių laikosi mokytojas bendraudamas su manimi, sistema. Vaikas neis skųstis mokytojui, nes šis parodys jam, kaip elgtis.

Tačiau šios metodikos problema ta, kad reikia užsiimti visų problemų visuma – ir pačiu žmogumi, ir visa jo aplinka. Negaliu ištraukti vaiko keletui valandų iš mokyklos, dirbti su juo, o paskui vėl grąžinti į tą pačią aplinką ar šeimą, tarsi nieko nebuvo nutikę, ir dar reikalauti, kad jis pasikeistų. Su vaiku reikia dirbti per visuomenę. Žmogus – visuomenės produktas. Ir jeigu mes pakeisime tik aplinką, tai pasikeis ir žmogus.

Kai kalbami tokie dalykai, žmogus iš karto pasijunta bejėgis: „Kaip galiu paveikti tokį didelį mechanizmą? Ko galiu imtis prieš ryšių ir informacijos priemones?"

Jis teisus. Žinome, kad kas 15 metų užauga nauja karta. Pradėkime dabar ir po 15 metų turėsime naują žmoniją. Pasaulyje nėra nieko svarbesnio ir dinamiškesnio už žmogų. Pradėkime dabar pat dirbti su vaikais. Pasirinkime amžių, tarkime, nuo pirmos klasės. Kreipkimės į visus per žiniasklaidą ir pradėkime daryti įtaką.

Ar tuo turėtų užsiimti tėvų taryba?

Tai turi tapti pačiu didžiausiu valstybinio masto uždaviniu. Juk tai – visuomenės, šalies, pasaulio problema. Jeigu šią problemą ims kelti piliečiai, valdžia tuo susidomės, nes jai svarbūs rinkėjų balsai.

Manau, kad teisingo auklėjimo nebuvimas yra visų problemų šaltinis, ir tikiuosi, jog galų gale į valdžią atėję žmonės būtent spręsdami auklėjimo sistemos problemas įves tvarką. Tai turi vykti pagal naują globalią auklėjimo sistemą. Tokių pokyčių galima pasiekti ir atskirų valstybių visuomenėse.

Tai neturi būti pasaulinė sistema? Pakanka, kad tai būtų įgyvendinta vienoje valstybėje?

Netgi mažesniu nei valstybės mastu.

> *Viename mieste?*

Svarbiausia, kad visuomenė spinduliuotų tarpusavio palaikymo ir vienybės jausmą ją sudarantiems vaikams ir suaugusiesiems.

Reikia, kad būtų jaučiama, kokios svarbios integralaus pasaulio vertybės, ir kad būtų norima pokyčių. Vaikas tai turi jausti visur: žiniasklaidoje, vaikų darželyje, mokykloje, namuose, iš tėvų ir draugų. Trumpai tariant, jį turi supti tokia aplinka.

Manau, kad tai įmanoma. Viskas priklauso nuo to, kiek dar krizių ir kančių teks iškęsti, kad pagaliau apsispręstume ir pradėtume tai įgyvendinti.

> *Mane domina klausimas apie meilę artimui ir apie meilę sau. Psichologijoje į tai žiūrima skirtingai, bet visi sutinka, kad vystantis vaikui yra pradžia, kai jis mato savo atspindį mamos akyse ir supranta, jog mama jį myli, žavisi juo, džiaugiasi ir rūpinasi. Ir tada jis iš esmės mokosi jausmo „aš geras", o jo meilė sau paskatina mylėti kitą. Psichologai tvirtina, kad tik mylėdamas save galiu pamilti artimą. Yra daug psichologinių požiūrių, teigiančių, jog nemylėdamas savęs niekada negalėsiu pamilti artimo.*

Žinau tai. Gražus egoistinis požiūris. Pirmiausia leiskite pamilti save, o jau tada pamilsiu ir jus. Gražu!

> *Taip pat yra krypčių, teigiančių, kad tam tikru etapu visuomenė vaikui – problema. Reikia leisti vaikui išugdyti savąjį „aš", santykį su pačiu savimi, o tada jis vėl galės grįžti į visuomenę. Tiesa, ši kryptis ne itin populiari. Bet kai žiūriu į tai iš žmogaus vystymosi taško, man atrodo, kad jis iš tikrųjų tiria save aplinkoje. Iš pradžių padedamas mamos. O paskui mokosi suartėti su kitais žmonėmis, bet ne atvirkščiai.*

Vadinasi, mama elgiasi neteisingai.

Kodėl? Mama elgiasi teisingai.

Kuo? Kad visąlaik įvairiais būdais rodo vaikui, jog jis norimas ir geras? Kodėl tai gerai? Mama turi šnekėti su juo, t. y. rodyti jam geras ir blogas jo elgesio puses ir visąlaik taisyti jį ir ugdyti. Turi būti dvejos vadžios, dvi jėgos.

Bet aš kalbu apie pereinamąjį procesą nuo meilės sau, arba savęs suvokimo kaip gero žmogaus, prie meilės artimui.

Jeigu galvoju apie save, kad esu geras ir man gerai, tada bausiu ir kaltinsiu tik artimą.

Jeigu aš geras, tai akivaizdu, kad jie yra blogi, jei jau nutiko kažkas blogo.

Kai tik vaikas gimsta, mama turi jį auginti šnekėdamasi: rodydama vaikui tai, ką jis daro teisingai, o ką ne, kur jis elgiasi gerai, o kur blogai. Jai reikia nuolatos su juo kalbėtis atsižvelgiant į abi puses, dvi kryptis ir aiškinti, ką galima daryti, o ko ne, net jeigu prieš ją guli kol kas naivutis kūdikis.

Taip, bet kaip tai ugdo meilę artimui?

Vaikas pradeda jausti, kad santykis su žmonėmis vyksta per du kanalus – gėrio ir blogio. Ir tai suformuoja jo požiūrį į aplinką, o mama irgi aplinka, kuri su juo elgiasi gerai arba blogai. Ir tada jam bus lengva pritapti bet kokioje visuomenėje.

Vadinasi, nuo pat pradžių reikia apibrėžti to, kas leidžiama, ribas?

Nemanau, kad gėris ir blogis – tai apribojimai. Jeigu mama šitaip elgiasi, tai ji leidžia vaiko egoizmui vystytis teisingai, o ne iškreiptai. Kodėl reikia vaikui sakyti, kad viskas gerai, ir visiškai jo neriboti?

Juk taip nepateikiame jam elgesio modelio, duodamo pasitelkus dvi priešingas jėgas. Būdamas tarp jų, vaikas pradeda suprasti ir jausti, kas jam galima, o ko ne, kad yra gėris ir blogis. Jis žiūri į motiną, kad suprastų, verta tai daryti ar ne, galima ar ne, ir taip auga.

Tai padeda vaikui pradėti kurti santykį su aplinka, o ne vien su savimi. Tai nukreipia jo mintį „aš geras" į mintį, kad yra aplinka, kurioje reiškiasi ir gėris, ir blogis, ir jam reikia atrasti savo santykį su ja.

Jeigu motina nori paruošti vaiką gyvenimui, turi elgtis su meile, bet panašiai kaip aplinka.

Jūsų nuomonė apie pernelyg geras motinas nėra teigiama?
Tai kvailos motinos, atleiskite, kad taip jas vadinu.

Tuo ir baigsime. Kalbėjomės apie gėrį ir blogį ir kad bet kuriuo atveju reikia sukurti vienybės jausmą aplinkoje ir keisti visuomenę. Šie pokyčiai padės žmogui teisingai žvelgti į tikrovę ir suprasti, kad visada yra dvejos vadžios – gėris ir blogis, kurie jį valdo, ir tarp šių jėgų žmogus turi sukurti save.

ANTROJI DALIS

Berniukų ir mergaičių auklėjimas

Pakalbėsime apie berniukus, mergaites ir jų auklėjimą. Tyrinėjant berniukų ir mergaičių elgesį paaiškėjo, kad jis skiriasi. Pavyzdžiui, berniukų grupėje buvo galima diskutuoti su 15–20 vaikų ir kiekvienas išsakė savo nuomonę. Stebint mergaičių grupę, paaiškėjo, kad aktyviai aptarinėjama, kai grupėje 5–6 dalyvės. Jeigu grupėje mergaičių būta daugiau, diskusija nepavykdavo. Ar galėtume paaiškinti, kodėl taip yra?

Berniukų tokia prigimtis, kad jie ne itin daugžodžiauja ir nemėgsta diskutuoti. Moterys labiau mėgsta kalbėti. Gamta atsiskleidžia moteryje, o pokalbis – tai atskleidimas. Mūsų pasaulyje moteris nuolatos šnekasi su savo vaikais, o vyras labiau užsiėmęs protiniu arba fiziniu darbu ir šneka mažiau.

Tai kodėl mergaitėms lengviau diskutuoti mažose grupėse?

Mergaičių poreikiai, nesvarbu, kokie, yra didesni ir pastebimesni nei berniukų, jos labiau nei berniukai jaučia tuštumą ir menką pripildymą. Vyrai gali sėdėti tyliai ir beveik nešnekėti.

Tai jeigu paklausiu vyro, kodėl su manimi nekalba, jis atsakys, kad tokia jo prigimtis? Nesakysi, kad jis apskritai nekalba, tiesiog atsako trumpai, vargais negalais.

O moteris vis tiek įsiskaudina, kad su ja nešnekama.

Moterys to nevadina „šnekėtis". Šito joms nepakanka.

Žinoma, jos jaučia poreikį sėdėti su vyru ir „kalbėtis apie mūsų santykius".

Įdomu, kad berniukai, paskatinti pažaisti žaidimą ar pralįsti tuneliu, tiesiog veržiasi atlikti užduotį, o mergaitės ne itin tai mėgsta.

Tai susiję su smegenų darbu, o ne todėl, kad to norime ar nenorime. Juk jei lyginsime berniukus ir mergaites, tai už jų kalbą ir veiksmus atsako visiškai kitos smegenų dalys.

Tikrai yra skirtumas. Tyrimai įrodo smegenų vystymosi skirtumus ir patvirtina, kad moterims lengviau mokytis humanitarinių dalykų. Tačiau nereikia galvoti, kad vyrų ir moterų savybės priešingos kaip juoda ir balta. Iš tikrųjų yra moterų, kurios linkusios veikti, o ne kalbėti, kitaip tariant, jos kalba mažiau nei vidutiniškai įprasta moterims. Ir yra vyrų profesijos, susijusios su kalba, tai pardavėjai, psichologai, taip pat mokytojai, kuriems nuolatos tenka kalbėti.

Bet vyrų pokalbiai nukreipti į tikslą, į realizaciją labiau nei moterų pašnekesiai, kai tiesiog mėgaujamasi pačiu šnekėjimu.

Kad tiesiog būtų apie ką nors kalbama? Net jeigu nepasiekiamas joks rezultatas?

Jūs juk matote, kaip tai vyksta – moterys gali kalbėtis valandomis.

Mes šnekame apie auklėjimą ir norėtųsi žinoti, kaip teisingai į tai žiūrėti. Mūsų tikslas – sukurti žmogų, ir nesvarbu, kas priešais mus – berniukas ar mergaitė.

Žinoma, tačiau kiekvieno tobulėjimo kelias savitas.

Tai gal verta paaiškinti, kad auklėjimo tikslas – būti žmogumi ir pasiekti visišką tobulybę? O tai galioja kalbant ir apie mergaites, ir apie berniukus.

ANTROJI DALIS

Žvelgdami ir į senovės genčių, ir į netolimos praeities žmonių gyvenimą matome, kad berniukai ir mergaitės žaisdavo atskirai, vienus traukia viena, kitus kita. Kodėl gi mums nėjus kartu su gamta? Sakoma, kad kiekvieną reikia auklėti atsižvelgiant į jo kelią. Tai kodėl kažką daryti per prievartą? Negana to, mokykloje specialiai į vieną suolą sodina berniuką ir mergaitę. Kam gi juos stumti draugėn ir priešintis prigimčiai? Jie turėtų susitikti visiškai kitoje vietoje ir dėl kitų tikslų...

Yra požiūris, kad pirmykštėms gentims toks susiskirstymas buvo tinkamas, o šiandien – „unisex" (iš angl. k . universalaus stiliaus) laikai, neva visi suvienodėjome.

Teisingai, nes senovės gentys laikėsi gamtos dėsnių ir per prievartą nekūrė tvarkos. O šiandien žmonės nebegali rasti vienas kito.

Juk mes nevienodi?

Ne, nevienodi, be to, skirtingai suvokiame pasaulį. Žinodami, kad mokykloje suteikiame tik išsilavinimą, o ne auklėjimą, kam gi per matematikos, fizikos, geografijos pamokas sodiname juos greta? Ar yra iš to kokios nors naudos? Juk mokydamiesi kartu nei berniukai, nei mergaitės neturi galimybės teisingai savęs išreikšti.

Manyčiau, kad taip siekiama supažindinti ir suartinti. Bet Jūs sakote, kad tai nepadeda nei susipažinti, nei suartėti?

Ne, tai skatina priešingos lyties nevertinimą.

Nes nė viena lytis negali atskleisti savo individualumo?

Žinoma! Jeigu mergaites ir berniukus mokytume atskirai, tai visus pavyzdžius ir metodus galėtume perduoti kitaip. Tegu berniukai piešia automobilius ir lėktuvus, o mergaitės – sukneles ir lėles.

Jie savaime šitaip daro.

Taip, bet reikia atsižvelgti į tai, prie ko jie pripratę. Taip išugdysi žmogų, jo nesugadinsi ir nepaversi mašina.

Vadinasi, reikia suteikti jiems galimybę vystytis pagal jų savybes ir atrasime, kad jų interesai iš esmės yra natūralūs. Tai visai ne kokie nors susiformavę mūsų prietarai.

Esmė ne prietarai, o mūsų kvailumas, nes nesiklausome gamtos ir darome neaišku ką, manydami esą protingesni už ją. Dabar rezultatai akivaizdūs.

Kai kurie tyrimai teigia, kad vaikų žaidimai skiriasi tik ankstyvame amžiuje. O vyresnio amžiaus tarpsnis netyrinėjamas, nes manoma, kad mes vienodi.

Kaip galime būti vienodi?

Iš tikrųjų informacija apie vyresnio amžiaus vaikus nėra analizuojama. Man pavyko rasti puikų tyrimą, atliktą prieš metus Didžiojoje Britanijoje, kur nuo amžių buvo priimta mokyti vaikus atskirai. Tai netgi sudaro angliškos kultūros dalį. Šiuo metu iš trijų su puse milijono vaikų atskirai mokomi tik du šimtai tūkstančių. Tyrimas atskleidė, kad mergaitės, kurios mokėsi atskirai, pasiekė daug daugiau nei tos, kurios mokėsi su berniukais. Matyt, čia yra kažkoks privalumas. Mokslininkai mėgino aiškinti, kad tai lėmė jų sąmonė arba dėstymo metodika. Jie padarė prielaidą, kad galbūt mergaitėms iš tikrųjų reikėjo kitos metodikos. Ten labai subtiliai buvo užsiminta, kad mergaitės kaip tik nori daugiau bendrų veiksmų ir mažiau lenktyniavimo, kuris jas skatina tylėti ir labiau gąsdina.

ANTROJI DALIS

Varžymasis tarp lyčių apskritai sukuria įtempą: kuris berniukas geriausias, kuri mergaitė gražiausia? Tai jiems rūpi labiau nei mokslai ar dar kažkas. Kam to reikia?

Iš tyrimų matome, kad nuo šešerių iki septynerių mergaitės teikia pirmenybę mergaičių bendruomenei, o berniukai – berniukų.
Tai kodėl gi jų neauklėjus atsižvelgiant į šį polinkį. Vadinasi, iš pradžių prievartaujame gamtą, o paskui suprantame, kaip tai nepasiteisina.

Kartą stebėjome, kaip keletas mergaičių užėjo į ištuštėjusį aukštą, kur turėjome persikelti. Jos įėjo į vieną kambarį, sutvarkė jį ir pavertė savo namais. Visai tai buvo atlikta labai greitai ir niekam neprašant. Jos viską padarė labai natūraliai. Galbūt mums reikia mergaitėms duoti kurti namus?
Tai moteriai būdinga iš prigimties, o vyras turi parnešti namo laimikį. Kiekvienas turi savo vaidmenį ir susijungę abu sukuria tobulybę. Moterį lengviau auklėti, nes gamta jai suteikė beveik viską, ko reikia, išskyrus ketinimą pasiekti didelį tikslą. Vyrui kur kas labiau nei moteriai reikia išsitaisyti ir tai padaryti sunkiau. Moteriai reikia mažiau ribų, juk ji iš esmės yra pasirengusi gyvenimui, mat yra arčiau gamtos. Bet jie abu turi papildyti kits kitą.

Stebėdami kolektyvus, kuriuose vaikai ugdomi pagal integralaus auklėjimo programą, matome, kad berniukai su malonumu visą dieną leidžia kartu. Jie prisitaiko ir mėgsta būti didelėse grupėse. O didelės mergaičių grupės pamažu susiskirsto į mažytes grupeles. Tai būdinga jų prigimčiai?

ŠIUOLAIKINIAI VAIKAI

Taip. Moters prigimtis tokia, kad jai reikia savo ribų, t. y. ji trokšta žinoti, kad tai jos vieta, jos kampelis arba jos namai, jos sienos – čia jos erdvė. O štai berniukai geriau jaučiasi atvirose vietose, erdvėse, kur daug galimybių žaisti. Todėl jie ne itin mėgsta žaisti dviese, o mergaitės, atvirkščiai, labiau mėgsta žaisti su savo drauge.

Mes visąlaik mergaitėms reiškiame pretenzijas, kad jos nenori prisijungti prie grupės, tik kalbasi viena su kita. O pasirodo, kad taip joms kenkiame.

Vadinasi, reikia auklėti auklėtojus.

Bendraudamos viena su kita jos mėgaujasi, tai kam iš jų šitai atimti? Ir kodėl reikšti nepasitenkinimą tuo, kas joms iš tikrųjų yra gerai? Beje, iš to, ką kalbėjome, išplaukia, kad berniukus fiziškai daugiau reikėtų lavinti gamtoje, o ne patalpose? O mergaitėms tai ne taip svarbu?

Mergaitės turėtų daugiau laiko leisti patalpose. Taigi grįžtame prie natūralių rėmų, kuriuose žmonija egzistavo per visą savo gyvavimo istoriją.

Įdomu, kad ir tai pastebėjome integralaus auklėjimo sistemoje. Buvo nuspręsta, kad kartą per savaitę vaikai važiuos į gamtą, ir po tam tikro laiko dalis mergaičių pasakė, kad jos veikiau pasiliks klasėje ir baigs savo užduotis, užuot vaikštinėjusios po parką. O berniukai tik ir laukė tos dienos, kai eis į žygį, nes jiems tai – didžiausias malonumas.

O priešingų reiškinių nepastebėjote? Pavyzdžiui, mergaičių, kurios norėtų į parką, ir berniukų, kurie norėtų pasilikti klasėje?

Ne, to nebuvo. Atvirai pasakius, niekados niekas ir neverčiamas eiti pasivaikščioti, nors išeiti į gamtą malonu, argi ne?

ANTROJI DALIS

Moteriai iš prigimties būdinga neišeiti iš namų mėnesius, o gal net metus. Jei ji turi namus, šeimą, vaikus, jei gyvenimas sutvarkytas, tai ji beveik nejaučia poreikio išeiti į gatvę.

Pažįstu daug moterų, kurios išgirdusios tai pratrūktų pykčiu.
Bet aš kalbu apie tai, kas būdinga moterų prigimčiai, juk ne aš tai sugalvojau. Nejau tai rodo moters ribotumą? Tai nei gerai, nei blogai.

Taip, bet aš pažįstu iš prigimties labai energingų moterų, kurios negali pasilikti namuose.
Aišku, kad tai negalioja absoliučiai visoms, tačiau pagal prigimtį moteriai nereikia daugiau nei gerai sutvarkyti namai su vaikais. Būtent tai jai suteikia visišką pasitenkinimą. Juk kas jai gali būti įdomiau, gražiau ir labiau stumti pirmyn? O vyrui, priešingai, reikalinga profesija, sėkmė, visuomenė, tam tikra erdvė, užmojai, tikslai ir tik po viso to namai, žmona ir vaikai.

Apibendrinkime tai, apie ką kalbėjome. Jeigu noriu organizuoti auklėjamąją aplinką berniukams ir mergaitėms, tai su berniukais reikėtų daugiau laiko praleisti gamtoje, skirti daugiau užduočių ir veiklos konkrečioje vietoje. O mergaitėms geriau daugiau užduočių namuose ir leisti bendrauti mažose grupelėse.
Sakoma, kad kiekvieną reikia auklėti atsižvelgiant į jo polinkius. Kam mėginti pergudrauti gamtą? Nevalia per prievartą daryti to, ko mums norisi, ar to, kas mums atrodo būsią geriau. Žinome, kad rytoj viskas gali būti visiškai priešingai, nei mums regis šiandien. Mes jau žinome, kad nesuprantame, kas vyksta su mumis ir su visu pasauliu.

Akivaizdu, prie ko priėjo žmonių visuomenė. Džiaugiuosi, kad mūsų laikais jau nebėra tokių autoritetų, kuriais reikėtų sekti, jau nebėra spaudimo ir diktato. Tad leiskite vaikams vystytis pagal jų prigimtį. Mokykimės iš gamtos, kaip įgyti pusiausvyrą su ja, – ir tada visiems bus gerai.

Tai gal verta, kad mergaitės būtų arčiau mamos? Tegu būna šalia mamos ir žiūri, kaip ji elgiasi namuose, kaip gamina...

Jeigu tik tai būtų įmanoma! Tam mums vėl reikėtų pakeisti visą aplinką. Štai jeigu mūsų visuomenė grįžtų į pusiausvyros būseną ir gamintume tik tai, kas būtina paprastam gyvenimui, o ne tūkstančius nereikalingų dalykų, tai dauguma moterų norėtų likti namuose arba dirbti ne visą darbo dieną. Vyrai taip pat pusdienį būtų laisvi ir tada viskas būtų kitaip. Mes kitaip suvoktume pasaulį, kai po darbo turėtume kuo užsiimti. O dabar vargais negalais suspėji pažiūrėti televizijos transliuojamas siaubingas žinias ir eini miegoti su karteliu ir įtampa.

Kaip suprantu, darbo svarba mažėtų, o šeimos didėtų.

Visos ankstesnės vertybės nebebūtų tokios svarbios. Šeima įgytų didesnę svarbą žmonių gyvenime. Jie turėtų mėgstamą užsiėmimą, mėgautųsi įvairiais maloniais, paprastais dalykais. Jie užpildytų save, įgyvendindami savo užduotis, lankytųsi parkuose ir maloniai leistų laiką. Kuo blogai kasdien turėti šiek tiek laisvo laiko? O šiandien žmogus mano, jeigu taip būtų, tai jis išsikraustytų iš proto. Ir dar parsineša namo papildomo darbo. Darbe sėdi priešais kompiuterį, o namie – priešais televizorių arba irgi prie kompiuterio.

Sakote, kad mums gyvenime reikia daugiau laisvo laiko?

Be abejonės, mums reikia laisvalaikio, kurį galėtume skirti vaikams ir šeimai. Juk mūsų technologijos tokios pažangios, kad galime sau tai leisti. O ką mes darome? Viskas atvirkščiai. Todėl norėdami kalbėti apie globalų, kompleksinį požiūrį į auklėjimą, kuris remtųsi aukštesniaisiais gamtos dėsniais, turėtume išaiškinti visus šiuos dalykus, taip pat ir naują šeimos sampratą bei naują požiūrį į darbą, laisvalaikį.

Vadinasi, taikant integralaus auklėjimo metodiką nebebus būtinybės bausti. Iš esmės moteriai būti namuose – nei gerai, nei blogai, bet tai turi atitikti jos prigimtį. O ką daryti, jei moteris jaučia, kad tai prieštarauja jos prigimčiai?

Nesvarbu. Kiekvienai atsirastų užsiėmimas. Jau geriau laisvalaikis negu nereikalinga gamyba.

Malonumas vietoj varžybų. Bet vis dėlto, ar teisinga siūlyti mergaitei pasirinkti: būti namuose su mama ar ateiti į mergaičių grupę, į auklėjamąją aplinką? Pasilik su mama, pasimokyk iš jos, patikrink, ar tau gerai namie, o jeigu ne, tai prisidėk prie nedidelės mergaičių grupės ir aptarinėk tai, kas tave domina. Kam teiktina pirmenybė?

Manau, kad auklėjimo sistema ateityje iš dalies bus virtuali, o iš dalies – įgyvendinama nedidelėse diskusijų grupėse. Pageidautina, kad tai būtų netoli namų, kiekviename rajone, kad berniukus auklėtų vyrai, o mergaites – moterys. Visa, kas susiję su įgimtų polinkių ugdymu ir profesijos įgijimu, jie gautų iš interneto, o kas priskirtina vidiniam augimui, auklėjimui – iš grupės.

Vadinasi, vaikai auklėtųsi grupėje, tarpusavyje.
Padedant auklėtojui arba auklėtojai.

Auklėtojai turėtų iškelti tam tikras aptartinas temas. Reikėtų dažniau nagrinėti jausminio suvokimo ir tarpusavio santykių temas. O apie ką daugiau šnekėtųsi mergaitės, palyginti su berniukais?

Yra begalė dalykų. Žinoma, jų pokalbių temos skirtųsi. Auklėtojams reikėtų įsiklausyti į vaikus, plaukti ta kryptimi, kuri traukia vaikus. Bet drauge būtina šiek tiek keisti pokalbio kryptį, stengtis jį plėtoti, kad nesusidarytų uždaras ratas ir kad pokalbis būtų tikslingas: ką mes dabar aiškinamės, kodėl, ką apie tai galvojate? Berniukai ir mergaitės aptarinėtų taip pat, tik šiek tiek kitas temas arba tą pačią temą, bet atskleisdami ją kitu būdu, pasitelkę kitokį požiūrį.

Kuo turėtų skirtis auklėtojos požiūris bendraujant su mergaitėmis? Kuo skiriasi tos pačios temos aptarimas su berniukais nuo aptarimo su mergaitėmis?

Tarkime, į atskirus kambarius pasodintume berniukų ir mergaičių grupes ir stebėtume juos per slaptą langą. Abiejose grupėse būtų aptariama ta pati tema. Kaip tai atrodytų?

Manau, kad berniukams kils keletas idėjų ir jie padarys kokią nors išvadą.

Berniukai turės daugiau tiesių atsakymų ir išvadų iš to, kas pasakyta. Jie nekartos to paties. O kaip elgsis mergaitės?

Įsivaizduoju, kad kiekviena iš jų norės kalbėti, pareikšti savo nuomonę, net jeigu ta nuomonė jau buvo išsakyta. Tad aptarimo laiką reikės apriboti.

Puiki mintis! Kiekvienai iš jų skirti tam tikrą laiką atsakyti ir švelniai suduoti į gongą, kai jis baigiasi.
Dirbant su mergaičių grupe tai būtina daryti.

Mergaitės dažnai įsižeidžia, jeigu joms nesuteikė progos pasisakyti.
Žinoma. Beje, jos taip pat nesupras ir viena kitos, nes prieiga, pjūvis bus visai kitas.

Pavyzdžiui, kaip pjūvis tiesia linija ir aplink?
Mergaitės tarpusavyje keičiasi nuomonėmis, o berniukai pasistengs rasti sprendimą ir kiek įmanoma mažiau kalbėti.

Kitaip tariant, prieiti prie kokios nors išvados mergaičių grupėje bus sunku?
Toks tikslas apskritai nekeltinas.

Vadinasi, tikslas – suteikti galimybę išreikšti save?
Taip, ir pajausti, kad jas sieja tam tikras bendrumas, bendras supratimas, priartėjimas prie bendro pojūčio, pasiekto aptariant. Apie ką jos šnekėjo – nesvarbu. Berniukams svarbiausia – priimti sprendimą nepriklausomai nuo to, suprato jie vienas kitą ar ne.

Jie padarys išvadas.
Kitaip tariant, iš berniukų nereikalaujama emocinio dalyvavimo. Tai nėra aptarimo tikslas, svarbu pasiekti ką nors konkretaus, apibrėžto – to, ko tarp jų nėra.

ŠIUOLAIKINIAI VAIKAI

Auklėjimas kartu ir atskirai

Pakalbėsime apie berniukų ir mergaičių auklėjimą ir pasistengsime kuo plačiau aptarti šią nelengvą temą, atsakyti į klausimą, kaip turėtų būti auklėjami vaikai – kartu ar atskirai. Tiesą pasakius, jau seniai galvojame, kaip ugdyti tikrą asmenybę, mėginame dirbti su vaikų grupėmis. Vos ėmiausi šio darbo, paprašiau paieškoti tyrimų rezultatų apie skirtumus ugdant berniukus ir mergaites. Mano nuostabai, tokių tyrimų tiesiog nebuvo.

Apie atskirą auklėjimą, jo privalumus ar trūkumus apskritai nieko nėra. O ir tokių pavyzdžių nėra daug, juk vaikai daugiausia visur būna kartu. Buvo tiriama berniukų ir mergaičių asmenybės raida, bet tik individuali, niekur nebuvo tirtos berniukų ir mergaičių grupės. Man regis, nėra suprantama, kodėl iš esmės būtina auklėti atskirai.

O kodėl reikia kartu?

Nes tai atitinka lygybės idėją.

Taip, bet netgi jei visi esame kartu, vis tiek yra skirtumų tarp vyrų ir moterų: jie renkasi skirtingas profesijas, jų kitokie polinkiai, siekiai ir t. t.

Bet šiandien netgi tai stengiamasi paslėpti, pavyzdžiui, darbe...

Mat žmonės tuo suinteresuoti, o ne todėl, kad nėra skirtumų.

Veikiausiai buvo atlikti tam tikri moterų ir vyrų smegenų skirtumų tyrimai, tačiau rezultatus greitai įslaptino.

Dar studijuodama girdėjau, kad tiriamos vyrų ir moterų smegenys ir abiejų lyčių matematiniai gebėjimai. Nustatyta, kad nuo 12 metų berniukų matematikos rezultatai tampa geresni. Tai mėginta aiškinti auklėjimo ir mokymo metodų skirtumais, tačiau labai greitai visa tai imta nutylėti. Man atrodo, kad mokslininkai tiesiog bijo...

Bijo pažvelgti vidun ir atskleisti priežastis. Čia ir matyti, kaip nerimtai žvelgiame į šį klausimą. Sakytum, suaugę žmonės, suprantantys gyvenimą, turėtų suvokti ir skirtumą tarp vyro ir moters, ir apskritai kiekvienos lyties paskirtį, ypač auklėjant vaikus. Bet, užuot taip elgęsi, jie šitai slepia.

Gal ne visai supranta, todėl ir žaidžia.

Esmė ne ta, kad nesupranta, tiesiog nenori suprasti. Integralaus auklėjimo metodika ypatinga tuo, kad siekiama visiškai atskleisti visus skirtumus, po to šias atsiskleidusias priešingas savybes sujungti draugėn. Juk būtent taip sujungus priešybes gimsta gamtos harmonija kiekvienos savybės atžvilgiu, ji atsiskleidžia pačiu geriausiu būdu, nes gamtoje apskritai viskas galiausiai susijungia į vieną savybę. Žvelgdami į vyrą ir moterį atskirai, matysime, kad kiekvienas turi savo polinkių, ypatybių, bet jeigu nuo pat pradžių mūsų tikslas atskleisti skirtumus, kad geriausiu būdu juos sujungtume, tai tada priešybės nekels baimės.

Iš istorijos žinome, kad ankstesnių kartų, netgi mūsų senelių ir prosenelių šeimose buvo labai mažai raštingų moterų. Jų išsilavinimas ir auklėjimas iš esmės skyrėsi.

Taip, tai truko šimtmečius ir yra tokio egoistinio vystymosi, kai vyras iškeliamas aukščiau už moterį, rezultatas. Bet jeigu norime eiti tobulėjimo keliu, tai visiškai aišku, kad negali būti jokio kito požiūrio, kaip tik abipusis papildymas. Tokią tarpusavio sąjungą kiekvienas turi praturtinti tuo, ką ypatingo turi tik jis vienas.

Kitaip tariant, bet kuriuo atveju susijungimas ir abipusis papildymas – tai ypatinga užduotis. Ką reiškia ši sąjunga?

Tai toks abipusis papildymas, kai moteris per vyrą, o vyras per moterį gali pasiekti vienybę visuomenėje ir pajausti tobulą buvimą.

Paaiškinkite išsamiau.

Pasitelkę auklėjimą turime padėti žmogui pasiekti tokią būseną, kai jis įsisąmonina savo kilnią misiją šiame pasaulyje ir supranta, kad gali pranokti gyvūninės egzistencijos ribas, pakilti į integralios vienybės su visa gamta lygmenį ir pajausti kitą, nuo mūsų paslėptą, tikrovės dalį. Žmogus turi žinoti, kad būtent toks pakilimas leis jam visapusiškai pajausti amžiną gyvenimą. Visa tai galima pasiekti šiame pasaulyje, jeigu teisingai panaudosime mums duotas priemones. Ir pagrindinė vieta, kur žmogus gali dėti pastangas, – tai būtent santykiai tarp vyro ir moters. Kaip per vyro ir moters ryšį gimsta nauja karta, taip ir dvasinis vyro ir moters susijungimas pagimdo naują, aukštesnę, harmonijos kupiną pakopą, į kurią jie abu pakyla.

Kaip iš berniuko išugdyti vyrą, suprantantį vyro paskirtį, o iš mergaitės – moterį, suprantančią moters paskirtį? Ir dar. Ar vyrai ir moterys turi pasiekti tą patį tikslą?

Taip, tačiau drauge, susivieniję.

ANTROJI DALIS

Jų aukštesnis tikslas yra vienas ir pasiekiamas susijungus mūsų materialiame pasaulyje?
Taip, tik kartu.

Tačiau šiandien visuomenėje vyrauja skirtingi požiūriai į lytis. Pavyzdžiui, yra moterų, kurios nenori ištekėti ir netgi ryžtasi auginti vaiką be vyro.
Jas galima suprasti.

Jos nejaučia, kad jų gyvenime vyras yra būtinas. O Jūs teigiate, jog vyrui ir moteriai privalu susijungti.
Norint pasiekti aukštesnį – dvasinį – lygmenį, susijungti būtina. Gamta mums neleis be to vystytis. Mes daug kentėsime, nes būtent šeimoje – ten, kur turi gimti nauja pakopa, – neatitinkame gamtos.

Kitaip tariant, žmogus vis dėlto turi sukurti šeimą.
Taip, tačiau teisingo pobūdžio šeimą. Yra vyriškasis ir moteriškasis pavidalai, priešingos jėgos, kurios nepaisydamos viso savo priešingumo ir kaip tik jo padedamos susijungia, o šio susijungimo rezultatas – naujos mūsų egzistavimo pakopos gimimas.

Man vis dėlto norėtųsi pašnekėti apie auklėjamąjį šios temos aspektą. Ar galima sakyti, kad neteisingas mergaičių ir berniukų auklėjimas kaip tik ir priveda prie tokių neigiamų reiškinių visuomenėje kaip skyrybos?
Net jeigu atmestume visą neteisingą auklėjimą, vis tiek ateitume prie dabartinės būsenos. Ją lemia mūsų prigimtis – pasipūtimas, noras valdyti kitus, ypač priešingą lytį. O priklausomybės pojūtis dar labiau akina, stiprina norą išsilaisvinti ir pajausti valdžią. Visa tai mūsų augančio egoizmo rezultatas. Todėl teisingas auklėjimas turi

prasidėti nuo ankstyvo amžiaus. Turime tai įskiepyti vaikams, ypač berniukams, kad jie suprastų, jog moteris gyvenime užima itin svarbią vietą. Tačiau reikia suprasti, kad svarbu ne tik pratęsti giminę. Suprantama, be moterų žmonija tiesiog išmirs. Bet moteris juk ne inkubatorius naujajai kartai išnešioti.

Šiandien mūsų gyvenime, kuris sutvarkytas taip, kad būtų patogu egoizmui, vyrui iš tikrųjų nereikia moters. Prekybos centre jis gali nusipirkti gatavo maisto, visus kitus darbus namuose atliks buitinė technika. Šiandien vyras netgi gali sau leisti būti tėvas ir negyventi kartu su vaikais – tai itin dažnas reiškinys. Taigi didelę dienos dalį jis praleidžia darbe, o visą kitą laiką skiria šio pasaulio žaidimams ir taip visą gyvenimą lieka vaikas. Jis, kaip vaikas, netgi labiau susijęs su motina, o ne su žmona. Ir visa tai – neteisingo auklėjimo padarinys.

Bet jeigu sakome, kad auklėjant svarbu atskleisti priešingos lyties svarbą, tai kodėl pasisakote už auklėjimą atskirai?

Kaip tik dėl to.

Koks gi jo privalumas?

Turime suprasti vieną dėsningumą: kuo labiau išskiriame priešybes ir jas tiriame, tuo lengviau suprasti, kaip geriausiai galime jas sujungti ir ką įgyjame susijungdami. Sakoma, „kaip šviesa kad prašoka tamsą"*, kitaip tariant, vieną turime supriešinti su kita ir tada suprasime, kodėl jos priešingos ir kodėl jos tokios sukurtos. Kiekviena forma visada turi kažką, ko nėra kitoje, ir todėl nė viena iš jų ga-

---

* Biblija, arba Šventasis Raštas, ekumeninis leidimas. Senasis Testamentas, Koh 2, 13, vertė A. Rubšys, Vilnius: LBD, 1999.

liausiai negali pasiekti sėkmės, jei nepapildys savo savybių antrosios, priešingos formos, savybėmis. Dar teks tai paaiškinti žmonėms. Visos šiuolaikinės visuomenės ligos – depresija, narkomanija, dvasiniai negalavimai – iš esmės kyla dėl to, kad vyrai negauna būtino papildymo iš moterų. Vyrui reikia palaikymo, pritarimo, pagalbos, namų ir šeimos pojūčio. Negavęs to jis lieka iki savo dienų pabaigos priklausomas nuo motinos.

Jūs turite omenyje biologinę motiną?

Nesvarbu, tai motina ar žmona. Jis priklauso nuo moters, kuri šalia jo. Jis nėra tiek susijęs su tėvu, kiek su motina ar moterimi. Iš moters jis gauna poreikį, norą, perduoda jai ir gauna iš jos. Vyras egzistuoja tarp dviejų moterų – motinos ir žmonos, o kartais yra ir trečia – uošvė. Dėl tokios padėties vyras įstengia sujungti priešybes ir tik taip gali dvasiškai vystytis – tarp dviejų moteriškų jėgų. Iš čia paaiškėja, kodėl vyrui netgi paprastame gyvenime reikia moters palaikymo.

Man nesuprantama, kaip auklėjimas atskirai gali padėti suvokti tokio aukšto lygmens sąveiką, kurią apibūdinote?

Mes susikūrėme dirbtinį pasaulį su įvairiausiais patogumais, žaisliukais suaugusiesiems ir gyvename netikrą gyvenimą. Gyvendami tokiame pasaulyje daug metų kaupėme, auginome savyje didžiulį vidinį kažko aukštesnio norą – giliai jautėme, kad kažko trūksta. Šiandien tai pasireiškia smarkiai plintančia depresija, potraukiu narkotikams, agresijos protrūkiais, savižudybėmis ir kitais šiuolaikinio pasaulio reiškiniais. Mes turime suprasti, kokia viso to šaknis. O šaknis ta, kad žmogus jaučiasi esąs mažytis didžiulio mechanizmo dantratukas, ką dar savo filmuose rodė Čarlis Čaplinas.

Mažas, vienišas dantratukas, t. y. čia itin svarbus vienišumo pojūtis.

Būdami tokios būsenos nei vyras, nei moteris negali suprasti teisingų santykių svarbos ir koks didelis jų susivienijimo tikslas. Mūsų taip neauklėjo. Šiandien vyras negali būti su viena moterimi, gyventi vienoje šeimoje, kartu su vaikais, nors pagal savo prigimtį sukurtas gyventi būtent taip.

Vyras taip sukurtas?

Žmogus nesukurtas nei vienatvei, nei nuolatinei partnerių ir šeimos kaitai.

Anksčiau tarp biologų buvo populiari teorija, kad vyras iš prigimties siekia maksimaliai paskleisti sėklą, ir tai – poligamijos pagrindas. Iš čia kilusios visos madingos teorijos, kurios pateisina šiuolaikinių vyrų elgesį.

Tai teisinga, tačiau visai nereiškia, kad vyrui nereikia namų. Jis turi stiprų instinktą turėti savo moterį, savo namus ir šeimą.

Kaip papildymą?

Taip.

Įdomu, kad šiandien yra nemažai tyrimų apie augantį moterų vienišumą ir su tuo susijusias depresijas. Ar galima sakyti, kad tas pats vyksta ir su vyrais?

Moterims tai būdingiau, nes moters paskirtis – šeima ir vaikai. Iš prigimties ji trokšta būti šalia vyro, ir šis jos siekis daug stipresnis. Vis dėlto moteriai labiau reikia šeimos. Vyras netgi suaugęs lieka vaikas. Jis ir toliau žaidžia kaip vaikas ir žaisdamas pamiršta visa kita. O moteris nuo pat mažens jaučia norą turėti šeimą ir namus. Ir nors

ANTROJI DALIS

šiandien visuomenė padeda moteriai ir skatina ją būti savarankišką, nepriklausomą nuo vyro, prigimties neapgausi ir vidinio moters siekio būti greta vyro ir sukurti šeimą niekuo nepakeisi. Todėl moterys kur kas labiau prislėgtos, nepaisant visų tų visuomenės teikiamų pramogų ir įvairių užsiėmimų. Galiausiai visa tai tik dėl to, kad kaip nors užpildytume juntamą tuštumą, atsiradusią gyvenant be šeimos.

Kitaip tariant, Jūs manote, kad abi lytys šiandien jaučia vidinę tuštumą, ir būtent į tai turėtų krypti auklėjimas?
Artimiausiu metu visi būsime priversti spręsti šią problemą.

Būtent pasitelkdami auklėjimą?
Taip. Tai galima daryti net šiandien, pavyzdžiui, per televiziją. Reikia auklėjamųjų laidų, skirtų patiems mažiausiems vaikams, kuriose jiems, o drauge ir suaugusiesiems paaiškintume, kad teisingi santykiai – tai vienas kito papildymas.

Bet vis dėlto, kodėl reikia auklėti atskirai – kad galiausiai suprastume, jog papildome vieni kitus? Kaip reikia auklėti, kad nekiltų toks vienišumo pojūtis, kurį nūnai jaučia daugelis?
Kadangi šiandien auklėjimas belytis (ir apskritai tai ne auklėjimas, tik švietimas), tai vyras neturi jokios atsakomybės, jis keičia moteris ir nejaučia poreikio turėti nuolatinę gyvenimo palydovę.

Lygiai kaip keičiasi jo klasės mokytojos.
Galima sakyti ir taip. Jis nejaučia skirtumo tarp moterų. Ir toks moters nevertinimas ir nepaisymas atsiranda būtent dėl to, kad mokykloje berniukai ir mergaitės būna kartu. Atskirti jie labiau vertintų

priešingą lytį, priešinga lytis juos trauktų, jie jaustų kitos lyties ypatingumą ir skirtingumą. O dabar tai taip įprasta...

Kitaip tariant, tai lyg ir savaime suprantama, neįdomu?
Domėjimosi lygis priklauso nuo auklėjimo, tačiau pats buvimas kartu panaikina visas priešingos lyties ypatybes...

Manoma, kad mokantis kartu vaikai gali geriau pažinti, suprasti vieni kitus. Aš, pavyzdžiui, girdėjau, kaip penktokės kalbėdamos apie savo klasės berniukus labai neigiamai atsiliepė, bet sykiu buvo pasinėrusios į aptarimą, kaip berniukai elgiasi, kaip atrodo, ką kalba, kokią reakciją sukelia ir pan. Taigi tai duoda vaikams galimybę vieniems kitus tirti.

Ir kas gi jiems iš to? Kokia tokio tyrimo nauda, jeigu paskui jie negali sukurti šeimos, jei trisdešimtmetis vyras be paliovos keičia moteris, nenori kurti šeimos, nes nesupranta kam. Kokia nauda iš tokio vienas kito tyrinėjimo? Ir jeigu imsite klausinėti tokio vyro, tai įsitikinsite, kad jis neturi nė menkiausio supratimo apie moteris.

Vadinasi, Jūs manote, kad mokydamiesi mokykloje kartu vieni kitų neištirsime ir nesuprasime.
Žinoma, ne. Ir moterys nesupranta vyrų. Norint gerai suprasti kitą lytį, reikia auklėjimo. Tai nėra paprasta. Reikia kaip psichologui pažvelgti į vyrų ir moterų pasaulį iš šalies, reikia suprasti, kurgi jų įgimtas priešingumas. Mes kažko išmokome, bet nesuteikiame teisingo požiūrio ir nepaaiškiname, kad galutinis tikslas – papildyti vieniems kitus.

ANTROJI DALIS

Auklėjimo metodikos įgyvendinimas ankstyvame amžiuje I

Jau aptarėme, kad vos gimusiam vaikui būtina aplinka, panaši į motinos įsčias. Kūdikis kuo daugiau turėtų būti prie mamos, jos globojamas. Šis periodas trunka iki trejų metų amžiaus, ir visą tą laiką vaikui pageidautina praleisti kaip galima arčiau mamos.

Daugelyje kultūrų netgi įprasta, kad mama prisiriša vaiką prie savęs.

Tai būdinga kultūroms, kurios su gamta palaiko artimą ryšį. Bet Vakarų kultūroje vaiką labai anksti atiduoda kito asmens – auklės – globai.

Kad teisingai vystytųsi, vaikas turi nuolatos jausti šalia savęs jam padedančius suaugusiuosius. Būdamas ant suaugusiojo rankų vaikas iš ten nurodinėja, valdo juos.

Suaugusieji – tai būtinai vaiko tėvai ar tinka ir auklėtojai?

Natūraliai vaikui labiausiai reikia motinos, bet nuo pat pirmųjų dienų jis stebi ir pasaulį. Jeigu galėtume pažadinti savyje įspūdžius, patirtus kūdikystėje, tai pamatytume, kad stebėjome suaugusiuosius ir matėme jų veiksmus nuo pirmųjų savo gyvenimo dienų. Mes viską sugerdavome ir suprasdavome daugumą suaugusiųjų veiksmų, kritikavome juos, tačiau negalėjome pasakyti. Štai taip į suaugusį žmogų gali žiūrėti lovelėje gulintis kūdikis.

Norite pasakyti, kad jeigu į pasaulį žvelgtume kūdikio akimis, tai pamatytume, kiek daug klaidų daro suaugusieji?

ŠIUOLAIKINIAI VAIKAI

Jie į mus žvelgia ne pagal savo kūno amžių, o kur kas brandžiau. Todėl, jeigu teisingai, atsižvelgdami į vaiko prigimtį, vystysime jį ankstyvuoju periodu, tai atrasime didžiulį jo galimybių potencialą, juk jis viską supranta. Jis negali su mumis bendrauti, nes neturi ryšio kanalų, juk komunikacija – dirbtinis, mūsų pasaulyje sukurtas dalykas. Gamtos jam duota, kad gali suvokti pasaulį rimtai, brandžiai ir kritiškai.

Sakėte, kad su vaiku reikia elgtis atsižvelgiant į jo prigimtį. Koks turi būti šis elgesys ankstyvoje kūdikystėje?
Į kūdikį reikia žiūrėti taip, lyg viduje jis būtų didelis ir tik išoriškai, savo kūno apribotas. Toks požiūris vaikui naudingesnis, jis geriau mus supras. Šnekėdamiesi su vaiku vaikišku balseliu stabdome jo raidą.

Daugybė psichologinių metodikų kalba apie tai, kad žmogus – sociali būtybė. Vaikas vystosi ne vienas, o visuomenėje: kartu su motina, sąveikaudamas. Bet netgi šiuolaikiškai auklėjant jis šiek tiek izoliuojamas.
Jeigu pažiūrėsime į vaiko fizinio kūno augimą, tai iš tikrųjų iki 2–3 metų jis žaidžia vienas ir tik nuo trejų pajunta, kad jam reikia draugo.
Net jeigu vaikas su niekuo nežaidžia, jį vis tiek domina kiti žmonės. Jis ima iš jų pavyzdį, domisi jais kaip daiktais.
Tai galima išnaudoti kaip tramplyną socialiniam vystymuisi. Vis dėlto reikėtų kaip nors įtraukti vaiką į grupę, bet ne taip, kad jis tiesiog sėdėtų kamputyje ir žaistų vienas. Atsiskirti jį skatina egoistinė prigimtis, o mes stengiamės su ja grumtis, palaipsniui, pamatuotai ir švelniai parodydami jam grupinius veiksmus su kitais vaikais. Drauge natūraliai (juk įprotis tampa antrąja prigimtimi) pripratinsime jį prie vienybės.

Ką konkrečiai turite omenyje sakydamas „vienybė"?

Ryšį su kitais vaikais, bendradarbiavimą siekiant integruotis grupėje, komunikaciją per veiksmus. Reikia sudominti vaikus tokiais užsiėmimais, kurių neatliksi vienas.

Būnant 2–3 metų amžiaus?

Netgi anksčiau. Kalbu apie amžių iki trejų, juk paskui vaikas egoistiškai supranta, kad jam verta bendradarbiauti su kitais. O mes su juo tokia forma galime žaisti anksčiau – nuo pusės metų.

Jeigu teisingai suprantu, nėra svarbu, ką darome su vaiku, svarbu kryptis, kuria norime jį ugdyti. Tai visiškai kita kryptis. Juk šiandien norime greičiau išugdyti vaiką.

Norime išugdyti jo egoistinę prigimtį. Tačiau šiuolaikiniame pasaulyje, kuris tampa globalus, mums reikia auklėti integralų, socialų žmogų: jis unikalus, ypatingas ir todėl savo unikalumu tarnauja visuomenei. Žmogus turi suprasti, kad būtent jo ryšys su visuomene gelbsti jį ir visuomenę, be to, suteikia saugumą, garantuoja klestėjimą, ir tai lemia sėkmę.

Vaikas iki trejų natūraliai nesuvokia visuomenės, tačiau jeigu pradėsime taip su juo dirbti, tai pamažu įdiegdami įprotį pakeisime jo prigimtį?

Vaikas jaučia, kad visi mūsų veiksmai keisti, o ką jau kalbėti apie ryšius tarp mūsų. Išugdę visuomeninį vaiko požiūrį, pamatysime, kad jis gali iš to gauti naudos. Kadangi įprotis tampa antrąja prigimtimi, vaiko pasąmonė užfiksuos, kad gerai būti susijusiam su kitais. Ir tai atsitiks dar iki to, kai jo egoizmas artimo žmogaus atžvilgiu ims augti. Taip gerdami vaistus užbėgame už akių ligai. Ir nereikia pamiršti, kad vaikas vertina mus iš vidaus brandžiu žvilgsniu.

ŠIUOLAIKINIAI VAIKAI

Taigi reikia vaikui leisti pajausti, kad būti kartu maloniau ir geriau?

Būnant kartu ne tik maloniau ir geriau, bet ir galima pasiekti viską, ko tik užsigeisi. Vaikas gauna, ko norįs, jei veiksmą atlieka kartu su kitais. Beje, to mokomasi ir mechaniškai, kaip fakto. Jis prisimena šiuos veiksmus kaip faktus, kaip elgesio normas: kad ir ko panorėsiu, veikdamas turiu su kuo nors bendradarbiauti ir atsižvelgti į kitų norus. Aš duodu ir gaunu ir tada drauge kažko pasiekiame.

Paisyti kitų – tai nuolatos jiems padėti, jausti juos?

Taip, ir tiek, kad suprastume, jog be tarpusavio bendradarbiavimo nieko nepadarysi.

Auginantys dvynius tėvai pastebi, kad šie auga kaip sistema. Vienas niekada nepasiima ko nors sau, nesidalydamas su kitu. Net jeigu jie konfliktuoja, vis tiek visada tikrina, kur yra kitas, nuolatos jaučia kitą. Ar Jūs turite omenyje kažką panašaus?

Taip. Svarbiausia, kad vaiko atmintyje, jausmuose, prote ir sąmonėje įsitvirtintų, jog kiekvienas veiksmas natūralus būna tik tada, kai atliekamas drauge – per ką nors arba kam nors padedant. Jis duoda, gauna ir tik taip funkcionuoja. O samprata „aš vienas" tiesiog neegzistuoja. Drauge ruošiame vaiką integraliam gyvenimui. Jis nebus užsidaręs, lengvai bendraus, megs ryšius. Tokie ir panašūs gebėjimai būtini visų profesijų atstovams, visuomenei reikia tokių žmonių. Kai tokie asmenys pradės valdyti visuomenę, pasaulis pasikeis – jis taps harmoningas, panašus į gamtą, saugus.

O kokio amžiaus vaikai pradeda suvokti globalesnį ryšį? Iki trejų jie vienas kitą suvokia iš dalies, o paskui jų suvokimas išsiplečia: yra pasaulis ir esu aš šiame pasaulyje.

Tai priklauso nuo aplinkos, kurioje vaikas gyvena. Čia itin svarbus paskatinimas. Vaikai žiūri į vyresnius už juos ir nori daryti tą patį.

Vadinasi, vystymasis priklauso nuo stimulo?
Vystomasi pavydint, ir mes turime tai išnaudoti. Reikia vaikui rodyti gerus pavyzdžius, kad jis pavydėtų.

Pavydėtų ir norėtų būti panašus?
Taip. Mažyliui nėra svarbesnio žmogaus už jo vyresnįjį brolį.

Mamos sako, kad šiandieniniai vaikai vystosi greičiau...
Tai tiesa. Yra manoma, kad šitai susiję su maitinimusi: mūsų maistas apdirbamas tam tikru būdu. Tačiau esmė ne ta. Mes išgyvename procesą, kuris priartina mus prie naujojo, tobulo, egzistavimo. Dabartinė karta nėra pirmoji – mes jau nebespėjame koja kojon su šiuo praėjusio šimtmečio viduryje prasidėjusiu procesu. Todėl šiandien gimstančių vaikų turimos savybės ir reikalavimai atitinka naująjį pasaulį. Jų suvokimas nutaikytas į pasaulį be laiko, judėjimo ir erdvės apribojimų. Juos traukia reiškiniai, pranokstantys mūsų dimensiją, ir mes turime suteikti jiems informaciją apie integralią tikrovę.

Nuo kokio amžiaus tai galima daryti?
Kuo anksčiau. Jei pradėsime vaikams tai pasakoti nuo šešerių, jie šitai suvoks natūraliai. Juose pradės formuotis jausminiai ir loginiai ryšiai, atitinkantys integralią, aukštesniąją, dimensiją. Kaip nuo ankstyvo amžiaus reikia juos socialiai auklėti, taip nuo šešerių verta mokyti, kad pasaulis yra integralus.

O iki šešerių tiesiog supažindinti su juos supančia aplinka?
   Taip, pernelyg nesigilinant.

Žvelgiant iš psichologinių pozicijų, tai itin pavojinga, juk vaikas dar nesupranta šios tikrovės, kaip galima su juo šnekėti apie ką nors papildomo?
   Tačiau ši tikrovė, ši egoistinė, individuali tikrovė yra melaginga. Jau geriau iš karto vaiką pratinti prie tokių santykių, kuriuos šiuo metu gamta atskleidžia mūsų visuomenėje, nors dar nenorime atitikti šių taisyklių.

Nuo kelerių metų galima lavinti tokį suvokimą, kad neišgąsdintume vaiko?
   Čia nėra priežasčių baimei, vaikai su malonumu tam pritaria, nes tai sukelia jiems saugumo ir tikrumo jausmą. Kuo anksčiau išugdome vaikui integralaus elgesio įpročius, tuo natūraliau jis juos suvokia, pritaiko sau ir realizuoja bendraudamas su kitais. Todėl jam visiškai nesunku suprasti, pajausti ir sutikti su integralaus elgesio taisyklėmis kaip su tuo, kas natūraliai egzistuoja. O kai pasakojame vaikui apie pasaulį, nejau jis supranta ir žino tai, ką žinome mes? Mūsų pasakojimas jam tikrovė?

Sakėme, kad kūdikis jaučia kur kas daugiau, nei manome. Jis suvokia mus, vertina gyvenimą, turi nuovoką, ir ją reikia ugdyti. Tam reikia žaidimų, kuriuose jis bendradarbiautų su kitais vaikais – ir tik taip pasiektų sėkmę. Tai jo sąmonėje sustiprins būtinybę bendrauti su kitais. Ir nors šio amžiaus vaikui daugiausia reikia motinos, verta išplėsti ribas ir supažindinti jį su bendraamžiais. Tada dar iki susiformuojant egoistinei prigimčiai vaikas suvoks, kad teisingas požiūris į tikrovę – susivienijus.

ANTROJI DALIS

Auklėjimo metodikos įgyvendinimas ankstyvame amžiuje II

Jūs minėjote, kad auklėjame vaikus melagingoje tikrovėje.
Tai dėl to, kad pasaulis tampa globalus ir integralus, o mes kaip buvome, taip ir liekame individualistai egoistai. Su tokiais įgimtais polinkiais esant naujoms sąlygoms save pražudysime, sukelsime karus, susinaikinsime. Todėl tėvai turėtų pasirūpinti, kad jų vaikui būtų išaiškinta, remiantis mokslininkų ir psichologų tyrimais, kaip suvokti integralią tikrovę, nes reikia pakeisti visuomenės ir socialinių ryšių sampratas, pasiekti vienybę ir abipusį rūpinimąsi, bendradarbiauti tarpusavy ir paisyti kiekvieno. Taigi būtina kalbėti apie integralų auklėjimą.

Integralus auklėjimas kalba apie ryšio tarp žmonių svarbą?
Apie bendrą žmogaus ir gamtos ryšį. Teisingai su gamta susijęs žmogus atskleidžia visiškai kitą jos pavidalą. Jis pradeda suvokti ir jausti tuos reiškinius, kurių dabar nepažįstame.

Jau kalbėjome apie santykį su vaiku kaip su žmogumi, kuris viską sugeria ir iš vidaus žvelgia į mus it suaugęs. Kūnas auga pagal jo vystymosi programą, bet siela neturi amžiaus. Todėl reikėtų susimąstyti apie tai, ką norime išauklėti ir ištaisyti. Kūną reikia prižiūrėti, palaikyti, jam reikia suteikti viską, kas būtina. Bet iš esmės žmogus gyvena dėl aukštesnių poreikių, todėl jam reikia suteikti priemones vidiniam vystymuisi. Taigi vaikui gimus turėtume žvelgti į jį kaip į būtybę, sudarytą iš dviejų sluoksnių – vidinio / visuomeninio ir išorinio / kūniško, ir lavinti šiuos abu lygmenis.

Vadinasi, netgi pats geriausias, mūsų supratimu, šiuolaikinis auklėjimas visiškai neužsiima vidiniu sluoksniu.

Tikrai taip. Jeigu lavindami vaiką fiziškai imsime ugdyti jį ir integraliai, tai pajausime, kad jis vystosi kitaip. Savaime suprantama, ne žinios esmė. Teisingas auklėjimas keičia vidinę žmogaus esmę, sukuria jame naujus ryšius. Ir tada žmogus pradeda į pasaulį žiūrėti kitaip. Pavyzdžiui, pagal integralaus auklėjimo programą besimokančios mergaitės skundėsi man, kaip joms sunku bendrauti su bendraklasiais įprastoje mokykloje, nes jos negali kalbėtis niekingomis temomis, negali užmegzti ryšių, kai kiekvienas žaidžia savo vaidmenį, pamatytą filme, ir viskas – vien tas žaidimas. Žinoma, jos nereikalauja, kad jų bendraklasiai pasikeistų, ir jų neteisia. Tačiau klausia, ką joms daryti, juk jeigu elgsis kitaip nei jie, gali pasirodyti kaip pasipūtėlės.

Nepakankamai bendraujančios?

Taip. Daviau šioms mergaitėms keletą patarimų, tačiau situacija gana neįprasta. Kita vertus, labai malonu su jomis bendrauti – jos brandžios, supratingos.

Jūs sakėte, kad šitai jas sustiprina...

Taip, sustiprina ir formuoja brandų požiūrį į gyvenimą, pasaulį, į žmonių elgesį.

Ir pakelia sąmoningumo lygį?

Be abejonės. Jaunimas, gaunantis integralų auklėjimą, išmano viską: kaip suvokiama tikrovė, kokia pasaulio ir visuomenės sandara, kokie mūsų pasaulio ir mūsų prigimties veikimo principai.

ANTROJI DALIS

Nuo kokio amžiaus jie pradeda to mokytis?
Nuo šešerių vaikai jau reikalauja mokyti bendrų integralaus auklėjimo taisyklių. Tai jų pasaulis. Jie supranta visa tai geriau už suaugusiuosius, natūraliai. Gimęs kūdikis juk nežino, kaip žvelgti į šį pasaulį!

Jis jį tiria.
Lygiai taip vaikas tiria ir naująjį pasaulį.

Jam suvokti integralų pasaulį – tas pats, kas pereiti nuo „mono" prie „stereo"...
Ypač kai šešiametis yra mokomas aštuonmečio draugo.
Matosi, kad jie tiesiog jais tiki. Atlikome tokį eksperimentą ir gavome stebinantį rezultatą: šešiamečiai sėdi visiškoje tyloje ir su didžiuliu susidomėjimu klausosi aštuonmečio ar devynmečio mokytojo aiškinimų. Auklėtojams telieka stebėti iš šalies ir nukreipti grupę. Toks mokymas itin patinka vaikams, o auklėtojai staiga suprato, kas yra auklėjimas. Priešais juos atsivėrė beribė perspektyva.
Ir taip ugdome auklėtojų kartą.

Net jeigu vaikas nebus profesionalus auklėtojas, jis žino, ką reiškia paaiškinti tai, kas neaišku. Jis apie medžiagą galvos kitaip. Mano draugės sūnus mokydamasis universitete pareiškė, kad, norėdamas pasiruošti egzaminui ir geriau suprasti medžiagą, jis turi rasti ką nors, ką galėtų mokyti šio dalyko. Jūs sakote, jog kiek vyresnio amžiaus vaikai jau galės dėstyti tokius sudėtingus dalykus?
Taip, juk jie patys jau praėjo šias temas.
Dalyvavau šešiamečių ir septynmečių pamokoje ir mačiau, kad jie gali paaiškinti tokias sampratas kaip pasaulis ir visuomenė, nors net

man pačiam tai sunku padaryti. Vaikai medžiagą supranta itin gerai. Tai sudėtinga ir daugeliui suaugusiųjų, o vaikai kalba apie tai taip natūraliai, paprastai ir laisvai.

Be to, mokomąją medžiagą jie perteikia savais žodžiais, ir klausytojai tai labai natūraliai priima.

Vaikai gali mokyti kitus vaikus, kaip palaikyti ryšius su žmonėmis? Jie vystosi taip puikiai, kad supranta visus ryšių lygmenis ir tuos atvejus, kai kitas žmogus gali įsižeisti?

Matome, kad integraliai auklėjant ne tik keičiasi vaikų elgesys ir tarpusavio santykiai, bet ir požiūris į gyvenimą. Stebėtina, kaip jau dabar jie planuoja savo ateitį: užaugsiu, sukursiu šeimą, mokysiuosi, dirbsiu, t. y. žiūri į gyvenimą kaip į programos įgyvendinimą.

Tai jų neapriboja?

Ne, ne. Jie čia mato kelią į tobulėjimą, klestėjimą, puikią perspektyvą.

Ar naudinga kalbėti ir daug kartų aiškinti apie davimą, meilę artimui, jeigu vaikas dar nesupranta tokių sąvokų?

Žinoma, juk taip mokant yra ypatingas papildymas – mus vystančios aukštesnės jėgos poveikis. Be to, tie žodžiai kaip bet kokie šio pasaulio žodžiai pamažu prasiskverbia į vaiko sąmonę ir sujungia draugėn įvairius įspūdžius. Jis girdi, kaip kalba kiti, kalba pats, ir staiga visa tai susijungia į tam tikrą sistemą. Nors vaikas jos nejaučia savo juslėmis, tačiau pasąmoningai, proto lygmenyje papildo bendrą visą žmoniją siejančią sistemą. Ir tada jis ima sieti daiktus, kurie anksčiau atrodė neturį ryšio. Kai vaikas atskleidžia šiuos ryšius, pasaulis jam tampa globalus, integralus. Tada jis mato, kad šis mokslas leidžia pasaulį suvokti kaip artimą, o ne tolimą, didžiulį, išskaidytą ir supainiotą. Santykis su pasauliu tampa sistemiškas: kiekvienas reiškinys turi savo vietą. Svarbiausia čia – bendras visiems požiūris, kuris itin padeda ir leidžia vaikui lengviau suvokti pasaulį.

Turite omenyje supratimą?
Veikiau tvarką: vaikas įgyja gebėjimą surikiuoti visus reiškinius.

Vaikai iš tiesų trokšta žinoti įvykių tvarką. Tačiau ši mąstymo forma iš esmės skiriasi nuo tos, kuri egzistuoja šiandien. Ji išplečia stebėjimo lauką.
Žinoma. Jei kalbamės apie tai, kas vyko iki šio pasaulio sukūrimo, ir apie tai, kaip šis pasaulis susiformavo, kaip evoliucionavome mes ir kaip dabar turime vystytis integraliai, tai vaikas į šiuos etapus ir į mūsų pasaulį žvelgia kaip į vieną procesą.

O kaip elgtis, jei vaikas nesuvokia šio turinio arba negali susitaikyti su tuo, ką mato paprastoje mokykloje? Vaikų nuotaika dažnai keičiasi: tai jiems patinka, tai nepatinka, tai norisi, tai nesinori.
Lygiai taip pat ir suaugusiesiems...

Noriu pateikti pavyzdį. Po keleto žaidimų ir aptarimų, pažiūrėję televizijos programą, vaikai liko patenkinti. Jie juokėsi ir šnekėjo apie vienybę, apie meilę ir tarpusavio ryšį. Matėsi, kad jiems gerai ir malonu būti kartu. Po to prasidėjo bendros vaišės. Ir staiga šešiametis atsistoja ir sako, kad nejaučia ryšio.
Nuostabu!

Mums tai irgi paliko įspūdį. Pasakėme, jog tai sunku ir tam reikia laiko bei pastangų. O paskui, it vykstant grandininei reakcijai, vaikai vienas po kito ėmė prisipažinti, kad nejaučia vienybės.

Tai jau savosios prigimties atskleidimas ir įsisąmoninimas. Bet mes juk neturime išeities – mums skirta tapti panašiems į gamtą, mes atskleidžiame, kad esame tarpusavyje priklausomi.

O kiek galime leisti išreikšti minėtą pojūtį? Ar tai gali vykti per kiekvieną susitikimą?

O kodėl gi ne? Įsisąmonindamas savo gyvenimą vaikas sugeria įvairiausius įspūdžius: susidūrimus, prieštaravimus, nesupratimą – namuose, su tėvais, mokykloje ir apskritai visuomenėje. Visus šiuos įspūdžius norime sutelkti į vieną sistemą ir joje atskleisti reiškinius, kurie negali vykti dėl mūsų egoizmo. Tai gali padėti vaikui atmetus egoizmą sukurti gerus santykius su visu pasauliu – vaikas pamato, kad būtent egoizmas kenkia. Ryšio su kitais jis nejaučia dėl to, kad egoizmas jį stabdo.

Ir ką gi jam atsakyti?

Reikia atsakyti, kad jis nejaučia ryšio, nes pats nėra susijęs. Tegu pamėgina vienytis, tegu susimąsto apie tai, ko jam trūksta ryšiui užmegzti? Reikia atlikti visą seriją veiksmų, kad įsisąmonintum problemą, bet tai jau egoizmo, kaip blogio, įsisąmoninimas.

Be to, Jūs įpareigojate, kad jis negalėtų tiesiog pasakyti: aš nejaučiu vienybės ir nieko čia nepakeisi.

Visa tai nuostabiai dera su auklėjimu. Juk paprastai auklėtojai mėgina „dresuoti" vaikus: taip nedaryk, ten neik, tai neleistina, padarei ką nors blogo – būsi nubaustas ar apšauktas. Vaikas it kalėjime įspraustas į rėmus – viskas aplink draudžiama. O čia jis pats ima suprasti, verta ar neverta taip elgtis – ne dėl to, kad draudžiama, o dėl naudos, nes jo elgesys grindžiamas iš aplinkos, kurioje vystosi, gautomis vertybėmis. Tai visiškai kitokia analizė. Vaikui nėra primetama policinė drausmė ir apribojimai, kurių jis nesupranta. Jam aiškinama, kodėl taip neverta elgtis, juk mes irgi išgyvename tokį procesą, mes su juo partneriai. Kad išgyventume, mums reikia tapti draugiškiems vieni kitiems.

Vadinasi, galime pasakyti, kad patys ne visada jaučiame vienybę ir tam, kad ją pajaustume, dirbame?

Mes drauge to mokomės – jeigu jam taip kalba vyresni vaikai, tai šitai ir yra raktas į sėkmingą auklėjimą. Vaikas mato, kad visi ieško, kaip užmegzti šį ryšį. Beje, nieko kito jis ir nemato. Šis požiūris į gyvenimą jam tampa gyvenimu.

Nes jis nori tapti toks kaip vyresnieji vaikai?

Jaunėliui vyresnėlio žodžiai – įstatymas. O suaugusiųjų žodžius jie girdi kaip pamokymus.

Vadinasi, derėtų paaugliams suteikti galimybę paaiškinti mažesniesiems, kas yra integralus santykis su jį supančia aplinka?

Žinoma. Iš esmės mes kuriame auklėjamąją programą taip, kad tik vaikai auklėtų vaikus. O instruktorius tiesiog iš šalies koreguoja šį procesą, kol patys vaikai ištobulins programas, žaidimus, veiksmus. Ateis laikas, kai suaugusieji auklėtojų vietas užleis vaikams.

> ŠIUOLAIKINIAI VAIKAI

Žmonės dažnai klausia, kiek galima draudimais riboti vaiką. Tėvai jaučia, kad netenka autoriteto.

Vaikai tikrina mūsų reakciją į tai, kas leistina, o kas ne. Darydamas tai, kas draudžiama, vaikas matuoja, kiek leidžiame, ir mėgina išplėsti leistinų dalykų ribas.

O kaip reaguoti, jeigu jis veikia piktybiškai?

Reikia pradėti elgtis piktybiškai kitų atžvilgiu ir taip parodyti, ką tai sukelia – jūsų egoizmas džiaugiasi, kai jūs pešatės. Ir kokį tarpusavio laimėjimą galite pasiekti, jei pašalinsite varžymosi elementą. Rungtis gerai, jeigu rungiatės drauge, kad pasiektumėte geresnį rezultatą, ir nesvarbu, kas laimi, svarbus varžymusi pasiektas rezultatas. Tai laimėjimas konkuruojant.

Norint kažko pasiekti?

Visi veiksmai turi būti atliekami tokia forma. O savo nepasitenkinimo rodymas – bloga praktika, nes neįrodo, kad žmogus pasielgė netinkamai. Priešingai, vaikas matys Jus kaip valdovą, kuris vadovaujasi jėga, o ne teisingumu. Nejau norite, kad jis šitaip galvotų? Stebiu vaiko reakciją ir atsižvelgdamas į ją sprendžiu, kaip turėčiau reaguoti į jo veiksmus. Juk noriu, kad jam apie mane liktų geras įspūdis, kad jis laikytų mane geru, tiesiu, teisingu.

Bet juk nedarome visko, ko jis užsigeidžia?

Ne, bet negalime daryti ir to, ko norisi mums. Turime padėti jam suprasti.

ANTROJI DALIS

Vadinasi, ir vaikai auklėja suaugusiuosius?
   Irgi tiesa.

Taigi kalbėjome apie tai, kad nuo pat mažens reikia taip auklėti vaiką (mažą žmogų), kad jis turėtų ryšį su gamta. Aptarėme integralų pasaulio suvokimą, atveriantį vaikui plačią jo gyvenimo perspektyvą, – to kaip tik ir trūksta vaikams, nes tai leistų išspręsti daugybę problemų. Kalbėjome apie auklėtojų kartą, kai auklės patys vaikai. Sakėme, kad vaikai vyresnių vaikų aiškinimus suvokia kur kas geriau nei auklėtojų. Taip pat pabrėžėme, kad dresuodamas vaiko neišugdysi, reikia stengtis sukurti teisingą jo požiūrį į gyvenimą dar ankstyvame amžiuje. Dar minėjome, kad tėvai turėtų pakilti virš savo natūralios egoistinės reakcijos vaiko atžvilgiu ir reaguoti kitaip. O svarbiausias sprendimas – kad vyresnieji vaikai auklėtų jaunesniuosius.

ŠIUOLAIKINIAI VAIKAI

Teismas I

Šiandien gvildensime jau anksčiau nagrinėtą klausimą, kuris buvo pateiktas kaip pagrindinis auklėjimo principas. Kalbėjome apie tai, kaip suteikti vaikui galimybę būti psichologu sau pasitelkiant aptarimus, kurie primena teismą. Tokių diskusijų metu vaikai kartu aptartų vykstančius jų gyvenime įvykius, mėgintų juos analizuoti, tirti ir daryti išvadas. Tokio aptarimo pavyzdį nufilmavome ir atrinkome iš ten pačias įdomiausias akimirkas, kad pakalbėtume apie jas ir dar geriau suprastume pateiktą medžiagą. Jūs jau aiškinote, kad pagrindinis auklėjimo metodikos principas susijęs su galimybe organizuoti aptarimą. Norėčiau suprasti, kuo toks aptarimas skiriasi nuo bet kokio kito, juk mokytojai ir tėvai rengia daug diskusijų.

Yra daugybė metodų, kaip vesti aptarimus. Šiandien mokytojai turi tam tikrą laisvę šioje srityje, palyginti su tuo, kas buvo prieš keletą metų. Norėdami padėti vaikams pasiekti tam tikrą būseną, turime žinoti, kokia ji turėtų būti tiek visuomenėje, tiek vaiko, kaip visuomenės elemento, viduje. Turime žinoti, kad tai padeda daryti aplinka ir papildomos jėgos, sužadinamos grupėje. Šios jėgos slypi žmogaus prigimtyje, nors ir vadinamos aukštesniosiomis. Tačiau jos yra aukštesnės panašiai kaip mūsų pasaulyje metodikos ar vertybės yra skirstomos į svarbesnes ir ne tokias reikšmingas.

Vaikai mokosi iš pavyzdžių, o ne iš kalbų. Jie negirdi žodžių, o mokosi per pojūčius, gautus iš aplinkos.

Čia atsiskleidžia principas, kuris iš esmės skiriasi nuo paprasto auklėjimo. Juk nūnai mėginame suteikti vaikams gerą auklėjimą – nemeluoti, neapgaudinėti, bet konkrečiame gyvenime viskas kitaip...

Tikra tiesa! Gyvenime patys kartais taip elgiamės. Ir į šį nesutapimą vaikai reaguoja itin jautriai: sakėte, kaip taip nedaroma, o kodėl patys elgiatės kitaip? Vaikai labai greitai supranta, kad egzistuoja skirtumas tarp mūsų auklėjimo ir gyvenimo. Jūs sakote, jog nuo pat pradžių tai, ką žmogus žino, ką daro ir pagal ką gyvena, turi visiškai atitikti?

Žmogus turi žinoti, ką daręs. Ir jeigu jis to nedaro, tai negali iš vaiko reikalauti kažko kito.

Tada vaikas pats laikosi šių taisyklių ir gali išmokti remdamasis savo įspūdžiais?

Jis nesimoko. Būdamas visuomenėje vaikas viską perima iš jos. Negali būti, kad išmoks kažko, ko nėra aplinkoje. O kadangi visi esame egoistai, tai jis tikriausiai iš aplinkos išmoks, kas blogiausia, o ne geriausia – tai yra to, kas jam patogu ir tinka. Todėl nuolatos turime išaukštinti aplinką, girti ją, idant padėtume vaikui netgi iš ne itin gerų reiškinių vis dėlto gauti pavyzdį.

Norite pasakyti, kad net jeigu mokome vaiką ir perduodame jam savo pavyzdžius, tačiau aplinkoje pilna įvairių kitokių pavyzdžių, tai jis perims pastaruosius ir natūraliai seks pačiais blogiausiais?

Jis perims patį blogiausią pavyzdį, ir tai visos šiuolaikinės visuomenės problema, ne tik mūsų. Pasaulis patiria įvairias būsenas išgyvendamas pakilimus ir nuopuolius. Anksčiau tai buvo būdinga tik kūrybinių profesijų atstovams, filosofams ir mokslininkams, o dabar visi pradeda jausti svyravimus „aukštyn – žemyn".

Tam tikrus sukrėtimus?

Taip. Turime suprasti, jog tai skirta tam, kad išmuštų mus iš rutinos ir galiausiai padėtų įsisąmoninti, kodėl ir kam tai su mumis vyksta, kad mes ne tokie kaip žvėrys ir gyvuliai, mes žmonės – tokia būsena būdinga žmogui. Esant nuopuoliui atsiskleidžia pačios blogiausios mūsų savybės, o per pakilimą mes jas neva ištaisome – taip vyksta su kiekvienu jo asmeniniame gyvenime, matome, kokie vidiniai sukrėtimai drasko žmones.

Paraleliai vyksta du procesai: tai, ką patiria žmogus, patiria ir visa visuomenė.

Teisingai. O vaikai mūsų nuopuolius perima greičiau nei pakilimus. Jie mato, kaip nesivaldome, kokie sudirgę esame, kaip nesugebame susitarti ir nusileisti, – kaip tik tai vyksta su žmogumi, kai jis patiria stresą, nuopuolio būseną. Šios reakcijos ryškesnės ir vaikui suprantamesnės nei vidinės, labiau paslėptos būsenos, kai žmogus jaučia harmoniją.

Blogis akivaizdesnis ir jį lengviau atkartoti. Be to, mes jį geriau prisimename – dažniausiai mūsų prisiminimai labiau susiję su neigiamais įspūdžiais.

Be abejonės, į tai reikia atsižvelgti. Ir jau sakėme, kad jei nesuteiksime teisingo pavyzdžio, neparodysime, kas yra teismas ir kaip jį surengti drauge su auklėtojais, kurie turėtų dalyvauti šiame procese, vadovauti jam, jį valdyti, vaikai patys nežinos, ką daryti. Juk neturėdami pavyzdžio jie vadovausis savo žmogiškąją prigimtimi, surengs linčą, o ne teisingumo teismą.

Vadinasi, mokėjimas teisingai pravesti aptarimą – tai instrumentas, grupės apsauga?

Taip. Kad suformuotume žmoguje teisminį mechanizmą, tokius veiksmus turime atlikti tarp suaugusiųjų ir pakviesti kartu dalyvauti vaikus.

Jie mokysis.

Vaikai mokosi ir aktyviai dalyvauja: užduoda klausimus teismo metu, aiškinasi priežastis, išsako nuomonę. Mes jų atsiklausiame, stengiamės, kad jie taptų aktyviais proceso dalyviais – pavadinkime tai ne teismu, o aptarimu ar išsiaiškinimu.

Taigi – aptarimas. Ir Jūs sakote, kad to reikia mokyti?

Taip. Suaugusieji ir vaikai turi būti kartu. Mes turime viską išmokti, pakviesti skirtingų specializacijų teisininkus...

Minutėlę, noriu suprasti: vaikai dalyvauja aptarimuose, kuriuose ginčus sprendžia suaugusieji ar tik vaikai?

Ir vaikai, ir suaugusieji. Nori duoti pavyzdį? Pavyzdys turi būti gyvas.

Galbūt aktyviai dalyvauti aptarimuose jie gali tik po tam tikrų mokymų, kai jau žino, ką pasakyti, kad netrukdytų?

Jie turėtų tai pasiimti iš gyvenimo. Išsiaiškinimas – gyvenimo dalis, ir kaip vaikai yra mūsų gyvenimo dalis, taip jie turi būti ir šio proceso dalis. Nelaikykite vaiko mažu, jis ne mažas, mes apie tai jau kalbėjome.

Nereikia jo mažinti.

Į vaiką žiūrime kaip į suaugusijį, turintį menkas fizines galimybes – ne daugiau.

Esate minėjęs, kad reikia kreiptis į jo dvasią, į vidinę dalį.

Taip. Visai neseniai apie tai šnekėjau su žmona – dėl anūko auklėjimo. Ji negalėjo išspręsti jo elgesio problemų – vaikas buvo kaprizingas, elgėsi piktybiškai. Pasakiau, kad reikia žiūrėti į jį kaip į suaugusį žmogų, kalbėti kaip su suaugusiu, reikalauti ir gauti norimas reakcijas. Po kiek laiko žmona man pasakojo, kad anūkas iš karto pasikeitė.

Galiu kalbėtis su vaiku kaip su suaugusiuoju, bet jeigu jis negeba suprasti, tai nieko nepadarys.

To negali būti. Dauguma dalykų vaikai suvokia gerai ir teisingai, o jeigu ne, tai šitai jau nepriklauso auklėjimui. Jeigu kalbame apie šešiametį, vadinasi, jis kažkiek (6 ar 26 procentais gali perimti to, ką turiu, ir pritaikyti sau. Niekada nežiūriu į jį kaip į vaiką, o matau kaip mokinį: jis mokosi iš manęs, kaip gyventi, ir ne daugiau.

Mokosi gyvenimiškų ryšių?

Taip. Niekada nesakau, kad jis mažas ir ribotas. Reikia kokį nors įvykį, kuriame dalyvauja suaugusieji ir vaikai, netgi visa šeima, atvirai aptarti. Vaikai turi dalyvauti laisvai ir atlikti svarbesnį vaidmenį nei suaugusieji. Tegu išsako pretenzijas, kurios mums padės išryškinti silpnąsias auklėjimo vietas.

Ir suaugusiesiems bus ko pasimokyti.

Juk kai sakoma, kad reikia auklėti jaunuolį atsižvelgiant į jo kelią, tai reikia žinoti, koks tas jo kelias. Pirmiau turiu ištirti jį patį ir pagal tai sukurti auklėjimo metodiką, atitinkančią vaikui skirtą kelią. Jis savo klausimais ir atsakymais turi parodyti man tą kelią, nors pats jo ir nežino.

Netgi sakoma, kad daugiausia galima išmokti iš savo mokinių.

Visiškai teisingai. Dirbdamas su vaiku kuriu sistemą.

Parengėme keletą vaizdo siužetų. Pirmasis epizodas atskleidžia tradicinę situaciją: per bet kurį aptarimą vaikams, kaip, beje, ir suaugusiesiems, sunku apčiuopti problemos esmę. Jie šokinėja nuo klausimo prie klausimo, kol sustoja prie tikrosios problemos. Be to, jie pradeda atkakliai ginti savo nuomonę, stiprinti savo pozicijas.

Tokiu atveju turėtų įsikišti tas, kuris veda ir kontroliuoja aptarimą. Mes susirenkame ribotam laikui – valandai ar dviem. Kai kurie aptarimai gali trukti ir visą dieną – kol vaikai pavargsta. Reikia pastebėti, kada vaikai nuvargsta ir jau nebegali analizuoti, ir tada daryti pertrauką. Analizei verta skirti daug laiko, juk taip žmogus bręsta. Jis tiria gyvenimą pačiu geriausiu, greičiausiu ir naudingiausiu būdu.

Vaikai norės taip ilgai aptarinėti?

Žinoma, jie tai mėgsta! Mes juos surenkame, iškeliame aptartiną klausimą ar problemą ir nuo jos nenutolstame. O jeigu kas nors nukrypo į šalį, tai visada yra stebėtojas, kuris jį sustabdo ir vėl pakreipia diskusiją reikiama linkme.

Tokį pavyzdį taip pat matėme. Su vaikais diskutavome valandą ir iš šios diskusijos atrinkome keletą fragmentų. Iš pradžių buvo pristatyta problema – dviejų grupių konfliktas. Už stalo sėdėjo teisėjai, tiriantys įvykio aplinkybes, tarp jų buvo ir suaugęs asmuo – profesionalus teisininkas. Jis vedė aptarimą, o kartu su juo dirbo du berniukai ir dvi mergaitės. Mes tikslingai pakvietėme panašaus amžiaus vaikus – paauglius nuo 9 iki 12 metų, kad būtų platus forumas. Dvi mergaičių grupės paeiliui sėdosi prie liudytojų stalo ir aiškino situaciją.

Bandę ištirti situaciją teisėjai turėjo padėti joms išsiaiškinti ir suprasti, kas konkrečiai nutiko, juk iš pradžių mergaitėms buvo nelengva susitelkti. Pamažu visiems aiškinantis jos pradėjo atsisakyti pozicijos „aš įsižeidžiau" ar „aš supykau" ir prakalbo apie savo elgesio motyvus. Kai kas pavyko geriau, kai kas prasčiau, bet pažiūrėkime, tada aptarimą pratęsime. Tai prasideda nuo painiavos.

Pirma mergaitė: Jos prasivardžiuoja, mus muša, skaudina, apgaudinėja.

Teisėjas: Papasakok, kas nutiko. Kodėl jos pradėjo jus skaudinti ir mušti?

Antra mergaitė: Štai mes važiavome autobusu ir viena iš mūsų atsisėdo, o jos ėmė rėkti, kad ji atsistotų. Arba žaidėme kambaryje ir nenorėjome, kad jos būtų kartu su mumis.

Trečia mergaitė: Mes nenorėjome, kad jos būtų su mumis, nes ėmėme ginčytis dėl vaidmenų. Mes padalijome vaidmenis, o joms nepatiko, jos nenorėjo jų.

Pirma mergaitė: Mes jau iš anksto žinome – joms prisijungus net kelioms minutėms, įvyks kas nors nemalonaus. Jau daug kartų suteikėme joms galimybę būti kartu su mumis. Dieną ar dvi viskas būna gerai, o paskui jos pasitraukia ir nebegali prisidėti prie mūsų.

Tai pirmasis fragmentas mėginant pristatyti problemą. Prireikė laiko jai tiksliau apibrėžti. Tai pavyko tik padedant vedėjui, kuris savo klausimais išsiaiškino, kas iš tikrųjų joms trukdė ir kėlė problemą. O štai ir antrasis fragmentas.

Vedėjas: Noriu būti tikras, kad visi supranta, apie ką kalbame. Jūs paskirstėte vaidmenis, bet dviem mergaitėms jie nepatiko, nors manėte, kad tai puikūs vaidmenys, ir pačios norėjote juos vaidinti. Jos pamėgino atlikti tuos vaidmenis, bet po poros minučių pasakė, kad joms tai netinka.
Pirma mergaitė: Jos nieko nepasakė, tiesiog išėjo.
Vedėjas: Jūs supratote, kad joms nepatinka vaidmenys?
Antra mergaitė: Supratome tik tada, kai atėjo auklėtoja. Mes pakeitėme vaidmenis, bes jos pradėjo ant mūsų šaukti.
Vedėjas: Jos pajuto, kad jūs atėmėte jų vaidmenis? Kol pradėsime klausyti „kaltinamųjų", norėčiau, kad pagalvotumėte ir pasakytumėte, ar jums nebuvo galimybės viską atlikti kiek kitaip. Kad būtų mažiau pykčių, susidūrimų ir nuoskaudų.
Pirma mergaitė: Reikėjo joms pačioms duoti pasirinkti vaidmenis. Tada jos būtų patenkintos.
Trečia mergaitė: Bet mes nepadarėme nieko blogo – mandagiai paprašėme jų išeiti.
Vedėjas: Įsivaizduokite, kad sėdite priešais mane ir kalbame ne apie jus, o apie kažką iš šalies – vaikus iš kitos mokyklos. Ką jiems patartumėte?

Antra mergaitė: Patarčiau toms dviem mergaitėms...
Vedėjas: Ne joms, o jums!
Antra mergaitė: Mums?!
Vedėjas: Pagalvokite ir paskui pašnekėsime.

Tai antrasis fragmentas. Kaip nelengva pakeisti savo nuomonę! Vaikai paskui apie tai kalbėjo – prie to grįšime kiek vėliau. Bet prieš tai gal galite ką nors pasakyti?

Aš, žinoma, pakeisčiau visą šį procesą. Pirmiausia, vedėją teisininką. Jis iš aptarimo daro teismą – trūksta tik teismui būdingų atributų.

Bet tėvai ir mokytojai daugeliu atvejų elgiasi taip pat: ne taip profesionaliai kaip jis, bet ieško kaltųjų.

Kodėl vaikų grupės sėdi viena prieš kitą? Kodėl vedėjas sėdi viduryje, tarsi atskirtų besipykstančiuosius? Kodėl vienam kalbant kiti turi tylėti? Reikia suteikti galimybę pasisakyti, o paskui pradėti aptarimą! Bet pirmiausia reikia atsikratyti pykčio.

Išlieti pyktį visiems sėdint ratu? Tai truks valandų valandas! Pykčiui išlieti prireiks daug laiko. Tokie pokalbiai tik vargina ir niekur neveda. Kai suteiki vaikams progą pasisakyti, jie atkakliai gina savo pozicijas ir mėgina įtikinti savo teisumu. Tada jie nieko negirdi.

Tokiu atveju jiems galima pasiūlyti išlieti savo jausmus raštu.

Kai ruošėmės pokalbiui, jie parašė, ką norėjo pasakyti. Antroje pokalbio dalyje pakeitėme tvarką ir susėdome visi ratu. Pasiūlėme mergaitėms atsisakyti vaidmenų ir pažiūrėti, kaip jos elgėsi.

ANTROJI DALIS

Jeigu situaciją sunku suvokti, aptarimo tvarka turėtų būti kitokia. Juk pagrindinė problema ta, kad vaikai negali įvertinti savęs iš šalies, negali spręsti be išankstinio nusistatymo.

Teisingai. Tačiau tai labai sudėtinga atlikti netgi suaugusiesiems! Juk mes kalbame apie savianalizę – galimybę žiūrėti į save iš šalies.

Žinoma. Todėl jei norime išmokyti juos būti bent minimaliai objektyvius, sakykime, egoistiniame požiūryje turėti bent 10 procentų objektyvumo, tai reikia atlikti kitaip – suvaidinti.

Dvi mergaičių grupės – „kaltinamosios" ir „kaltinančiosios" – tampa žiūrovais, o jų vaidmenis atlieka „aktorės".

Tarsi sukeičiate vaidmenis, kurie buvo iš tikrųjų?

Ne, nekeičiu vaidmenų tarp mūsų. Tiesiog dabar vaikai iš šalies žiūri į tai, kas su jais nutiko, – jiems tai rodoma scenoje. Tai išlaisvina juos nuo savojo „aš": tai jau ne aš, tai man nebepriklauso. Pabandykime kitąkart taip padaryti.

O jeigu parodysime jiems, kaip jie atrodo, kai juose pabunda gyvūnas? Tai gerai ar ne? Juk tai kaip tik žeidžia manąjį „aš".

Tai jau atskiras mokymasis, kitas auklėjimo etapas. Iš pradžių derėtų nufilmuoti keletą tokių situacijų, paskui parodyti.

Noriu suprasti: yra dvi kaltinamosios...

Nėra kaltinamųjų! Visi turi būti rate. „Kaltinamojo" buvimas reiškia, kad kažkas jau nusprendė, jog vienas iš vaikų yra neigiamas, ir nustūmė jį į kampą. Bet negali būti kampo, tik ratas – jie sėdi neteisingai. Ir sienos kažkokios niūrios it rūsyje... Tai gyvenimo mokymasis ir už tai nėra nieko svarbiau. Visa kita antraeiliai dalykai. Jeigu žmogui nesuteiksime progos pasisakyti, pasirinkti, išanalizuoti ir suprasti, tai mūsų auklėjimas nieko vertas.

Netgi pati galimybė tuo užsiimti yra nuostabi. Ir kai pradedi bandyti, matai, kaip tai sunku.

Būtų gerai nuo ryto iki vakaro taip aptarinėti, kartu sėdint ratu, – ir ne po vieną, ir ne su teisininku.

Aptarimą turėtų vesti psichologas. Užbėgdama už akių pasakysiu, kad aptarinėjant toliau situacija visiškai pasikeitė. Vaikai, buvę liudytojais, kalbėjo visiškai kitaip, ypač tie, kurie neva buvo „kaltinamieji". Jie į situaciją žvelgė jau iš šalies.

Kitaip tariant, jie jau turėjo patirties.

Pavyko puikiai.

Ir kai girdi save iš šalies, tai atrodo visiškai ne taip, kaip galvojai.

Kaip tik tai aptarsime kitame pokalbyje. Mūsų laukia itin įdomus posūkis.

ANTROJI DALIS

Teismas II

Toliau šnekėsimės apie tai, kaip teisingai organizuoti ir vesti aptarimus su vaikais. Tam nufilmavome aptarimo pavyzdį, su pirmuoju jo epizodu jau susipažinome – vaikai pasakojo apie nesutarimus tarp dviejų grupių. Aptardami tą fragmentą įžvelgėme, kad vaikui nelengva papasakoti apie tai, kas su juo nutiko, nes grupėje vyksta emocingas pokalbis, aptariami visiems svarbūs dalykai. Mes kaip tik parinkome ginčą, kuris visus pakurstė ir papiktino.

Iš šio aptarimo stengiamės padaryti kiek bendresnes išvadas, pranokstančias paprasto kivirčo ribas. Kai vaikas ateina pasipasakoti apie tai, kas jį sujaudino ar užgavo, nors pats elgėsi nelabai gerai, nepasakoja, nuo ko viskas prasidėjo, kaip vystėsi ir kuo baigėsi, o pradeda nuo paties skausmingiausio dalyko: mane įžeidė, man sudavė, mane apšaukė ir pan.

Būtent tai jame pasiliko!

Taip, būtent tai jis jaučia. Kai verda emocijos, sunku paaiškinti, nuo ko prasidėjo ginčas. Todėl suaugęs žmogus, į kurį vaikas kreipiasi, apskritai nesupranta, kas nutiko, ir reikia laiko, kad vaikas nusiramintų ir aiškiai apibūdintų akimirkas iki konflikto. Vaikai, kaip ir suaugusieji, nemėgsta kalbėti apie tai, ką padarė. O jei ir kalba, tai kaip kine – vardija išorinius įvykius.

Kaip tik tai ir reikėtų daryti! Sukurkime filmą, kad kiekvienas nesiteisintų dėl savo veiksmų, tarsi duodamas parodymus teisme. Ir tada kiekvienas atitols nuo savęs ir taps bent kiek objektyvesnis.

Vaikas išties turėtų būti objektyvus ir paaiškinti savo veiksmus. Tuomet jis taip pat galės padaryti išvadas ir pamatyti situaciją iš šalies. Vadinasi, kiti vaikai turėtų suvaidinti šį nutikimą?

Taip, kitaip vaikui sunku ką nors išgirsti, juk jis pasinėręs į situaciją.

Dažniausiai jis užsiėmęs savo jausmais. Bet ar scenoje išvystos situacijos jis nelaikys tiesiog teatru, žaidimu? O gal jis turi tiksliai paaiškinti aktoriui savo atliekamą vaidmenį? Taip jam tektų prisiminti, kas buvo iš pradžių, kas ėjo toliau, juk viską perkeliame į sceną...

Nesirūpinkite dėl vaikų. Jie moka įsijausti į bet kokią būseną ir išeiti iš jos, nes yra kur kas lankstesni nei mes. Jeigu vaikai atlaiko nepaliaujamą mūsų „auklėjimo" spaudimą, tai tereikia juos pagirti už išgyvenimo jėgą. Todėl leisčiau jiems vaidinti visus vaidmenis: ir savo, ir savo skriaudėjo, ir teisėjo, ir gynėjo. Vaikas taip pat gali būti stebėtoju. Kitaip tariant, jis turi matyti situaciją iš visų pusių. Jūs atlikote šį tą panašaus ir išvydote pokyčius: kaip vaikai staiga ima suprasti, kad galima visiškai kitu kampu vertinti konkretų įvykį. Iš pradžių jiems atrodo, kad yra tik jų nuomonė. Ir staiga jie išgirsta, kad yra kitokių faktų, kad kitas žmogus mąsto kitaip. Kodėl jis mąsto kitaip? Juk esmė ne ta, jis teisus ar ne, esmė ta, kad yra tiesa, kuri nesutampa su manąja. Bet tai irgi tiesa.

Čia jiems iškyla keblumų interpretuojant: ką kitas pajautė ir kaip tai paaiškino. Epizode, kurį netrukus pateiksime, matyti, kaip vaikas tiria save. Analizuodamas save jis staiga supranta, kad jame kažkas kyla, bet nežino, kaip su tuo susidoroti.

Vaikas iš šalies mato savo paveikslą ir pradeda suprasti, kad tai jis. Pavidalas jam nepatinka ir tada iš nevilties jis ima save teisti.

Teisia, bet ne kaltina, tiesa?
Žinoma, kad nekaltina. Jis suvaidino visus personažus ir suprato, kad kiekvienas turi teisę gyvuoti. Dabar tiesiog mokomės, ką su jais daryti.

Taigi, mūsų vaidmuo – paaiškinti šiuos etapus? Mums dar daug ko reikia išmokti.
Pažvelkime į antrąjį fragmentą. Pirmame kalbėjome su viena grupe, o kita grupė sėdėjo šalia ir stebėjo. Paskui atėjo jų eilė. O štai ir vienos iš mergaičių, atstovaujančios neva „kaltinamųjų" pusei, paaiškinimas:

> **Mergaitė:** Mums neleido įeiti į kambarį, bet negi tas kambarys jų? Mane tai labai įžeidė. Aš nenorėjau pyktis, bet jeigu nervinuosi, tai negaliu susilaikyti.
> **Vedėjas:** Tavo mintis suprantama: tu nenorėjai, bet jeigu esi sudirgusi, tai nebegali valdytis.
> **Mergaitė:** Kai vulkanas išsiveržia, jo nebesustabdysi. Taip pat ir su manimi. Jei jau užsidegu, tai negaliu užgesti, man reikia laiko, kad nusiraminčiau. O jos mane erzino keletą dienų. Mėginau suimti save į rankas, bet jos ir toliau mane skaudino. Mano draugė ėmėsi mane ginti, o jos pasakė, kad man taip ir reikia.
> **Vedėjas:** O kodėl jų žodžiai tave įskaudino?
> **Mergaitė:** Todėl, kad noriu būti lygi su jomis, o ne žemiau. Kas kad esu jaunesnė, aš turiu būti lygi su jomis, o jos nesu-

teikia man tokios galimybės. Mėginau jas įtikinti, o jos tik kurstė mane. Man sunku!
Vedėjas: Nori pasakyti, kad tau blogai, nes jos neleidžia tau jausti, jog esi lygi su jomis?
Mergaitė: Taip.

Pateikto pokalbio pradžioje mergaitė pasakė, kad kai pirmosios grupės mergaičių buvo paklausta, ką galima patarti pačioms sau atsitraukus ir į įvykį pažvelgus iš šalies, tai ji apie tai jau pagalvojo. Ir tada supratusi, kad joje kažkas vyksta, tai įvardijo. Vėliau šitai aptarinėjo visi. Puikus aprašymas, tiesa?

Taip, tai jau blogio įsisąmoninimo pradžia. Mergaitė puikiai papasakojo apie tai, kaip joje prasiveržia pyktis ir ji negali savęs sustabdyti.

Ji supranta ir patį procesą: mergaitė jį žino ir kartais nusiramina pati, bet kartkartėmis, kaip pati sako, tai nesiliauja! Manau, kad šiais žodžiais jai pavyko paaiškinti tai, kas vyksta su daugybe vaikų, ypač su berniukais. Kaip nuostabu, kad žmogus turi galimybę matyti save iš šalies ir apibrėžti savo turimą problemą, su kuria negali susidoroti! Vėliau tai leidžia surengti aptarimą grupėje ieškant, kaip visi kartu galime kam nors padėti. „Žvilgsnis iš šalies" – itin svarbus dalykas.

Jeigu nufilmuosime daug tokių „žvilgsnių iš šalies", tai juos naudinga žiūrėti ir be išvadų: kaip vaikai šneka, kaip elgiasi, kaip laikosi įsikibę savo nuomonės, nes yra užsispyrę, suirzę ar tiesiog nori pasiekti teisingumą. Paskui jie pamatys, kad ne visada verta būti teisiems. Matyti save iš šalies itin sunku, bet tai moko. Todėl verta tai daryti, ir aš manau, kad filmuota medžiaga ir repeticijos bus svarbi mokymosi proceso dalis.

Ar verta darsyk filmuoti panašius siužetus?

Žinoma. Nufilmavę tokį siužetą įduodame jiems namo – lai žiūri. O kitą dieną, kai jau prisižiūrėjo į save, vėl juos filmuoji. Ir tada, lygindamas du elgesio variantus, gali pamatyti, ką pasiekėme vien davę vaikams peržiūrėti medžiagą. Po to galima surengti aptarimą ir parodyti abu pavyzdžius, paklausti vaikų nuomonės apie įvykį: kodėl taip nutiko, kaip žmogus reaguoja, ką jie pajuto namuose žiūrėdami medžiagą pirmąkart ir t. t. Bus tokių, kurie pasakys, kad nieko nepajuto! Bet jie patys pamatys, kad elgiasi kitaip.

Toks aptarimas užtruks visą dieną!

Bet juk nieko daugiau iš gyvenimo mokytis nereikia. Auklėjimas yra viskas.

Iš esmės – tai socialinis auklėjimas.

Teisingai, ir jeigu greta viso to valandą ar dvi skirsime gamtos mokymuisi, tai to pakaks. Praleidęs mokykloje 10–12 metų žmogus išeina nieko neturėdamas, o taip jis bent jau bus išauklėtas ir turės pagrindines įvairių sričių žinias. Patikėkite, tie vaikai, sulaukę 13–14 metų, galės stoti į aukštąsias mokyklas. Jų intelekto koeficientas bus pats aukščiausias. Suvokimas, analitinis požiūris, gebėjimas susieti dalykus, išvysti save iš šalies suteiks jiems tokį vidinį tobulėjimą, kad jie įstos į bet kurį fakultetą ir įgis bet kokią specialybę.

Kitaip tariant, aptarimai reikalauja iš vaiko daug gebėjimų.

Taip žmoguje ugdoma aukštesnioji pakopa – „Žmogus žmoguje".

ŠIUOLAIKINIAI VAIKAI

Aprašyti problemą, susimąstyti, išanalizuoti – vaikai mokosi daugybės dalykų. Laimei, jie taip pat gali išmokti, kaip turi elgtis, ir taip tobulėti toliau.

Be viso to, kartais sukurčiau vaikams situacijas, kuriose jie veiktų kartu su suaugusiaisiais. Pamatę, kad suaugusieji, jaunimas taip pat susiduria su įvairiomis problemomis, sunkumais, vaikai supras, kad tai, kuo jie užsiima, yra rimta bei padeda suaugti. Taip jie dar labiau vertins ir gerbs tai, ką jiems perduodame. Vaikai pamatys, kad taip išlukštena savo gyvenimą iš nereikalingų apvalkalų. Jiems teliks augti aukščiau žmogiškojo lygmens. Po kelerių mokykloje praleistų metų jie į gyvenimą įžengs jau susiformavę. Specialybę įgis lengvai, nes žinos, kaip žiūrėti į kiekvieną reiškinį. Telieka būti Žmogumi aukštesniąja prasme. Matote, kaip nuo mažo veiksmo, kuris trunka valandą ar pusantros, vaikai pradeda susipažinti su gyvenimu.

Aš tik norėčiau suprasti, kuo šis aptarimas skiriasi nuo procesų, kai užmezgami ryšiai, įprasti paprastoje mokykloje. Ten taip pat suprantama, kad vaikai nemoka vieni su kitais bendrauti. Šios problemos sprendimas įvardijamas kaip „santykių gerinimas". Vaikams siūloma kalbėtis ir paskui parodyti, kokį susitarimą pasiekė. Jiems itin sunku tai atlikti.

Žinoma, juk jų to nemoko. Vaikai ten priversti sėdėti drauge su suaugusiais asmenimis, kurie jiems parodo jų silpnąsias vietas. O reikia būti viename lygmenyje su vaikais: paaugliai turėtų būti kartu su mažyliais, jaunimas su paaugliais, suaugusieji su jaunimu. Bet svarbiausias klausimas – „Kam tai darome?" Tai duoda papildomų vertybių, kurias jie turi gauti iš mūsų, ir mums, suaugusiesiems, tai itin svarbu. O kalbant apie 8–10 metų vaikus, tai į jų grupę reikėtų atvesti keletą trylikmečių ar keturiolikmečių – tegu su jais dirba. Pamatysite, kaip mažesnieji kone išsižioję jų klausys.

Didesnieji mažesniesiems daro didesnį įspūdį nei mes.
Žinoma, juk mes jiems tiesiog „baldai".

Todėl jie sutiks ir pagalvoti.
Teisingai. Turime suteikti vaikams įvairių priemonių ir stimulų, kad kaip galima labiau juos paveiktume. Nežinau, ar paprastoje mokykloje praktikuojamas filmavimas ir pasikeitimas vaidmenimis, bet mes kalbame dar ir apie globalų auklėjimą. Visais atvejais norime parodyti vaikams (ypač vyresniesiems), kad pasaulis apvalus, susijęs, o ne toks, kokį jį matome. Visa yra kartu, priklauso vienas nuo kito, ir todėl mums verta taip žiūrėti ir į save, ir į pasaulį. Jeigu toks požiūris ateis iš vyresniųjų vaikų, tai jaunesnieji bent jau išgirs ir pamažu, lašas po lašo, sugers. Toks požiūris iš esmės aukščiau jų. Jis taip pat aukščiau mūsų, bet tai vadinama aplinkos poveikiu: aplinka įskiepija žmogui kokį nors faktą.

Todėl, kad visąlaik jį kartoja?
Ir todėl, kad kartoja, ir todėl, kad vertina. Žmogus aplinkos gerbiamą reiškinį suvokia kaip faktą.

Žinome, kad ir suaugusieji elgiasi taip pat. Jie sutinka su pasikartojančiomis idėjomis, net jeigu šios klaidingos.
Teisingai. Todėl pasinaudodami tuo turime išmokyti vaikus galvoti, kad pasaulis globalus.

Manote, kad 10–12 metų vaikai galės pajausti ryšį su savo bendraamžiais, gyvenančiais kitose šalyse ir kalbančiais kitomis kalbomis, tik dėl to, kad mato juos kompiuterio ekrane?

Žinoma! Mačiau, kaip mano dukras veikdavo istorijos, rodytos per televiziją ar teatre. Jei vaikams rodysite pavyzdžius per internetą ar televiziją, tai jie susitapatins su tuo, kas vyksta ekrane.

Malonu matyti, kad visur vyksta tas pats – nepriklausomai nuo kalbos ir išorinių aplinkybių.

Galima surengti pasaulinius debatus: kas su kuria grupe solidarizuojasi. Ir teisti reikėtų bendru balsavimu. Tūkstančiai atsiųs savo atsiliepimus.

Atsiliepimai – tai tikrų tikriausia apklausa! Netgi galima surengti varžybas! Ir kad visas pasaulis atsiųstų pasiūlymus, kaip spręsti konkrečias situacijas. Pažiūrėkime dar vieną vaizdo įrašą.

Vedėjas: Dabar kiekvienas pamėgins išeiti iš savo vaidmens ir pažvelgti į visą situaciją iš šalies. Tarsi tai nutiko ne su mumis, tarsi nėra teisėjų ir mes nieko neteisiame. Tiesiog norime suprasti, ką galima suvokti iš šio aptarimo. Man norėtųsi, kad pagalvotumėte apie vaidmenų dalijimo klausimą – kas tai yra, ką jūs valdėte, ar visi pakankamai suprato, ką ir kodėl turi daryti? Ir antra – kas gi tas pykčio protrūkis, kurį sunku kontroliuoti? Galbūt galime ką nors atlikti, kad tokių protrūkių būtų mažiau? Ką kiekvienas mūsų darė neteisingai?
Pirma mergaitė: Kiekviena iš mūsų norėjo valdyti projektą.
Vedėjas: Kas būtent mus iš vidaus stumia valdyti, kontroliuoti?
Antra mergaitė: Pojūtis, kad aš geresnis negu kiti. Šis noras slypi tavo viduje.
Vedėjas: Geras noras?

ANTROJI DALIS

Mergaitė: Ne.
Vedėjas: Ar ne šis noras privertė tave netekti savikontrolės? Pagalvok apie tai.
Trečia mergaitė: Man atrodo, kad taip. Mes nekreipėme dėmesio į draugės susijaudinimą ir taip ją įskaudinome.
Vedėjas: Ką turėtume daryti, kad tai nepasikartotų?
Pirma mergaitė: Turime bendradarbiauti ir skirstytis vaidmenis pagal kiekvieno norą.
Vedėjas: Bendradarbiavimas bus aukščiau mūsų savybių?
Antra mergaitė: Taip. Mes nekreipėme dėmesio į draugių norą.

Aptarimui tęsiantis vienas iš vaikų pasiūlė pasikeisti vaidmenimis, kaip ir kalbėjome. Buvo malonu matyti, kad aptarimo atmosfera pakito.
  Pirmiausia, jie sėdi kitaip – ratu.

Taip, ši forma be abejonės padeda: staiga visi tampa lygūs, ne taip kaip sėdint prie stalo. Be to, vos tik pradedi galvoti apie save iš šalies, imi suprasti kitą. Ir staiga pasirodo, kad abu teisūs, o ne vienas. Kai vaikas apibūdina savo vidinius pojūčius, norisi jam padėti. Ir tada atmosfera tampa itin maloni, o juk jie pradėjo nuo abipusių kaltinimų. Ar sėdėjimas ratu padeda pakeisti atmosferą? O jei visi nuo pat pradžių taip sėdėtų, irgi būtų toks efektas?

  Ne, bet vis dėlto verta išryškinti šį aspektą – juk norime pažinti žmogaus prigimtį ir ją ištaisyti. Todėl reikia išskirti kritinius taškus, kitaip – iš ko mokysimės? Pamėginkite paskui grąžinti vaikus prie stalų, kaip buvo prieš pradedant diskutuoti, – susėsti prie stalų! Jie priešinsis iš visų jėgų. Vertėtų į tai pažiūrėti! Jei to nedarėte, tai pamėginkite.

ŠIUOLAIKINIAI VAIKAI

Išmėginsime tai ateityje. Kalbėjome, kaip aptarimus padaryti maksimaliai efektyvius. Vaikams reikia suteikti galimybę pažvelgti į save iš šalies. Tai labai svarbus procesas ir verta jo mokytis. Mes turime kalbėti apie tai, dėl ko tai darome, pasitelkti vyresnius vaikus, kad jie mažesniesiems padėtų suprasti bendrąjį pasaulio paveikslą, kuriame visi esame. Vaikai turi žinoti, kad užsiima svarbiais reikalais, juk gebėjimas analizuoti ir aptarti aktualus gyvenime. Gavome daug naudingų patarimų bei pasiūlymų, kaip vesti aptarimus, ir pasistengsime tai įgyvendinti.

ANTROJI DALIS

Vyresnysis auklėja jaunesnįjį II

*P*ameginsime išsiaiškinti mums nerimą keliančius klausimus, leistis nauja kryptimi, nauju keliu, pajusti naujus vėjus, susijusius su vaikų auklėjimu. Taigi susitelksime į naują kryptį, kaip „vyresnieji auklėja jaunesniuosius", nes iš esmės čia ir glūdi problemos sprendimas – iš vyresniųjų vaikų paruošti auklėtojus jaunesniesiems.

Jau minėjote, kad vaikams reikia suteikti galimybę auklėti vieniems kitus, bet neapibūdinote to išsamiau. Man tai šiek tiek priminė programas, iš dalies būdingas tradicinei auklėjimo sistemai. Pavyzdžiui, prašoma, kad šeštokai (vaikai iš jaunesnių klasių nėra laikomi pakankamai suaugusiais) padėtų jaunesniesiems mokytis (valandą per savaitę) ar tiesiog su jais pažaisti.

Atkreipiau dėmesį, kad Jūs įgyvendinate itin neįprastą programą, kurioje vyresnieji vaikai diskutuoja su jaunesniaisiais. Vyresnieji savo iniciatyva gali iškelti įvairias idėjas, taip pat jie šnekasi su jaunesniaisiais apie gyvenimą, o ne šiaip žaidžia su jais ir padeda jiems. Šiuo metu tai iš tikrųjų vyksta ir yra visiškai nauja.

Mums dar teks rasti teisingą proporciją, kad padalytume vaiko laiką – ne mokykloje (net negaliu to pavadinti mokykla), o kai jis mokosi grupėje pagal integralaus auklėjimo sistemą. Dalis laiko bus skirta informacijai gauti, mokytis, tam tikrą laiką jis bus tinkamoje jam aplinkoje, o dar dalį laiko praleis su vyresniais vaikais.

Vadinasi, vaikas per dieną pabus keliose skirtingose grupėse.

Galbūt. Bet kuriuo atveju jis turi mokytis. Ir mums reikia pasistengti organizuoti kaip galima daugiau užsiėmimų gamtoje, lankytis įmonėse, muziejuose – vaikai neturėtų sėdėti priešais lentą klasėje.

Mokymasis neturi būti pasyvus, jis turi įkvėpti ir būti dinamiškas. Būtent taip įsivaizduoju mokymąsi. Tam turėtų būti skiriama trečdalis viso laiko. Kitas trečdalis būtų skirtas aptarimams, kuriuose dalyvautų instruktorius – jam tektų veikti atsitraukus į antrąjį planą, kad vaikai galėtų savarankiškai aiškintis savo problemas. Be to, juos reikėtų mokyti, kaip tai daryti.

Vaikai turėtų diskutuoti visiškai savarankiškai?
Ne, instruktorius gali ten dalyvauti, bet jam reikia nusileisti į vaikų lygmenį, o tai iš tikrųjų dirbtina. Jis turi žinoti, kaip slapta pakoreguoti aptarimą, kad vaikai to nepajaustų ir nesuprastų, taip pat neleisti jiems atsidurti aklavietėje.

Likusį trečdalį, arba 20 procentų, laiko jaunesniuosius vaikus turėtų ugdyti vyresnieji. Jų amžiaus skirtumas gali būti 2–3 metai.

Jeigu, tarkim, pasiūlysime vyresniesiems, kad šie paaiškintų jaunesniesiems kokią nors fizikos schemą, žinote, koks bus efektas? Kaip tai paskatins vaiką išmokti medžiagą, kad perduotų ją jaunesniesiems! Ir su kokiu susižavėjimu jaunesnieji žiūrės į vyresnįjį – koks jis didelis ir suaugęs!

Todėl manau, kad jų susitikimas reikėtų skirti 20 ar 30 procentų laiko. Taigi per tokias pamokas mokome vyresniuosius, kaip daryti įtaką ir kaip būti suaugusiems. Jaunesnieji savo ruožtu gauna puikių vyresniųjų brolių pavyzdžių, kuriais gali sekti.

Tereikia paruošti juos ir pamatysi pačią efektyviausią auklėjimo dalį – tiek vyresniųjų, tiek jaunesniųjų atžvilgiu.

ANTROJI DALIS

Kodėl Jums atrodo, kad šitai taip svarbu?

Vyresnieji norės būti įtakingi ir reikšmingi ir šnekės teisingus dalykus.

Juk nuo veikimo dėl savęs pereinama prie veikimo dėl kitų. Ir kai jaunesnieji mato vyresniuosius, jie juos laiko suaugusiais (nes instruktorius jiems tiesiog automatas). O štai dvejais ar trejais metais vyresnis, tarkim, vyresnis brolis, jiems yra autoritetas bet kuriuo klausimu – jie eina paskui jį „užmerktomis akimis". Todėl, kai jaunesnieji seka vaiku, rodančiu jiems gerą pavyzdį, – tai nuostabu.

11–12 metų berniukams pasiūlėme su jaunesniais vaikais surengti aptarimą. Neturėjau pakankamai laiko padėti jiems pasiruošti ir jie viską parengė patys. Iš pradžių jaunesniesiems buvo pasiūlyta pakelti didžiulį puodą vandens, o prizas pakėlus – jų mėgstamas saldėsis, šokoladas. Niekas iš jų nesusitvarkė po vieną, ir tada visi kaip vienas nusprendė tai atlikti drauge. Kartu sėkmingai pakėlę sunkų indą, vaikai dalijosi įspūdžiais, kaip kiekvienas iš jų suvokė šį savitą išbandymą.

Labai įdomu, puikus pavyzdys. Šiuo išbandymu suteikėte vaikams galimybę atskleisti itin svarbias savybes.

Vadinasi, 7–8 metų vaikas jau gali kreipti dėmesį, kada jis nori ko nors dėl savęs, o kada dėl kitų.

Jie jau gali analizuoti: „Kodėl norėjau pakelti sunkumą pats? – Kad gaučiau šokoladą."

Kad gaučiau tik aš ir niekas kitas.

Bet dabar žinau, kad vienas to neįstengsiu atlikti ir turiu pasidalyti šokoladu su kitais. Kaip panašioje situacijoje pasielgsiu kitąsyk? Iš

(293)

karto dalysiuos šokoladu su visais ar vėl mėginsiu susidoroti vienas? Sakykim, galiu pakelti sunkų daiktą pats ir gauti už tai šokoladą. Ar man verta tai atlikti pačiam, ar vis dėlto mėginti drauge su visais?

Ar duotumėte galimybę pasirinkti?
Galime padėti jiems suprasti, kad tokia galimybė yra.

Tai nebus vaikui žalinga? Ar neatims iš jo teisės rinktis? Juk kai jaunesnysis mato vyresnįjį, jam norisi būti tokiam pačiam, ir jeigu jis taps toks, tai tarsi neteks galimybės pasirinkti ir tapti koks nors kitoks.
Pasirinkimas mokytis iš teisingos aplinkos. Kito pasirinkimo neturime. Negalime gyventi tuštumoje. Ką reiškia, kad savarankiškai vystausi remdamasis tuo, ką turiu viduje? Juk ten tėra mano ego ir norai gauti įvairių malonumų. Aš nežinau, kas esąs. Aš tarsi Mauglis iš džiunglių. Kas gi išeis iš manęs? Mes visada vystomės atitikdami supančią aplinką, o čia mums duoda aplinką, kuri teikia gerą pavyzdį.

O jeigu vaikas atsidurs blogoje aplinkoje, tai jis gali pasirinkti ją.
Pasirinkimo nėra: kokioje aplinkoje žmogus atsidūrė, toks ir tampa, išeina iš jos kaip nuo konvejerio.

Šiandien pasirinkimas didžiulis, ir kitų sistemų kūrėjai tikisi, kad vaikai, viską jiems atvėrus, išmoks pasirinkti.
Vaikai išmoks pasirinkti?

Kaip tik taip. Vaikams suteikiama pasirinkimo galimybė, ir mes matome, kad jie tikrai sutrikę.

Kuo remdamiesi galvojate, kad vaikas moka pasirinkti? Nesuprantu šito. Nejau žmogus gali pasirinkti? Suaugusieji nesugeba teisingai rinktis, tai ką jau kalbėti apie vaikus?

Matome, kiek kartais laiko prireikia suaugusiems žmonėms, kad apsispręstų, ko jie nori iš gyvenimo.
Netgi renkantis kukurūzų dribsnius prekybos centre...

Tikra tiesa!
Pagal integralaus auklėjimo metodiką, vaikas turėtų būti veikiamas suaugusiųjų iki 20 metų tik dėl to, kad būtent suaugusieji gali jam suteikti tinkamą auklėjamąją aplinką. Kaip tėvas visąlaik jaudinuosi, kokioje aplinkoje bus mano vaikas. Tik tai man svarbu. Tai ir yra rūpinimasis savo vaikais.

Kokios formos, Jūsų nuomone, turėtų būti aptarimai?
Tai nėra svarbu. Tai, kad vaikai išsako savo nuomonę ir „verda savo sultyse" – jau yra gerai. Jų protas jau dirba teisinga linkme – susijungti draugėn ar ne? Ar verta gauti šokoladą? Kam tai ir dėl ko? Ar galėjau atlikti tai vienas? Ne. O kartu? Taip. Kaip pasielgti: atlikti kartu ir gauti dalį šokolado ar verta likti vienam ir pasiekti sėkmę? Netgi suaugęs žmogus negalvoja apie tokius dalykus, jis automatiškai svarsto vadovaudamasis siaurais, egoistiniais sumetimais. O čia vaikas išplečia savo mąstymą ir pradeda kuo puikiausiai bendrauti su visa aplinka. Tai itin svarbu ir skatina vidinį žmogaus vystymąsi. Tokia žmogaus esmė, juk jis – visuomenės kūrinys, tad svarbu padėti vaikui užmegzti teisingą ryšį su aplinka. Jeigu jis užaugs tokioje aplinkoje, tai paskui galės visur pritapti. O ir aplinkiniams bus su juo patogu.

ŠIUOLAIKINIAI VAIKAI

Sakote, kad vaikas – visuomenės kūrinys.

Nuo pat pradžių gamta mus sukūrė kaip visuomenines būtybes. Kiekviena rūšis gamtoje tam tikrą laikotarpį turi savo būrį, šeimą. Išimtis – kai kurie paukščiai ir vilkai, kurie visą gyvenimą išlieka su ta pačia pora. Visi kiti gyvūnai susiporuoja tik veisimosi metui. O žmonės yra visuomenės kūriniai, kuriems reikia visuomeninio gyvenimo, nes visuomenė kiekvienam iš mūsų suteikia priemones egzistuoti pagal principą: aš – dėl visų, o visi – dėl manęs. Bet šiandien jau negalime gyventi remdamiesi tokiu principu. Mes visur kur priklausome vieni nuo kitų.

Bet Jūs sakote, kad labai ankstyvame amžiuje galima išugdyti vaiko gebėjimą diskutuoti.

Galima išugdyti priklausomybę, gebėjimą dalyvauti, nusileisti ir patikrinti santykius su visais. Mes visi – vieno mechanizmo sudedamosios dalys, kurios nepasiekusios vidinės harmonijos negeba gerai įsikurti gyvenime. Todėl šitaip dirbdami su vaikais rengiame gerus žmones būsimai žmonijai.

Vadinasi, vaiko gebėjimas ateityje susitvarkyti gyvenimą priklausys nuo jo gebėjimo sutarti su jį supančia aplinka.

Tai priklauso nuo jo gebėjimo sutarti su bet kokia aplinka, nes galiausiai visa žmonija turės pasirinkti vieną modelį, juk mes gyvename integralioje sistemoje.

Ir nemokėdamas susitarti žmogus neturės ateities?

Ne.

Atsakydami į klausimą „Kodėl turime būti draugai?", pagal integralią programą ugdomi vaikai pateikdavo savaime suprantamus atsakymus: jeigu susiduriu su sunkumais, draugas padės, jeigu esi su draugais, tai nieko nebijai ir jauti jų palaikymą. Vaikai jau nebesupranta, kaip gali būti, kad jie nebebus kartu, jie jau neįsivaizduoja kitos tikrovės, jie jau perėmė šį modelį.

Vaikai įsisąmonino, kad viską daryti kartu – gerai.

Tai iš tikrųjų gerai ir reikėtų tokį modelį įgyvendinti.

Pirma, tai teisinga, natūralu ir būtina visiems. O antra, vaikas mato, kad taip jis laimi, kad tai jam teikia tikrumą, ir jis ieško tinkamos visuomenės. Tik klausimas – kokios visuomenės jis ieško?

Vieno užsiėmimo metu instruktoriams buvo iškelta užduotis – išsiaiškinti su vaikais, kodėl verta susivienyti. O jeigu kas nors nenori to daryti, kaip jį perkalbėti? Vaikai atsakė, jog tokiam vaikui reikia pasiūlyti prisijungti prie kartu žaidžiančios vaikų grupės, ir tada jis gaus tūkstantį kartų didesnį malonumą nei žaisdamas vienas. Bet, anot vieno iš vaikų, to nepaaiškinsi žodžiais, nes kiekvienas turi pajausti pats. Norėčiau pasiteirauti: jeigu pastūmėtume vaikus taip aiškintis ir šiek tiek „priremtume juos prie sienos", jiems tai būtų gerai? Man kyla abejonių, ar toks požiūris teisingas ir ar „nelaužome" vaiko?

Dialogas turėtų būti kuo atviresnis. Be to, reikėtų leisti vaikams peržiūrėti pamokos įrašą, kad pamatytų, kaip į klausimus atsakė anksčiau. O paskui pratęsti aptarimus ir suteikti vaikams galimybę pasitaisyti. Juk kai žmogus mato save iš šalies, jau kitaip vertina ir save, ir kitus. Dar vėliau vertėtų leisti jiems grįžti prie ankstesnio aptarimo ir vėl parodyti vaizdo įrašą. Taip jų aptarimo lygmuo kaskart kils ir vaikai pasieks tokias aukštumas, kokias net sunku įsivaizduoti.

Ar jiems reikia ką nors paaiškinti, ar tiesiog duoti peržiūrėti įrašą?

Nereikia paaiškinimų, leiskite jiems savarankiškai tobulėti. Tik derėtų priminti, nuo ko prasidėjo pokalbis, nes kartais jie nebeprisimena.

Iš tikrųjų tiek jaunesni, tiek vyresni vaikai kuo puikiausiai įveikia aiškinimosi procesą, mat pirmiausia tai aptaria savo viduje.

Žinoma.

O rengdamiesi jie apgalvoja, kaip tai paaiškinti kitiems vaikams. Instruktoriai taip pat susitinka su tais vaikais iki aptarimo ir ruošia juos. Man regis, jie netgi paprašė nepakelti to puodo – kitaip nepavyktų paaiškinti.

Ir kiekvienas vaikas turėjo pamėginti pakelti sunkų puodą ir tai pajausti, tiesa?

Taip.

Svarbu, kad tai ir jausminis auklėjimas, nes daug kalbama apie pojūčius: ką jaučiu, kaip dar galėčiau jausti?

Turėtų būti auklėjama tik jausminiu lygmeniu. Vaikas turi viską patirti.

Šiandien neįprasta kalbėti apie tokius dalykus. Išimtis – tik trumpi pokalbiai su tėvais. Tiesiog nuostabu, kad su vaikų grupe galima kalbėtis apie tai, ką jie jaučia!

Jeigu auklėjimas nepereina per jausmus – visą žmogaus esmę, tai šitai nėra auklėjimas ir iš tokio auklėjimo jokios naudos.

Vadinasi, jeigu mokymasis nepalieka įspūdžių, tai viskas lieka žinių lygmenyje?
Mokymasis turi palikti įspūdį, kad prisiminčiau ir prisimindamas veikčiau toliau.

Teko girdėti, kaip kalbėjote apie žinių ir jų atskleidimo priešingumą. Koks skirtumas tarp to, ką žmogus pajaučia pats, ir turimo teorinio žinojimo?
Tiesiog žinių nebūna. Mes nekalbame apie tai, kaip mokytis fizikos, matematikos ir kitų tiksliųjų mokslų, kuriuos irgi reikia ir aptarti, ir suvokti jausmais.

Bet juk tai abstraktu.
Bėda ta, kad tai nėra abstraktu. Kodėl gi tai abstraktu? Stebėdami gamtos reiškinius visiems jiems galime suteikti jausminę išraišką – ar tai būtų sujungta su kitu reagentu rūgštis, ar pakeltas į orą dviejų kilogramų svoris, ar kokios nors sumaišytos dujos. Tada žmoguje įsirašo informacija iš visų gamtos lygmenų (negyvojo, augalinio, gyvūninio ir žmogiškojo), iš skirtingų optikos, mechanikos, biologijos, zoologijos ar botanikos procesų, ir jis tai suvokia jausmais. Žmogus turi pajausti, kaip visa tai vyksta jo viduje. Ir jeigu jis įeina į šį procesą, tai tampa žmogumi vidiniame savo pasaulyje.

Tai jį sujungia su pasauliu? Formuojasi koks nors kitoks jo supratimas?
Taip, jis supranta, kad suvokia ir jaučia visus tuos dėsnius ir jie pereina per jį.

Vadinasi, vėliau jis ne taip griaus pasaulį?

Taip, be to, jis atras bendrą visos gamtos formą, kuri atspindi viso pasaulio vientisumą ir nedalija jo į fiziką, chemiją, biologiją, zoologiją ir t. t. Tai mes taip padalijome pasaulį, bet iš esmės pasaulis – baigtas paveikslas, kurį suraižome į tokius sluoksnius, nes taip patogiau jį suvokti. Ir nors negalime būti universaliais mokslininkais, kad įgytume visišką suvokimą, bet tai priartina mus prie integralaus požiūrio.

O ką daryti, jei pirmąsyk vaikui paaiškinus situacija atrodo taip, lyg jis kalbėtų šūkiais, atsakinėtų vartodamas tuos pačius žodžius, kuriais buvo aiškinta, t. y. vis dar neišgyventų to įspūdžio. Pavyzdžiui, vaikui pasakė, kad ką nors daryti kartu su kitais kur kas geriau nei vienam, ir jis atsako, kad kartu – geriau.

Reikia pradėti su jais treniruotis. Ir savo, sakytum, sausą ir beprasmę frazę mėginti perleisti per skirtingus įspūdžius, kad pamokai baigiantis vaikas suprastų, jog pateiki jam ypatingą dėsnį, egzistuojantį gamtoje ir visuomenėje. O pagal tą dėsnį jungiantis dalims (1+1+1+...) susidaro didelė stipri masė.

Tada kyla klausimas, kurį paprastai kelia tėvai ir auklėtojai, apie tai, kad auklėji vaiką kažkokiame uždarame pasaulyje ir mokai, jog būti kartu kur kas geriau, jog tai gamtos dėsnis, o paskui vaikas išeina į gatvę ir patenka į „džiungles". Kaip jam teisingai sujungti šiuos du pasaulius?

Tai neteisinga, toks vaikas niekada nuo nieko nenukentės. Mums atrodo, kad žmogus, suprantantis gamtos valdymo dėsnius ir tai, kaip jis pats turi elgtis su gamta ir visuomene, jausis nelaimingas ir visi tuo naudosis stengdamiesi išpešti sau naudos. Bet taip nebus.

O jeigu jis mokosi nusileisti ir pradės atitinkamai elgtis gatvėje, kur niekas taip nesielgia?

Ne, vaikas nėra mokomas tiesiog nusileisti. Čia juk kalbama apie tris linijas.

Ir ką gi reiškia tos trys linijos?

Mes turime balansuoti tarp gerumo ir griežtumo, dosnios rankos, geros širdies ir apribojimų bei įstatymų.

Tai matome gamtoje: ji visada turi dvejas vadžias. Tad tokioje situacijoje atsidūręs žmogus kaip tik ir įgyja pusiausvyrą visuomenės atžvilgiu. Esant pusiausvyrai veikia dvi jėgos, nes su viena jėga niekada nieko nepasieksi. Patys matome, kad gamtoje egzistuoja dvi jėgos – gavimo ir davimo, teigiamas ir neigiamas poveikis, karštis ir šaltis, spaudimas ir jo nebuvimas. Tad turime mokyti žmogų, kaip visada išlaikyti šių dviejų jėgų pusiausvyrą ir kaip jų padedamam teisingai elgtis visuomenėje. Jeigu vaikas su visuomene sąveikaus per šias jėgas, jam niekas niekada nepakenks. Visuomenė taip pat vertins jį teisingai ir laikys jį savo teigiama dalimi.

Koks veiksmas priešingas nuolaidžiavimui? Jeigu aš turiu nusileisti, tai kokios reakcijos turėčiau sulaukti?

Nusileidžiu tik su sąlyga, kad antroji pusė supranta mane lygiai taip, kaip ją suprantu aš. Antraip galbūt man visai nereikia nusileisti, o kaip tik jausti didžiulį spaudimą. Matome, jog toks spaudimas gali privesti prie karų. Bet tai irgi tam tikra nuolaida, juk aš atmetu geranoriškumą, kad sukurčiau pusiausvyrą priešindamasis jėgai, su kuria susiduriu.

> ŠIUOLAIKINIAI VAIKAI

Puiku, yra ką apmąstyti. Paprastai pats apibendrinu pokalbį, o šįsyk tokią progą suteikėme vaikams. Štai jų išvados:

1. Tik kartu galime pasiekti sėkmę.
2. Kai esi su draugais, jauti, kaip tai puiku!
3. Kartu su draugais patiri daugiau džiaugsmo.

ANTROJI DALIS

Bausmės I

Šį kartą mūsų pokalbio tema itin įdomi, bet drauge skausminga visai auklėjimo sistemai – ribų nubrėžimas ir bausmės. Su vaikais apie tai diskutavome ir netgi nufilmavome atskirą laidą, kurioje dalijomės nuomonėmis, ką jie jaučia, kai yra baudžiami, ir kaip, jų manymu, viskas turėtų atrodyti. Galbūt išsiaiškinsime ką nors naujo ir padėsime visiems geriau suprasti šį nepaprastą auklėjimo aspektą. Pradėkime nuo Jūsų paaiškinimo, kodėl šis klausimas sudėtingas. Anksčiau minėjote, kad esate griežtai nusiteikęs prieš bausmes.

Ne, ne visai taip.

Yra labai daug klausimų ir abejonių, kaip nustatyti vaikui ribas jam nepakenkiant. Kiekvienas auklėtojas ir tėvas ieško galimybės, kaip laiku sustabdyti ir teisingai nukreipti vaiką, sukurti jam teisingus rėmus, kurie ilgai jį saugotų. Neretai susidaro įspūdis, kad bausmės skaudina vaiką ir veikia itin trumpai. Tokiais atvejais bausmė, žinoma, ne tik yra bevertė, bet dar ir žalinga. Net jeigu tai apgalvoti veiksmai ir tėvai tarėsi su psichologu (pas mane dažnai lankosi tokie tėvai), netgi tada visi jaučia, kad bausmė neduoda norimo rezultato. Tėvams nuolatos tenka griežtinti priemones, ir nesuprantama, kodėl bausmės nesuteikia ilgalaikio rezultato.

Gamtoje bausmių nėra. Ir mes jų neturime. Tai, ką vadiname bausme, tėra mūsų iškreipto gamtos dėsnių supratimo rezultatas. Galite tai vadinti gamta ar aukštesniuoju valdymu – nesvarbu. Kiekvienas iš mūsų jaučia tai, ko nusipelnęs priklausomai nuo savo santykio su gamta, supančia aplinka. Taigi dėl visų savo bėdų galime kaltinti tik save ir savo aplinką. Ir visi šiame pasaulyje nuolatos jaučiamės tarsi baudžiami ir giriami. Iš tikrųjų niekas mūsų nebaudžia, bet yra gamtos dėsniai, kurie reikalauja iš mūsų teisingo santykio su aplinka. Jeigu darniai sugyvename su supančiu pasauliu, tai jaučiamės patogiai, ramiai ir suvokiame tai kaip apdovanojimą. Ir priešingai, jeigu harmonijos nėra, mūsų pojūčiai bus tokie, kad tai vadinsime bausmėmis. Bet kokia gi tai bausmė? Juk tai mūsų nedarnos su gamta rezultatas.

Kitaip tariant, visi mūsų įsivaizdavimai, kad esame Visatos centras ir kad mus kas nors baudžia, yra klaidingi?

Žinoma. Žmogus pats kuria savo pasaulį. O kokios gi gali būti bausmės kalbant apie vaikus, kurie visiškai priklausomi nuo suaugusiųjų? Jeigu vaikus auklėjame neteisingai ir todėl jie elgiasi agresyviai ir griauna pusiausvyrą su supančia aplinka, tai – mūsų kaltė. O mes juos dar ir baudžiame?! Taip tiesiog skelbiame savo bejėgiškumą auklėjant.

Vadinasi, kaskart vaikui darant ką nors netinkamo, kalti suaugusieji, nes neteisingai jį auklėja?

O kas gi dar? Juk vaikas visiškai nuo jų priklauso. Kaltinti galime tik save.

Bet juk tėvai pirmiausia nori išmokyti vaiką nedaryti to, kas jam gali kelti pavojų, kas jam blogai, o paskui moko to, kas jam naudinga.

Vaikas yra visiškai veikiamas suaugusiųjų ir todėl jo nesėkmės – suaugusiųjų klaidos. Nėra dėl ko kaltinti vaiko, juk jis tėra maža būtybė, turinti tam tikrą savybių ir instinktų rinkinį, bet visos savybės ir instinktai vystosi veikiant suaugusiems asmenims. Todėl tik iš suaugusiojo galime reikalauti, kad jis ieškotų ir tobulintų savo santykį su vaiku, idant pasiektų sėkmę. Bet kada tai nepavyksta, argi galime kaltinti vaiką? Kaltinti reikia ne jį, o suaugusįjį.

Bet kaip elgtis, jeigu išryškėja neigiamos vaiko savybės?
Suaugęs žmogus turėtų rasti vaistą, o ne reikalauti iš vaiko susitvardyti, kai šis nepajėgus to padaryti.

Ar teisingai supratau, kad reikia kartu su vaiku apibrėžti nuolatines elgesio taisykles ir atitinkamas bausmes?
Ne. Ne mes nustatome dėsnius – tai daro gamta.

Tarkim, vaikas šiurkščiai šnekėjo. Kaip į tai reaguoja gamta?
Vadinasi, tokia jo prigimtis – būti šiurkščiam. Reikia rasti tokius auklėjimo metodus, kad tą šiurkštumą ir ūmumą pakeistume į teisingesnes elgesio formas. Beje, kas gi tas teisingas elgesys – šitai dar irgi reikia išsiaiškinti remiantis gamtos dėsniais, o ne savo supratimu.

O ką reiškia elgtis teisingai?
Šito reikia mokytis. Sutikite, kad nėra teisinga, jei netinkamai auklėtas suaugęs žmogus taip pat neteisingai auklės naująją kartą.

Vadinasi, ir tėvai nekalti, nes patys negavo tinkamo auklėjimo.
Tikra tiesa. Bet tai jiems nesuteikia teisės prieš vaiką naudoti jėgą, jį bausti. Tėvai turi ieškoti vaikui tinkamų auklėjimo priemonių, paisydami skirtumo tarp kartų, kuris mūsų laikais didžiulis.

Luktelkite, nesuprantu, ką Jūs vadinate bausme: kai tėvai ko nors neleidžia ar kai sustabdo nederamą elgesį?

Tai nesvarbu.

Ar teisingai Jus supratau, kad nereikia apibrėžti ribų?

Bausmė – tai bet koks veiksmas, kuris verčia vaiką kažką daryti esant riboms, spaudimui, kai vaikas to nesupranta ir su tuo nesutinka.

Kitaip tariant, daryti tai, ką jam primeta?

Taip. Žinoma, nekalbu apie fizines bausmes, tai suprantama.

Kalbant apie fizines bausmes visi sutinka, kad jos itin žaloja vaiką ir labiau primena nervų protrūkį nei auklėjimą.

Pavadinčiau tai „beždžionių auklėjimu".

Gerai, bet vis dėlto nuo pat mažų dienų vaikas reaguoja taip, kad jį traukia ten, kur jam gerai, ir bėga iš ten, kur jam blogai. Auklėdami galime ir turime išnaudoti šią savybę.

Auklėjant visa tai, be abejonės, galima panaudoti, tačiau tik po to, kai vaikui paaiškinama ir jis supranta, įsisąmonina, kas su juo vyksta. Neįsisąmonindamas savęs, savo elgesio, savo santykių su aplinka vaikas negaus tikrojo auklėjimo, tai tebus suaugusiųjų jam primestas režimas.

Dresavimas?

Netgi ne dresavimas. Dresuojant galima išugdyti kokias nors naujas gyvūno savybes, ir jos taps jo antrąja prigimtimi, bet su žmogumi to nepadarysi.

Pažiūrėkime filmuotą medžiagą, kurioje vaikai kalba apie tai, kokia bausmė, anot jų, yra naudinga, o kokia ne.

> **Vaikas:** Kai vaikus klasėje baudžia, tai ne itin padeda.
> **Vedėjas:** Kodėl?
> **Vaikas:** Sakykim, per pamoką aš trukdau mokytojui. Jeigu jis mane nubaudžia, aš tik pykstu ant jo.
> **Vedėjas:** Tu kalbi apie save? Tu širdai ant mokytojo?
> **Vaikas:** Taip.
> **Vedėjas:** Bet tu lioveisi trukdęs vesti pamoką? Tik sakyk tiesą.
> **Vaikas:** Ne.
> **Vedėjas:** Bet kodėl? Juk aišku, kad jeigu vėl trukdysi, tave darsyk nubaus.
> **Vaikas:** Tačiau aš irgi suirztu ir kartais piktybiškai ką nors darau mokytojui. Apskritai bausmės ne itin naudingos, jos tik gąsdina.
> **Antras vaikas:** Kartais netgi malonu būti nubaustam. Pavyzdžiui, išvytas iš klasės, aš džiaugiuosi, nes galiu pažaisti.
> **Vedėjas:** Vadinasi, bausmė duoda priešingą rezultatą?

Mūsų auklėjimas susiformavo industrializacijos laikotarpiu, kai kilo būtinybė išmokyti darbininkus, paruošti juos darbui fabrikuose ir gamyklose. Tada imta mokyti kaimo vaikus rašto. Tuo metu ir pradėjo formuotis mokyklos sistema su dalijimu pagal amžių į klases. Tokia mokykla „prikimšdavo" jaunimą minimalių žinių ir išleisdavo dirbti gamyklose. Iki XX a. vidurio tai dar veikė. Bet šiandien pasaulis kitoks – jau nebėra būtinybės rengti tiek daug darbininkų, pakanka 10 procentų žmonijos, kad būtų aptarnaujama ir palaikoma visa pramonė.

ŠIUOLAIKINIAI VAIKAI

Mechanizmai pakeitė žmones.

Taip, pasaulis tapo kitoks ir žmogus pasikeitė. Šiandien jau negalime ruošti vaikų būti paprastais vykdytojais, jie drėbti iš kitokio molio. Ir, užuot auklėję progresyvius, mąstančius, suprantančius save ir visą gamtą žmones, mes ir toliau ariame seną vagą ir nedarome teisingų išvadų. Auklėjimas plėtojamas nepakankamai greitai, palyginti su kitomis veržliai besivystančiomis sritimis, tokiomis kaip psichologija, psichiatrija, sociologija, politologija. Mokytojai itin archajiški, jie nelyg dinozaurai. Ir tai žmonės, kurie dirba su vaikais!

Jie turėtų ruošti naująją kartą!

Kur ten! Priešingai! Jie priklauso praėjusiai kartai, net ne dabartinei! Kartais kalbuosi su mokytojais ir matau priešais save žmones, kurie gyvena pagal penkiasdešimties metų senumo sampratas.

Šiandien viskas vystosi pernelyg sparčiai.

Taip, tačiau tėvai, su kuriais gyvena vaikai, pažengę labiau nei mokytojai, jie mato, kad mokytojas – labiau prižiūrėtojas, diktatorius, o ne auklėtojas. Visa dabartinė švietimo sistema paseno ir neatitinka šiuolaikinės visuomenės.

Paseno ir savo struktūra, ir turiniu?

Apie turinį net nekalbu. Dabar kalbame apie mokytojų parengimą, apie jų požiūrį į auklėjimą. Pati mokykla su savo tradicine tvarka šiandien nebegali patenkinti vaikų ir visuomenės poreikių. Kiek mūsų dienomis hiperaktyvių vaikų?

Maždaug 10 procentų. Tai tik tie vaikai, kurie pripažinti tokiais ir gauna vaistų, įvairių lengvatų per egzaminus ir pan. Tokių vaikų daugėja...

Turime suprasti, kad tai ne liga ir ne reiškinys, o bendra tendencija, ir atsižvelgdami į ją turime pakeisti mokymosi metodus. Ką darysime, jei pusė vaikų bus hiperaktyvūs?

Nejau tai įmanoma?

Hiperaktyvūs vaikai nėra anomalija. Tai normalūs mūsų laikų vaikai.

Norite pasakyti, jog tai nauja norma?

Taip. Ką gi dabar daryti? Mes turime pakeisti visiškai viską: klasių struktūrą, mokymosi metodikas, pačias pamokas, kitaip tariant, viskas turi iš pagrindų pasikeisti.

Ir tada nebebus elgesio problemų, nebereikės bausti ir riboti?

Auklėjimas turi tikti vaikui, o ne būti patogus mokytojui ar švietimo sistemai.

O kas gi šiandien tinka vaikams? Man mokytojas atrodo bejėgis, neturintis priemonių dirbti su naująja, labiau išsivysčiusia karta, su hiperaktyviais vaikais. Jis tiesiog nežino, kaip su visu tuo susidoroti.

Manau, kad mokymas ir auklėjimas turi būti itin dinamiški. Daug laiko turėtų būti mokomasi ne mokyklose, o muziejuose, parkuose, gamyklose, ligoninėse, spaustuvėse... Vaikai turi matyti ir mokytis visų gyvenimo apraiškų. Visose šiose vietose jiems reikia pasakoti ir aiškinti, kaip viskas veikia. Turime leisti vaikams pajausti gyvenimą. Būtent šie įspūdžiai, o ne mokyklos sienos, kurios atrodo kaip kalėjimo grotos, nuramins juos. Klasės, mokytojai ir apskritai visa mokyklos sistema jau nebeatitinka vaikų poreikių.

Kitaip tariant, Jūs manote, kad neturime įkalinti vaikų tarp negailestingų mokyklos sienų su visomis disciplinomis ir reikalauti, kad jie visąlaik tramdytų save, nes tai prieštarauja jų prigimčiai. Užuot tai darę, turime suteikti vaikams galimybę gauti įvairiapusių greitai besikeičiančių įspūdžių, iš kurių jie mokytųsi.

Vaikai turi dalyvauti gyvenime.

Turi matyti visas gyvenimo apraiškas ir aktyviai jame dalyvauti nuo pat ankstyvo amžiaus?

Taip.

Bet vis dėlto, kaip teisingai apriboti vaikus? Kuo pakeisti šiandien įprastas bausmes? Gal tiesiog reikia iškelti sąlygą, pavyzdžiui, jeigu vaikas kažką daro, tai gauna atlygį, o jei ne, negauna?

Ne, vaikas pats turi jausti savo poelgių rezultatus, o ne suaugusiųjų reakciją. Reakciją jis gauna iš gyvenimo, ir tai jį moko.

Kaip tai pasiekti?

Prašom pasakyti, ar dešimtmetis šoks iš kelių metrų aukščio? Jis pabijos, nes bausmė akivaizdi. Šitaip jis turi matyti ir bausmę už bet kokį blogą savo poelgį.

Kaip tai vyks per aptarimus? Pavyzdžiui, kokie bus santykiai kolektyve: kaip vaikas žinos, kad jo laukia bausmė už kokį nors poelgį, jeigu mes iš anksto neišsiaiškinome įstatymų – gamtos dėsnių?

Kolektyvas turi suteikti vaikui šį supratimą. Kam mums į tai painiotis? Būtent patys vaikai turi išreikšti nepritarimą.

Vadinasi, vaikų kolektyvas turi pats apsibrėžti principus, kurių visi laikysis?
Taip, žinoma. Vaikai turi nuspręsti, kas jiems patogu, o kas ne.

Patys vaikai turi priimti sprendimus?
Taip.

Kokio amžiaus vaikai jau pajėgūs priimti tokius sprendimus?
Ankstyvo amžiaus. Kada vaikai pradeda žaisti kolektyvinius žaidimus, pavyzdžiui, su kamuoliu? Nuo tada jie jau geba suprasti, kas yra kolektyvas.

Man regis, kad tai 6–7 metų amžius. Tada vaikai jau gali matyti save kaip grupės dalį, t. y. jie tolsta nuo egocentrizmo.
Tai reiškia, kad jie pasirengę būti auklėjami.

Parengėme dar vieną atkarpą iš tos laidos, kur vaikai atsako į klausimus, kokia, jų nuomone, turėtų būti bausmė. Jie priėjo prie itin įdomios išvados.

> **Vedėjas:** Turime nustatyti tam tikras mūsų tarpusavio elgesio taisykles, tiesa? Bet kam reikalingos tos taisyklės? Jeigu dabar suteiktume jums galimybę apibrėžti tokius įstatymus, kokius svarbiausius dalykus siūlytumėte?

Vaikas: Reikia tokių taisyklių, kurios neleistų pakenkti nė vienam vaikui. Pavyzdžiui, mokykloje nevalia vogti, nes tai pakenks kitam žmogui, juk tu laimi jo sąskaita.
Vaikas: Negalima šiaip sau leisti vandens, nes dėl to bus blogai visiems.
Vedėjas: Kitaip tariant, netgi toks klausimas, kaip protingai naudoti vandenį, kuris, sakytum, niekaip nesusijęs, taip pat svarbus, nes reikia galvoti apie visus. Įdomu. Vadinasi, galiausiai visi principai veda būtent čia.

Matome, kad vaikai vis dėlto padarė tokią išvadą, tačiau iš tikrųjų labai nepaprasta padėti vaikams suprasti, kad dėsniai turi būti susiję su požiūriu į kitą žmogų.

Manau, kad aptarinėjant tai įmanoma. Diskutuojant artimomis vaikams temomis tai labai realu. Pasitelkus vandens pavyzdį tai atlikti sunkiau, nes tokia tema visgi pakankamai tolima vaikų pasauliui. Bet jeigu kalbame apie tai, kas artima vaikams, ir įtraukiame į pokalbį visus, ne tik pačius aktyviausius, jei užkabiname jų jausmus, sudominame juos, tai viską galima pasiekti. Tik būtinai reikėtų pasirūpinti tuo, kad būtų įdomu ir visi vaikai be išimties dalyvautų. Pavyzdžiui, diskutuojant apie gėrį ir blogį pokalbis turėtų būti toks, kad nepaliktų vaiko abejingo. Diskusija turėtų vaikui duoti dingstį atlikti analizę ir paliesti jo jausmus. Tada galime būti tikri, kad aptarimas paliks jam stiprius vidinius įspūdžius ir paveiks jo elgesį ateityje.

Kalbate apie vaikų įspūdžius, gautus žaidžiant?

Visi vaikų pojūčiai tik iš žaidimų. Visas mūsų gyvenimas – žaidimas.

ANTROJI DALIS

Iš tikrųjų vaikų įspūdžiai, gauti žaidžiant, gana riboti.
Vadinasi, turime sukurti jiems naujus modelius, animaciją.

Kitaip tariant, reikia specialiai sukurti situacijas, o vėliau jas aptarinėti.
Taip.

Ir neigiamus modelius taip pat? Manding, Jūs sakėte, jog turėtume rodyti vaikams tik teigiamus pavyzdžius.
O kas yra „neigiami modeliai"?

Tarkim, tokie pavyzdžiai, kai kas nors trukdo aplinkiniams arba išnaudoja juos. Iš šių pavyzdžių vaikai turėtų padaryti išvadas, kad toks elgesys žalingas.
Bet tokią išvadą jie turi padaryti aptarinėdami.

Tad ar galime išnaudoti neigiamus įspūdžius ar tik teigiamus? Ar galimas toks variantas: vaikas daro tai, kas neigiamai veikia aplinkinius, gauna nepageidaujamą rezultatą ir iš šios patirties mokosi, kad taip elgtis neverta?
Žinoma. Jeigu ne kolektyvo reakcija, kaip kitaip jis išmoks?

Vadinasi, galima leisti blogu poelgiu pakenkti kitiems, bet iš šios patirties vaikas išmoks ateityje taip nebesielgti?
Ne, ne tai turėjau omenyje.

Negalime leisti tikslingai kenkti. Bet ar galima leisti vaikams pradėti kokį nors žaidimą iš anksto tarpusavyje nesutarus kokių nors elgesio taisyklių? Kai kiekvienas pradės daryti tai, ko jam norisi, vaikai tiesiog ims trukdy-

ti vieni kitiems. Su šiomis kliūtimis jie susidurs anksčiau nei patirs tikrą žalą. Jie supras, kad taip jiems nieko neišeis ir kad būtina aptarti taisykles. Tai tarsi pirminis žmonių visuomenės modelis, ir vaikai galės iš jo mokytis, kaip visiems priimtinos taisyklės bei apribojimai gali pašalinti prieštaras ir sureguliuoti žmonių tarpusavio santykius.

Taip, tačiau svarbu, jog šias taisykles jie apsibrėžtų patys.

Tokiose grupėse paprastai tik dalis vaikų įsitraukia į aptarimą.

Tai dėl to, kad visiems nėra pakankamai išaiškinta, išanalizuota.

Jūs manote, kad neverta orientuotis į aktyviuosius vaikus?

Ne, dalyvauti turi visi. Žinoma, aktyvesni vaikai reaguos greičiau, bet galop visi turi suprasti, kas vyksta.

Paprastai būna lyderių, ir jie greičiau už visus padaro išvadas.

Ne, turime prieiti prie kiekvieno vaiko grupėje, ir kiekvienas priklausomai nuo savo supratimo lygmens turi sutikti su išvadomis.

Kitais žodžiais tariant, dalyvauti turi visi.

Būtinai.

Toks požiūris skiriasi nuo įprasto šiandien.

Kitaip mes niekada neištaisysime situacijos visuomenėje. Jei liks dalis vaikų, kurie nesuprato principų, tai iš jų išaugs nepaisantys įstatymų žmonės – vagys ir kitokie nusikaltėliai.

Kaip pasverti kiekvieno dalyvavimą?

Įvertinti galima tik per aptarimus ir vaikų reakcijas į viską, kas su jais vyksta. Per visus aptarimus kiekvienas vaikas turi pajausti visas tas įvairias situacijas, kurias jam siūlome. Vėliau jis turi papasakoti apie jas taip, kaip suprato, ir išklausyti kitus vaikus. Nereikia bijoti tam skirti daug laiko, nes būtent tokie aptarimai formuoja teisingus vaiko ir aplinkos ryšius, o tai svarbiausia.

Per šiuos aptarimus vaikas pajaučia, kas gerai, o kas blogai, kas jautriau, o kas ne taip jautru. Susidaro jį ir pasaulį jungiantys saitai. Tokia patirtis praturtina vaiką, daro jį komunikabilų. Išnyksta pasaulio baimė, formuojasi vaiko gebėjimai bendrauti, pasiekti tikslą. Vėliau tokie vaikai galės suprasti, kodėl išorinis pasaulis sukurtas laikantis tam tikrų dėsnių, ir galės kurti su jais savo santykį. Savo mažoje visuomenėje taip atvirai ir tikslingai neaptarinėdami įvairių dalykų, negalėsime išauginti brandaus žmogaus.

Jeigu teisingai suprantu, Jūs visgi kalbate apie giluminius procesus. Bet pačioje pradžioje turėjome omenyje išorinius dalykus. Juk bausmės ateina iš išorės ir vaikas teturi išmokti, kaip atitikti išorines sąlygas.

Aš apskritai nekalbu apie bausmes. Nesuprantu, kodėl kaskart grįžtate prie šio žodžio. Bausmę vaikas turi pajausti pats, ir tai nedelsiant turi jį teisingai nukreipti. Žinote, yra toks fotoelementais maitinamas siurblys robotas, kuris automatiškai keičia kryptį, vos atsitrenkia į baldus ar į kokį prietaisą.

Taip, bet jis pavažiuoja atbulas ir randa tinkamą kryptį...

Tai vadinama bausme: susiduria, mato, kad tai negerai, ir pakeičia kryptį. Bet jeigu vaikas nebuvo teisingai auklėtas, tai atsitrenkęs į kliūtį mėgins susidoroti su ja jėga. Juk kiekvienas toks susidūrimas – tai konfliktas su išorine aplinka, ir vaikas tai turi suprasti.

Suprasti reiškia viduje išanalizuoti?
Taip, vaikas turi tai sulyginti su tais pavyzdžiais, kurie liko jam po aptarimų grupėje (aš tikslingai nesakau klasėje, o būtent grupėje).

Tai iš tikrųjų visuomeninis auklėjimas.
Vaikas turi remtis šiais vidiniais pavyzdžiais ir supratęs sureguliuoti situaciją.

Sukurti savyje vidinių nuostatų bazę?
Taip.

Ir tada po ilgo proceso, kurį pereis kiekvienas, vaikas galės sureguliuoti save ir savo elgesį iš vidaus, o tai iš esmės skiriasi nuo šiandieninės padėties, kai nustatome išorinius apribojimus, o vaikai kaip įmanydami jiems priešinasi.
Per pokalbius turime išmokyti vaiką vidinio dialogo su pačiu savimi.
Apie tai ne kartą kalbėjomės – apie refleksiją, savęs stebėjimą iš šalies, analizę. Tai itin nepaprasta.

Šią temą dar pratęsime. Kalbėjomės, kad nėra bausmių, tik dėsniai, veikiantys pasaulyje ir vaiko bendravimo aplinkoje, ir šiuos dėsnius būtina suprasti. Natūrali reakciją į šiuos dėsnius gali sukelti tiek neigiamus, tiek teigiamus pojūčius. Ir iš to vaikas mokosi. Mokymasis turi būti grindžiamas vaiko pojūčiais ir įspūdžiais.

Bausmės II

Toliau gilinsimės į tokias auklėjimo sampratas kaip ribų nustatymas, bausmė ir savianalizė, taip pat aptarsime, kaip teisingai bendrauti su vaiku. Jūs jau pateikėte savo požiūrį į apribojimus. Šnekėjomės apie išorinius apribojimus ir Jūsų žodžiuose, jei teisingai supratau, slypėjo kita žinia – vaikas turi mokėti riboti save iš vidaus.

Bet mes juk norime, kad vaikas užaugtų?

Trokštame, jog jis augtų teisingai, kad būtų laimingas ir linksmas.

Augti teisingai, būti laimingam ir linksmam reiškia, kad jis mokės pats save apriboti.

Todėl sakote, kad jis turi mokėti tai daryti?

To jį reikia mokyti nuo vaikystės, kitaip – koks gi tai auklėjimas?

Šiandien vartojamas terminas „savireguliacija".

Mes turime išmokyti vaiką teisingai elgtis su visuomene. Jis turi žinoti, kaip apibrėžti savo vietą sociume ir kaip išlaikyti pusiausvyrą su aplinka. Tada bet kokioje aplinkoje, kad ir kur būtų, vaikas sugebės taip pritapti, kad tai bus naudinga ir jam, ir aplinkiniams.

Jis mokės save nukreipti?

Taip. Ar prie to dirbame auklėdami? Ar tai yra mūsų kasdienis tikslas per visą vaiko auklėjimo laikotarpį?

Kitaip tariant, auklėtojų ir tėvų keliamas auklėjimo tikslas turėtų būti – išmokyti vaiką nukreipti save auklėjamojoje arba bet kurioje kitoje aplinkoje?

Vaikas turi išmanyti, kaip teisingai elgtis kiekvienoje bendruomenėje, kaip užmegzti su ja ryšį, tarpusavyje komunikuoti ir jaustis patogiai. Jam turi būti aišku, ko būtent visuomenė iš jo reikalauja ir ką jis gali gauti iš jos. Išlaikyti pusiausvyrą su aplinka – pati geriausia būsena.

Įprastinio auklėjimo sistemoje tai vadinama vertybių nustatymu. Šiai temai skiriama viena pamoka per savaitę, o visą kitą laiką vaikas turi tvarkytis, kaip pats išmano, viso to neaptarinėdamas. Tik jeigu jis elgiasi blogai ir visi ant jo pyksta, tada su juo šnekamasi, aptariama. Ar galima užbėgti už akių ir išvengti neteisingo elgesio?

Tokiu atveju vaikai apskritai nesupranta, ko iš jų norima. Žmogus – visuomeninė būtybė, visuomenės kūrinys: dabar būtybė, o vėliau galbūt bus kūrinys, nes formuoja save.

Gal paaiškintumėte skirtumą?

Skirtumas tas, ar kreipiame vaiką taip, kad jis taptų teisinga aplinkos dalimi? Kalbame apie aplinką kaip apie organizmą, sudarytą iš tarpusavyje susijusių ląstelių, kurių kiekviena harmoningai sąveikauja su visomis kitomis. Matome, kaip mūsų dienomis tai atsiskleidžia vis aiškiau: žmonija tampa globali ir integrali. Žinoma, tokioje visuomenėje svarbiausia – susitarimas, abipusės nuolaidos ir ryšys. Ar mes mokome to mūsų vaikus? Juk kitaip žmonės negalės egzistuoti! Mes jau suprantame, kad negalime parūpinti vaikui profesijos visam gyvenimui, mat šios be perstojo keičiasi.

ANTROJI DALIS

Visiškai teisingai.

Bet jeigu vaikas gaus teisingus pagrindus, kaip palaikyti ryšius su visuomene, kaip elgtis joje, jei ras savo tikrąją vietą, tai šitai ir bus didžiulė jo gyvenimo sėkmė.

Sėkmė nebus įgyjama naudojantis kitais – integralioje visuomenėje tai neįmanoma. Jeigu žmogus ras save, tai, palaikydamas teisingus ryšius su artimu, jis įgis bet kokią specialybę, juolab kad šiais laikais žmonės keletą kartų gyvenime keičia užsiėmimo pobūdį.

Vadinasi, auklėjimo sistemoje tiesiog reikia sukeisti vietomis svarbiausius dalykus su antraeiliais?

Būtent auklėtojai kažkada nusprendė iš vieno vaiko išauginti batsiuvį, iš kito siuvėją, iš trečio dažytoją, visiškai nesirūpindami, kaip šie įsitvirtins gyvenime.

Viso kito siek pats!

Kaip tik taip – gyvenimas tave išmokys! Ir turime susikrimtusius, prislėgtus, kenčiančius nuo depresijos žmones. Dalis jų tampa nusikaltėliais, kiti apskritai nenori išeiti iš namų, nes nežino, kaip sutvarkytas pasaulis ir kas jame vyksta. Visuomenėje galioja tokios taisyklės, kad kiekvienas jaučia spaudimą ir mėgina jėga išgauti naudos iš kitų. Niekas nė negalvoja, kad visuomenė turi būti vieninga ir darniai funkcionuoti. Visa tai žmonėms suteikto auklėjimo rezultatas. Todėl nėra ko piktintis ir reikšti pretenzijų, kai tiesiog uždaromas oro uostas ar valstybinė įstaiga. Aš į tai žiūriu kaip į vaikystėje gauto auklėjimo rezultatą.

Vadinasi, jeigu išmokome vaikus galvoti tik apie save ir būti pirmūnais, tai jiems nėra sudėtinga skaudinti kitus. Drauge griauname visuomenę ir tas procesas tik stiprėja? O mintis apie tai, kaip nusileisti kitiems, kaip skaitytis su jais, lieka už auklėjimo ribų.

Žmonės nuo vaikystės nesimokė kalbėtis vieni su kitais – o juk daugiau ir nereikia! Pirmiausia suburkite vaikus į grupę ir išmokykite juos kalbėtis tarpusavyje, suprasti, stengtis susitarti, kad pasiektume lygybę. O paskui nuvažiuokite į ekskursiją Seime!

Jie bus sukrėsti!

Tai bus jiems gera gyvenimo pamoka.

Kas būna, kai nesiklausome vieni kitų?

Taip. Vaikai turi pasiruošti kitokiam gyvenimui.

Vadinasi, galima auklėti juos ne tik asmeniniais išgyvenimais, bet ir neigiamu pavyzdžiu iš šalies, tarkim, diskusijomis Seime?

Taip. Per televiziją nuolatos rodomi tokie skirtingų sričių pavyzdžiai.

O ką daryti, jei grupėje yra vaikas, kuris blaško ir trukdo aptarinėti?

Negali būti, kad grupė negalėtų jo sudrausminti.

O ką gi grupė gali padaryti?

Viską!

Gali pašalinti jį iš aptarimo, kad paliūdėtų koridoriuje ir panorėtų sugrįžti?

Ne, to nelaikome bausme.

Norime, kad jis pasiliktų su mumis?
Taisomasi grupėje, nes nutolindami neduodame vaikui galimybės pasikeisti. Be to, taip nieko nepasiekiame.

Bet kartais nutinka taip, kad visa grupė įsitraukia į aptarimą, o vienas pradeda trukdyti ir akimirksniu viską sugriauna.
Tada padarykite pertrauką ir pašnekėkite su kitais vaikais. Kai visi grįš ir įeis visiems trukdęs vaikas, elkitės su juo paniekinamai: „Tik pažiūrėkit, kas atėjo?!" Juk žinote, kaip stipriai tai veikia vaikus.

Tai labai sunku. Bet ar nepavojinga taip elgtis su vaiku? Ar nepraras jis pasitikėjimo savimi? Ar tai jo neįskaudins, nesulaužys?
Tai jį sulaužys – puiku! Jeigu panieka kyla ne iš suaugusiųjų, o iš grupės, vaikas tą prisimins visą gyvenimą. Tai ne bausmė, o atsakomoji grupės reakcija, kurią jis pats sukelia. Viskas turi vykti kaip su tuo anksčiau mūsų aptartu siurbliu, kuris atsitrenkęs į sieną apsigręžia.

Bet vaikui reikia tai parodyti!
Jeigu jis to nepajaus, tai niekada nepasikeis. O jeigu jį tiesiog išvarysi, nesuprasdamas priežasties jis tiesiog išeis ir patenkintas vaikštinės. Dar gaus cigaretę kieme ir drauge su kitais „atstumtaisiais" patrauks į kiną!

Taip, ten formuojasi itin pavojinga kompanija.
Todėl nereikia šalinti! Šiek tiek paniekos iš grupės tikrai pakaks.

ŠIUOLAIKINIAI VAIKAI

Ir visgi nutinka taip, kad vaikas nekontroliuoja savo prigimties. Toks pavyzdys kilo šnekantis su vaikais.

Kalbu tik apie vieną iš galimybių. Vis dėlto tik aplinka savo pritarimu ar pasmerkimu gali pakeisti žmogų.

Aplinka – tai ne tik suaugusieji, bet ir vaikai.

Tik vaikai! Ir vaikas turi jausti, kad grupė jį pašalina: ne fiziškai, o savo nenoru taikstytis su tokiu elgesiu.

Pažiūrėkime kitą filmuotą epizodą. Su vaikais kalbėjomės, kad, netgi visiems sutikus laikytis elgesio taisyklių ir netrukdyti grupei, vis tiek nutinka taip, kad kuris nors ima trukdyti. Kokia to priežastis? Kodėl taip vyksta? Štai jų nuomonė:

> **Vedėjas:** Mes turime elgesio taisykles, bet ne visada jų laikomės. Galbūt nenorime pyktis, bet kartais pratrūkstame. Kodėl?
> **Pirmas vaikas:** Mūsų nesieja geri santykiai, nes tokia mūsų prigimtis.
> **Vedėjas:** Ką nori pasakyti?
> **Pirmas vaikas:** Mes egoistai, visko norime tik sau ir mums visai nerūpi kiti žmonės. Mes pasirengę kam nors suduoti ar pasišaipyti iš ko nors. Jeigu mūsų prigimtis būtų kitokia, o mes nenorėtume visko tik dėl savęs, tai mums nereikėtų nei taisyklių, nei įstatų – visi rūpintųsi vieni kitais ir būtų lygūs. Niekas nenorėtų būti stipresnis ir viršesnis už kitus.
> **Vedėjas:** Ar kam nors yra taip buvę, kad egoizmas staiga prasiveržė?

Antras vaikas: Neseniai susimušiau su klasės draugu. Jaučiau, kad mane užvaldo pyktis, bet negalėjau sustoti. Tu tarsi sėdi lėktuve, jis ima kristi, dūžta ir tu nieko negali padaryti – neturi sparnų, neturi už ko laikytis, krenti žemyn ir nieko neturi.

Koks vaizdingas apibūdinimas! Vaikas sako: „Nebegaliu valdyti, matau tai, jaučiu tai, bet negaliu sustabdyti!" Kaip dažnai suaugusieji patiria tokias būsenas!
Bet vaikas tai įsisąmonina!

Nuostabu! Jis gali stebėti save!
Taip, ir tai auklėjimo pasekmė. Su šiais vaikais dirbama visai nedaug, ir jau matyti rezultatas. Ką gi galime padaryti? Kaip sustoti? Ar apskritai įmanoma sustoti įsikarščiavus? Sakykime taip: net jeigu vaikas nesustos – nebaisu. Jis pažins tą būseną keletą kartų, juk teisingas požiūris jau yra. Ir jeigu dabar „krentant lėktuvui" jis patirs smūgį, tai šitai bus pamoka, kaip teisingai elgtis, kad nepriartėtum prie tokios būsenos, kai skrendant „netenkama stabdžių".

Klausimas, koks tai bus smūgis? Jis susipešė su draugais, ir dabar mokykloje pradedama aiškintis, kas pradėjo, kas kaltas?
Ne, ne! Juk jau sakėme, kad juos atves į draugų teismą, kuris yra visiškai kitoks.

Tai pretekstas aptarimui?
Žinoma. Kiekvienas įvykis, peržengiantis įprastus rėmus (mes ieškome tokių įvykių), iš karto būna nagrinėjamas teisme.

Iš esmės tai daugiau aiškinimasis, analizė?

Be abejonės. Šiandien tai nutiko su vienu, o rytoj gali nutikti su kitu.

Sąvoka „teismas" susijusi su bausme, ir to mažiausiai norėtųsi.

Mes neteisiame žmogaus! Teisiame reiškinį – žmogaus prigimtį. Neklausiame vaikų: „Kas kam sudavė?", nėra dviejų konkrečių vaikų, yra žmogus, kuris sudavė kitam, nes jo prigimtis egoistinė. Ką gi darome, kad ją suvaldytume? Šiandien jis susipešė su draugais, o rytoj gali suduoti mokytojui, juk ne veltui sakoma, kad žmogus neturėtų kliautis savimi iki pat savo dienų pabaigos.

Su vaikais reikia kalbėti visiškai atvirai, juolab kad kivirčų galime pamatyti visur – namie, gatvėje. Todėl reikėtų aptarti tokias situacijas ir nė vienos nepraleisti.

Teisiame žmogaus prigimtį?

Taip. Ir ieškome būdų ją pažaboti.

Ją įmanoma pažaboti?

Įmanoma, bet ne jėga, ne pančiais ir ne kalėjimu. Galima apriboti save padedant aplinkai, bet tas apribojimas neuždaro manęs viduje kaip ritalinas, o leidžia naujai vystytis. Tu į grupę ateini ne idealus ir tikriausiai turi dyglius it kokia dygliakiaulė. Juos numesti labai skausminga: reikia laikyti save rankose, nerėkti ir nesimušti. Bet galima veikti kitaip: padedant auklėjimui gauti galimybę išeiti iš savo egoistinės prigimties kur kas lasviau – ne ją ribojant, o paverčiant davimu kitiems. Tada jautiesi laisvas.

Bet kaip tai atlikti?

Tai ir yra visa įdomybė. Jeigu pradėsime spausti vaikus, tai jie virs nuolat turinčiais save prižiūrėti ligoniais.

Susilaikymas vienoje vietoje būtinai prasiverš kitoje.

Galiausiai jie bus stipriai traumuoti, nes be paliovos save prievartaus ir engs. Tai sukels apgailėtinus padarinius: ligas, nematomus protrūkius, neadekvatų elgesį, seksualines anomalijas, žiaurumą.

Suprantama, kad engimas blogai.

Prigimtis visada išsiverš lauk, be to, pačiomis baisiausiomis formomis. Todėl šiukštu engti žmogų. Reikia padėti jam su grupe užmegzti tokį ryšį, kuris teisingai sąveikaujant leidžia išnaudoti blogąsias savybes gerais tikslais. Ir tada jis ištiesia savo dyglius it kokius dantratuko dantukus, jie sukimba ir užmezga ryšį su kitais vaikais.

Lygiai taip pat elgiasi ir dygliakiaulės: kai šalta, jos net ir turėdamos dyglius prisispaudžia viena prie kitos, kad išsaugotų šilumą.

Bet jei aš būčiau vaikas, man vis tiek nebūtų aišku, kodėl reikia susivienyti su kitais?

Vaikui nereikia to suprasti. Jis tiesiog gauna tai atlikdamas pratimus. Per keletą metų jam skiriama daugybė pratimų, ir dėl to susiformuoja jo antroji prigimtis. Žinoma, jam neaiškinama teoriškai ir nepateikiama moralinių draudimų.

Šiuolaikinis auklėjimas kaip tik ir ieško būdų, kaip išorinius apribojimus perkelti į vidinius. Neįmanoma nuolatos veikti vaiko tik iš išorės. Jis, kaip Jūs sakote, pats turi pereiti visas būsenas ir viską išgyventi.

ŠIUOLAIKINIAI VAIKAI

Žmogus nieko neturi savyje sulaikyti. Jis turi viską išreikšti išoriškai ir taip susijungti su kitais. Būtent toks mūsų minėto aptarimo tikslas – nuolatos dalytis išgyvenimais, stengtis juos išreikšti, o ne slėpti, nes tai vis tiek pratrūks. Čia apibendrinama keletas principų: vaikai turi išreikšti save, ir ne tik žodžiais, jie turi veikti ir nuolatos aptarinėti savo elgesį – dabartinį ir norimą.

Kitaip tariant, tai ne momentinis veiksmas, o laiko reikalaujantis procesas.
Bet vaikai jį pereina gana greitai. Stebėtina, kaip sparčiai jie viską pepranta ir kaip keičiasi.

O kodėl jie turėtų slėpti dyglius?
Dygliai neslepiami, o paverčiami priešingybe – ryšiu su kitais.

Bet kai įsikarščiavęs noriu apkulti skriaudiką, nejaučiu, kad trokštu su juo susivienyti. Aš noriu išgrūsti jį kuo toliau nuo savęs!
Ką gi, pratrūk pykčiu visų akivaizdoje, bet įsisąmonink, kad taip elgiesi veikiamas savo prigimties. Kaip matytame epizode sakė vienas vaikas – jis nebevaldo savęs ir žino, kad dabar pradės viską griauti. Ir taip darydamas rėk: „Gelbėkite!", o tada atsiduok įniršiui.

O kaip gelbėti tokiu atveju? Ar tai įmanoma padaryti įvykių įkarštyje?
Jeigu vaikai supranta vienas kitą, puiku: kiekvienas mokosi iš kito pavyzdžio.

Sakykim, jaučiu, kad nirštu, bet negaliu sustoti...
Tas jausmas akimirksniu užges – tik pradėk rėkti ir pamatysi!

O kaip tai susiję su davimu? Kaip šį blogį paversti priešybe?
    Duodami pačiu geriausiu būdu galime atskleisti blogį, o pastarasis – tai pagalba, nukreipta prieš save patį. Buvo „prieš" ir staiga tampa pagalba. Juk mes neturime gerų norų / savybių, tik egoistines. Jas galime paversti gėriu, ir tada mums gimsta noras duoti. Nesame geros prigimties ir negalime gerai elgtis. Geri mes negimstame, gėris kuriamas ant visiškos priešybės pagrindo. Kaip kad sakė vienas iš vaikų: „Mūsų prigimtis egoistiška." Viskas labai paprasta.

Kalbėdamas jis keletą kartų pabrėžė, kad su savo prigimtimi nieko negali padaryti.
    Bet jis bent jau įsisąmonino blogį – o tai nemenkas pasiekimas.

Kitame filmuotame fragmente puikiai atsiskleidžia, kaip bausmės samprata yra įsišaknijusi mumyse. Vieni gali stebėti save, o kai kurie jaučia tik savo prigimtį. Todėl nemato kitos išeities, tik bausmę.

    Vedėjas: Kokią žinote pačią stipriausią ir galingiausią priemonę, kurios padedami galime pažaboti savo ego proveržius.
    Pirmas vaikas: Pirmiausia mintis apie tai, kas vyksta su kitu. Jeigu aš darau ką nors blogo draugui, tai bandau įsivaizduoti save jo vietoje, o jeigu jis man daro ką blogo, tai jaučiu, kas su juo vyksta, atsiduriu jo padėtyje.
    Vedėjas: Kitaip tariant, įsivaizduoji esąs draugo būsenos. O kaip nugalėti ego?
    Antras vaikas: Man atrodo, kaip mes jau ir kalbėjome, vienintelė išeitis – bausti. Nėra kito sprendimo. Jeigu man sako:

„Kitąsyk taip nesielk" – man tai bausmė. Juk bet koks apribojimas yra bausmė.

Vedėjas: Kita vertus, matome, kad bausmės tik dar labiau išbudina ego.

Pirmas vaikas: Man atrodo, kad reikia bausti atsižvelgiant į aplinkybes – kad nepakenktume žmogui ir nepriverstume jo kentėti, bet taip, kad jis kitąsyk prisimintų.

Iš tikrųjų sunkus klausimas – ką su tuo daryti? Vaikams duota egoistinė prigimtis ir juos moko stebėti savo veiksmus. Ir ką gi jie mato? Kad visi nuolatos trokšta visko tik dėl savęs ir kad niekas negalvoja apie kitus.

Ir ką Jūs pasakytumėte, jeigu visi vaikai pasaulyje pasiektų tokį suvokimo lygmenį?

O, mes stipriai pažengtume pirmyn!

Juk nuo tos akimirkos, kai vaikas sako, kad jis neturi priešnuodžių savo prigimčiai ir todėl jam reikalinga bausmė (!), iki to, kai jis išmoksta teisingai, sąmoningai riboti save aplinkos atžvilgiu, visai netoli. Jis pradeda pats save auklėti analizuodamas labai aukštame lygmenyje.

Įdomu, kad diskutuodami visi vaikai sutiko su tuo, jog egoizmas sukuria jiems problemą, kurią reikia išspręsti. Bet kiekvienas nori su tuo susidoroti pats: pateikti asmeninį pavyzdį arba rasti kokį nors kitą būdą.

Juk vaikas nori pajausti, kad susidoroja pats!

Teisingai. Jūs norite sprendimo?

Žinoma.

Būtina juos išmokyti, kaip auklėti save pasitelkus aplinką. Kiekvienas turi kreiptis į draugus prašydamas: „Draugai! Jūs turite sustabdyti mane, sureaguoti ir veikti, jeigu aš, tarkim, pradėsiu muštynes."

Tiesiog paprašyti?

Taip. Ir tada kitąkart, kai užsimosiu, mane iškart sugriebs už rankos, sustabdys ir primins, juk pats aš apie tai pamirštu.

Ir šią išvadą vaikas turi padaryti pats?

Žinoma pats! Ir dar reikia paprašyti grupės, kad tai primintų!

Bet pirmiausia jis turėtų nusivilti savimi?

Žinoma. Jis jau dabar kalba, kad jam reikia bausmės, kitaip jis savęs nevaldys! Antraip jis tiesiog sudūžta it besirėžiantis žemėn lėktuvas. Kitais žodžiais, jau yra vaikų, kurie supranta savo būsenas. Dabar reikalingas kitas etapas – valios laisvė: aš pasirenku aplinką, kuri savo santykiu su manimi apdovanos arba nubaus mane.

Nekaltindama ir nepykdama ant manęs?

Žinoma, juk visi tokie patys – juk jie tai sako apie save! Ir kiekvienam aišku, kad jų prigimtis egoistinė, bloga.

Ir nesvarbu, kas iš prigimties blogesnis?

Ne.

Kitaip tariant, svarbiausia žinia ta, kad blogis glūdi kiekviename?
Taip. Ir todėl mes, būdami blogi, turime organizuoti sau aplinką, kuri mus prižiūrės. Mes tarsi kuriame aukštesnį lygmenį, kuris mus saugos, – visi saugo kiekvieną. Tada tobulėsime eidami geruoju keliu.

Užuot grūmęsis su išoriniais apribojimais, vaikas pradės suprasti, kad apribojimai jam reikalingi, ir pats juos nusistatys?
Kiekvienas panorės, kad aplinka jį veiktų ir auklėtų.

Skamba nepaprastai patraukliai!
O auklėtojas neturės kito darbo, tik veikti per aplinką, kad padėtų suprasti, kokia turi būti grupė, kokie dėsniai joje veikia. Šiuos dėsnius imame iš gamtos – jų neišgalvoja nei auklėtojas, nei Švietimo ministerija.

Prie temos, kaip sukurti vaikams teisingą aplinką, kuri juos auklėtų, mes ir sustosime. Tikiuosi, kad visi gavo užtektinai peno apmąstymams.

ANTROJI DALIS

Feisbukas

Ankstesniuose pokalbiuose daug kalbėjome apie tai, kad būtina formuoti paauglių individualumą. Viena iš užduočių, kurią turi atlikti paauglys, – suprasti, kas jis toks, išbandyti save ir rasti sau vietą po saule. Bet šiandien matome tokį paauglių polinkį į abejingumą, kuris perauga į tikrą narcisizmą: aš, aš ir dar kartą aš. Internete buvo paskelbti labai įdomūs tyrimai, kuriuose dalyvavo 14 000 amerikiečių studentų. Tyrimai parodė, kad gebėjimas užjausti per paskutiniuosius 30 metų nepaliaujamai menksta. Žmogus vis labiau pasinėręs į save. Kaipgi prieiti prie šiuolaikinių paauglių? Kokie jų poreikiai? Kokio auklėjimo jiems reikia?

Mes stovime tarp istorinių pakopų išgyvendami ypatingą tarpinę būseną. Per milijonus metų gamta evoliucionavo nuo negyvosios materijos iki augalijos, gyvūnijos ir „žmogaus" pakopos. Žmogaus vystymasis Žemėje, besitęsiantis šimtus tūkstančių metų, yra egoistinis ir vienakryptis: egoizmas auga ir nuolatos stumia mus pirmyn. Jeigu jaučiu, kad man verta būti susijusiam su aplinka ir veikti kaip žmonių visuomenės daliai, aš taip ir darau. Jausdami šį poreikį kuriame kasdienį, bendrą žmonių gyvenimą: tai įvairios organizacijos, garantuojančios pensijas, draudimą, sveikatos apsaugą, visokiausios įmonės, sąjungos, klubai. Bet galiausiai mūsų egoizmas taip išaugo, kad jau nebegalime veikti neišeidami iš panašių organizacijų rėmų. Jei galiu išpešti iš jų sau naudos, tai dalyvauju, o jeigu ne, jos man nereikalingos.

Šio proceso šalutinis poveikis – mano abejingumas kitam žmogui?

Taip, kitas žmogus man nesvarbus. Bet reikia suprasti, kad gamtoje nėra atsitiktinumų, niekas nevyksta, jeigu tai nebūtina. Todėl šiandien, jausdami abejingumą kitam žmogui, susimąstome: o kaip tai atsispindi manyje? Kur tai veda? Taip įsisąmoninu blogį: jeigu man nerūpi kitas asmuo, tai visuomenė subyrės. Žmonės tolsta vieni nuo kitų, anksčiau sukurtos organizacijos ir užmegzti ryšiai daugiau nebeveikia. Mes nebenorime būti viena visuomene, viena šalimi, nebenorime priklausyti vienai tautai, valstybei. Žmogus trankosi po pasaulį ir renkasi patogesnę vietą. Tik pažiūrėkite, kokia migracija pasaulyje! Žmonės nebesijaučia kam nors priklausą. Bet kuriame pasaulio taške šnekama kone ta pačia kalba, valgomas tas pats maistas, daugmaž vienoda buitis, švietimas, kultūra. Visa tai vienodai lengvai pasiekiama, ir kai tenka keliauti po pasaulį, nesijauti atitrūkęs.

Pabuvę užsienyje žmonės parsiveža naujų daiktų, naują slengą ir iš to gauna milžinišką malonumą. Tai, kas svetima, jiems brangiau už tai, kas sava. Gyvendami svetur, jie susirašinėja su bendraklasiais...

Kad ir kur būčiau – užsienyje ar namie, jaučiuosi vienodai susijęs su savo draugais ir šeima. Vadinasi, mums kylantis jausmas, kad esame vienas nuo kito atitrūkę, ir menkas fizinio kontakto poreikis yra technologinio progreso, apimančio visą pasaulį, padarinys. Bet šis reiškinys ateina drauge su įvairiapuse krize. Mes pradedame suprasti, kad galimybė užsisklęsti savo „kiaute" ir bendradarbiauti su pasauliu per internetą itin patraukli: man nieko nereikia šalia, su kuo nors susirašinėjant man nesvarbu, tas žmogus arti ar toli. Bet tai tik viena medalio pusė. Jeigu tik atsiribojimas, kurio taip trokštame, leistų mums jaustis laimingiems, tai ir toliau eitume šia kryptimi. Tačiau gamta siunčia smūgius iš kitos pusės sakydama: jūsų būsena, kai nepalaikote ryšių, bus labai pavojinga. Žmonija neįstengs apsirūpinti būtiniausiais dalykais. Neapykanta, susvetimėjimas, visuotinė krizė, apimanti ekologiją ir klimatą, pasieks tokį mastą, kad žmonių gyvenimui ateis galas. Taigi, viena vertus, mūsų egoizmas ir technologijų vystymasis leidžia kiekvienam egzistuoti autonomiškai, jaučiantis patogiai neturint ryšių su kitais žmonėmis, kita vertus, gamta su tuo nesitaiksto. Todėl išgyvename pereinamąją būseną tarp dviejų pakopų: baigiame vystytis ankstesniajame etape ir turime pakilti į naują lygmenį.

Kai sakote „mes", turite omenyje visą žmoniją?
Žinoma.

Kitaip tariant, perėjimas, apie kurį kalbate, tai tam tikras žmonijos brendimas?
Taip. Ir būtent šiandienos paaugliai įgyvendina šį pakilimą.

Nepaisant to, kad šiandien jie visiškai neigia visus visuomeninius institutus ir nenori ten dalyvauti?
Kančios ir smūgiai privers juos ieškoti ryšio.

Kokios kančios – vidinės ar išorinės?
Ir vienos, ir kitos.

Jūs užsiminėte apie socialinius tinklus ir kad jie skatina žmones juose dalyvauti. Šiomis dienomis yra atlikta nemažai tyrimų. Pavyzdžiui, sakoma, kad kuo dažniau žmogus atnaujina savo profilį socialiniuose tinkluose, tuo labiau yra linkęs į savimeilę: nustatytas tikslus ryšys tarp žmogaus įsitraukimo į tinklą ir jo egoizmo dydžio. Vadinasi, viena vertus, socialinis tinklas jungia žmones...

„Neva" jungia.

O kita vertus, nukreipia žmogų nuo savęs, skatina savimeilę. Štai fragmentas iš paauglių pokalbio apie feisbuką.

> **Vedėjas:** Apie feisbuką kalbate kaip apie kažką paviršutiniško – susipažįstu su mergina, nes jos graži fotografija, arba atnaujinu savo statusą parašydamas „išėjau iš namų". Tai ir yra feisbukas, ar yra ir kitų būdų išnaudoti jo galimybes?
> **Pirmas paauglys:** Feisbukas labai patogus. Visada galiu žinoti, kas vyksta. Tarkim, draugai rengiasi eiti į parką ir aš per feisbuką sužinau visas smulkmenas – kur, kada...
> **Antras paauglys:** Pasiektas netgi toks laipsnis – draugai grįžta iš vakarėlio, visiems sunkios pagirios ir jie rašo, kaip kuriam skauda galvą. Jie gyvena feisbuke ir negali be jo. Ten žmonės afišuoja savo gyvenimą: noriu valgyti, noriu gerti, išėjau, grįžau, einu miegoti...
> **Vedėjas:** Matome, kad feisbuke linkstama publikuoti savo fotografijas, savo gyvenimą, šeimą, rodyti, kas kuo užsiima kiekvieną akimirką. Kiekvienas gali užsukti ir išvysti mano gyvenimą kaip ant delno. Kodėl mums taip reikia, kad kiti žmonės būtų mūsų gyvenimo įvykių liudininkai? Tai kažkuo primena žvilgčiojimą pro rakto skylutę...
> **Trečias paauglys:** Mano draugė pašalino savo puslapį iš feisbuko, nes pastebėjo, kad be perstojo keičia savo statusą

ir kiauras dienas laukia reakcijos „patinka". Jei niekas nepaspaudė mygtuko „patinka", tai ji jausdavo nepasitenkinimą savimi, o jeigu atsiliepimų buvo daug, jai pagerėdavo. Manau, dėl to ir publikuojame savo fotografijas, afišuojame savo gyvenimą: mes norime kitų žmonių reakcijos. Pagal ją nusprendžiame, ar esame ko nors verti kitų akyse.
Vedėjas: Kitais žodžiais tariant, feisbukas suteikia man mano būties pojūtį.
Pirmas paauglys: Man atrodo, kad iš feisbuko galima suprasti, ką mums diktuoja visuomenė. Niekada neįkelsi ten fotografijų, kur atrodai nekaip, niekada neparašysi apie save nieko blogo. Tokių pastangų rezultatas – feisbuke susikuri visiškai netikrą save. Ir visa tai todėl, kad mums pasakė, jog feisbuke visi turi atrodyti geriausios formos.

Tai ištrauka iš pokalbio su paaugliais. Buvo nepaprastai įdomu, nes tie paaugliai ypatingi: jie geba pažvelgti į save ir į savo poelgius iš šalies. Tuo pat metu jie visi (išskyrus vos vieną kitą) turi profilius feisbuke, gyvena pagal jo taisykles ir jaučia jo poreikį.
　Tai tam tikras bendras dienoraštis?

Taip. Žmogus nori, kad visi žinotų, kas su juo vyksta. Iš esmės jis „praneša" apie save publikuodamas fotografijas ir susirašinėdamas. Bet šis „dienoraštis" niekuo neįpareigoja: gali rašyti, ką tik nori.
　Kiekvienas gali pasisakyti, ką nori, ir visi tai mato?

Taip. Iš esmės žmonės naudojasi feisbuku, kad pakeltų savivertę: jeigu mane palaiko, jei prie manęs prisijungia, vadinasi, viskas puiku. Bet tokia tendencija skatina kraštutinumus. Buvo atvejų, kai paaugliai nusižudė, nes niekas jų profilyje feisbuke nepaspaudė „patinka".

Jie gyvena remdamiesi savo svarba feisbuke?

Kaip tik taip. Kyla klausimas, kaip priartėti prie šiuolaikinių paauglių, kurie štai taip gyvena? Kaip juos pakeisti, kaip įskiepyti jiems vertybes? Nuo ko pradėti?

Pirmiausia, neįmanoma pradėti nuo kelio vidurio: staiga prieiti prie trylikamečių ar keturiolikmečių ir pradėti su jais kalbėtis. Nuo kokio amžiaus vaikas laikomas paaugliu?

Nuo 12–13 metų.

Jei įdomi mano nuomonė, tai 12–13 metų žmogus jau suaugęs, jis jau nebe paauglys.

Jau vėlu?

Paaugliu jis tampa nuo 9 iki 12–13 metų.

Ką norite pasakyti?

Turiu omenyje, kad iki 12–13 metų vaiką dar galima kažkiek pakeisti, o vėliau iš esmės neįmanoma. Be to, ką duodame mainais? Turime sukurti sistemą, kuri atlieptų paauglių reikmes, bet būtų grįsta kitokiomis vertybėmis.

Sistema turi būti nauja ar galima išnaudoti tą, kuri egzistuoja dabar?

Galima išnaudoti tai, kas yra, nesu su ja susipažinęs.

Paaugliai į ją įsitraukę.

Tikriausiai galima prisijungti ir gudriai, su protu pakeisti ją taip, kad paaugliai to net nepastebėtų ir neatitoltų nuo suaugusiųjų. Reikia veikti palaipsniui, per žmones, įžymybes, populiarias tarp jaunimo. Jie turėtų imtis auklėjamojo vaidmens, tiesiog „išgelbėti sielas". Tegu jie bendrauja su vaikais, susirašinėja, aiškina, dalyvauja jų forumuose. Ir tada paaiškės, kad jų vertybės didesnės nei paauglių. Taip bus galima „pakelti" šiuos vaikus, užimti kuo nors kitu, organizuoti būrelius pagal skirtingus pomėgius. Feisbukas taip dalijamas ar ten viskas krūvoj?

Viskas sumaišyta.

Kitaip tariant, be jokios prasmės?

Kiekvienas turi savo asmeninį profilį. Jei kas nors nori su manimi susidraugauti, aš patvirtinu draugystę ir mes galime susirašinėti, žiūrėti vienas kito nuotraukas.

Ar tai padeda užmegzti ir fizinį kontaktą?

Paprastai ne.

Dažniausiai tai pakeičia tiesioginį bendravimą. Tiek, kad vaikinas ir mergina gali išsiskirti tiesiog parašę pranešimą. Mums šnekantis vienas paauglys pasakė: užuot skambinęs ir visą valandą švaistęs pokalbiui telefonu, galiu tiesiog parašyti, kad ji man atsibodo ir tiek.

Ir taip elgiantis jaustis saugiam?

Taip. Tačiau ši procedūra skausminga. Dauguma tėvų stebisi, kur pradingo vaikų šiluma, nuoširdumas, vidinis ryšys. Rezultatai kaip tik priešingi.

ŠIUOLAIKINIAI VAIKAI

Nors vargu ar kas feisbuke ieško šiltų ir nuoširdžių santykių. Ten bendravimas išorinis ir paviršutiniškas, nors paaugliai su manimi nesutiks.
  Jiems to pakanka.

Čia ir bėda, nes viskas nukreipta į išorę. Nuotrauka turi būti tik graži, žodžiai – tik malonūs. O jei noriu pasakyti ką nors nemalonaus, feisbukas gerokai palengvina mano užduotį – viskas vyksta tarsi išorėje. Kita vertus, visiškai laisvai liejasi patys šilčiausi žodžiai.
  Sakykim, toks bendravimas šiandieniniams paaugliams yra tikrovė, tačiau kokiais elementais galėtume papildyti pokalbius su jaunimu, kad būtų galima pasakyti: „Bičiuliai, padarykime ką nors kito"?
  Susiduriame su itin teigiamu reiškiniu, net, sakyčiau, ypatingu. Smagu girdėti, kad feisbukas toks populiarus.

Pagal žmonių skaičių feisbukas užima antrąją vietą po Kinijos.
  Pasaulis pasaulyje.
  Tai reiškia, kad tarp žmonių egzistuoja ryšys – dirbtinis, blogas, be jokios kritikos, bet visgi ryšys. Ir vadovaudamiesi savo prigimtimi – besivystančiu egoizmu, tie jaunuoliai jaučia, jog tai teisinga žmonių susijungimo forma mūsų laikais. Jie nenori susipažinti asmeniškai: namie, darbe turiu savo „narvelį" ir taip gyvenu. Perku produktus prekybos centre ir grįžtu namo. Turiu šaldytuvą, kondicionierių, skalbimo mašiną – viską, ko reikia. Parduotuvėje pirktas maistas beveik paruoštas valgyti – man viskas gerai. O jeigu mano prigimtis reikalauja bendrauti su kitais žmonėmis, tai šį poreikį patenkinu feisbuke.

Tai „greito vartojimo ryšys"?

Nesvarbu. Tai jūs taip manote, o jaunimui toks ryšys normalus, ir daugiau jiems nereikia. Tai pasiekia tokį laipsnį, kad vaikinas ir mergina daugiausia bendrauja ir pažįsta vienas kitą susirašinėdami, o paskui kartais susitinka. Matote, kaip egoistinio žmogaus noro reikalavimai naujoje kartoje įgyja visiškai kitą kryptį?! Poreikis jausti šilumą, apsikabinti įgyja kitokią formą: žmonės dažniausiai tenkina vieni kitų poreikius bendraudami internetu. Tai juos nuramina ir pripildo. Nieko nepadarysi. Netgi iš savo patirties tai matau: kai skambinu Kanadoje gyvenančiai mamai, man pakanka trumpo pokalbio. Nebėra ankstesnės traukos būti šalia. Akivaizdu, kad šiandien mes pereiname į kitą artumo lygmenį: elektroninis ryšys sutrumpina ir panaikina atstumus.

Ten pulsuoja gyvenimas.

Teisingai. Nors negaliu žiūrėti į feisbuką paauglių akimis, bet turiu su tuo sutikti. Todėl reikia galvoti apie tai, kaip pasitelkus šį naują tinklą artėti prie gamtos tikslo įgyvendinimo. Teisingas feisbuko panaudojimas, be abejonės, lemtų mums didelę sėkmę.

Kalbantis su paaugliais paaiškėjo, kad jie jaučia skaudžią tuštumą netgi turėdami ryšį per feisbuką. Jie patys sako, kad šis ryšys netikras, paviršutinis, kad jam kažko trūksta.

Štai čia kaip tik ir galima įsikišti ir užpildyti šį tuštumos pojūtį. Nėra pasirinkimo – šis tinklas egzistuoja, o paaugliai nori būti susiję būtent taip. Greta to jie pajaus, kad ryšį būtina pripildyti kažko emocionalesnio, deginčio, aktualaus.

ŠIUOLAIKINIAI VAIKAI

Būtent apie tai ir noriu paklausti. Ką gi galime padaryti, kad paaugliai pajaustų tikrąjį ryšį, kokio jie ir nori?

Paaugliams it degtuką į šieno kupetą numesčiau pačias „karščiausiais" temas diskusijoms, kad jie „užsivestų". Pakviesčiau 10–15 skirtingo charakterio žmonių iš skirtingų sričių su skirtingais įsitikinimais, kitokiu požiūriu, kad jie tinkle būtų „kurstytojai", „provokatoriai" ir netgi grubia, aštria forma keltų įvairius klausimus. Tai nebūtinai turėtų būti dvasingos temos, galima kalbėti apie kasdienius dalykus. Taip žadinčiau paauglius ir įtraukčiau į diskusijas, susijusias su temomis, kaip mums tarpusavyje susitarti, susijungti. Tegu ginčijasi, bendrauja, kaip kad įpratę, bet tomis temomis, kurios artimos norimam turiniui. Taip galėsime juos auklėti, kad atvestume į gerą, tobulesnę būseną.

Kokios tai temos?

Apie gyvenimo prasmę, apie įvykių pasaulyje priežastis. Kodėl viskas taip vyksta? Kodėl tu kažką myli, o kažko ne? Kodėl su tavimi elgiasi ne taip, kaip tu nori? Čia ir psichologija, ir ekologija, ir kiti dalykai. Netgi galima nuteikti paauglius prieš suaugusiuosius.

Tam daug pastangų nereikia!

Tačiau būtina, kad kritika būtų konstruktyvi.

Paaugliai itin stipriai geba kritikuoti suaugusiuosius, ko nepasakytum apie gebėjimą ieškoti priežasčių. Būtent šį jų gebėjimą reikia pažadinti – jie turi įsisąmoninti, kad reiškiniai turi daugybę priežasčių pačiuose įvairiausiuose lygmenyse. Paaugliai dažnai sureikšmina tai, ką mato, viską kritikuoja ir atstumia. Jie gali paaiškinti, kodėl nenori vienų ar kitų da-

lykų, bet nėra pasirengę pasakyti, ko jiems norisi, kaip kitaip tai pasiekti, nurodyti priežastis.

Reikia prie to dirbti. Aš, žinoma, netinku šiai užduočiai, tačiau jaučiu, kaip svarbu nagrinėti feisbuką ir vienaip ar kitaip pajausti jį per žmones, kuriems jis tapęs gyvenimo dalimi.

Padaryti taip, kad jie taptų varančia jėga?
Taip.

Norėčiau suprasti šiuolaikinius paauglius – su kuo gi mes iš tikrųjų susiduriame? Kaip supratau, tarpusavyje bendraudami jie pasiekė ribą, kai nieko per daug nereikalaujama. Pakanka to, kad kam nors brūkšteliu porą frazių, mane tai tenkina, o kas nors daugiau – tai jau tikrasis ryšys, labiau vidinis. Ar reikia paskatinti paauglius prieiti tokią išvadą?

Taip. Matome tai ir iš technologijų progreso. Viskas artėja prie to, kad skirtingos pasaulio dalys bus susiję per internetą be rašto ir kalbos apribojimų. Visur bus sinchroniškai verčiama. Mes pajausime, kad esame susiję, bet ką mums tai duoda?

Jūs manote, kad tai pageidautinas vystymasis?

Žinoma. Teliko užpildyti šį žmonių bendravimo tinklą turiniu. Ir čia, mano manymu, reikėtų išmokyti paauglius feisbuke ir kituose tinkluose dalytis savo mintimis ir patirtimi, kad priartintų visą žmoniją prie tikrojo tarpusavio ryšio.

Ką laimės paaugliai šitaip besielgdami? Kam jiems tuo užsiimti?

Kaip tai kam? Juk jie bus pasaulio integralaus vystymosi dalyviai! Tai pats didžiausias egoistinis noras. Jie panorės to, ir dar kaip. Staiga ir visi kiti žmonės ims galvoti taip pat.

Jūs sakėte, kad nuo 13 iki 20 metų jau vėlu auklėti. Paauglys išgirs tai ir pasakys: „Viskas, aš toks ir su manimi daugiau nieko nepadarysi."

Ne, ne. „Nieko nepadarysi" nereiškia, kad su juo nereikia dirbti. Bet jeigu norime pakeisti žmones, to reikėtų imtis gerokai anksčiau – pageidautina nuo pat gimimo arba nuo 2 iki 4 metų. Kitaip tariant, nereikia laukti iki paauglystės, tada bus labai sunku. Bet kadangi feisbuko tinklas itin prieinamas ir artimas paaugliams, manau, kad viskas pavyks.

Apibendrinkime. Bendravimas feisbuke – pereinamasis etapas. Jei jį pripildysime tinkamo turinio, galėsime pasiekti naują, gilesnį lygmenį, pajausime tikrąjį vidinį ryšį. Šiam tikslui pasiekti galime pasitelkti tuos paauglius, kurie siekia ko nors aukštesnio.

ANTROJI DALIS

Pagarba ir vertinimas

Aptarinėjame paauglių auklėjimo klausimus. Jau kalbėjome apie virtualų ryšį ir tokią sampratą kaip narcisizmas, kuris būdingas paaugliams. Šiandien kalbėsime apie pagarbą: ką paaugliai vertina ir kaip jiems įdiegti teisingus pagarbos modelius.

Matome, kad kažkuriuo auklėjimo etapu paaugliai patys nori rinktis, kuo prisipildyti. Jie nori suformuoti savo vidinį pasaulį. Tam jie ieško pavyzdžių, į kuriuos nori būti panašūs. Ir tada, būdami 12–14 metų, jie staiga pradeda gerbti įvairias žiniasklaidoje populiarias asmenybes. Šioms asmenybėms pasaulyje skiriama daug dėmesio (ne visada aišku, kodėl), ir paaugliai ima jas mėgdžioti. Nors tai natūralaus vystymosi dalis, tačiau šiandien tai tampa opia problema – kaip užpildyti šią tuštumą? Ką pasiūlyti jaunimui?

Pirmiausia turime sutikti, kad žmogus vystosi sekdamas kieno nors pavyzdžiu. Jis neturi vidinio pavidalo, kuris augtų jame savaime. Žmogus neauga pats – jį veda skirtingi impulsai, paskatos, jam būdingos mintys, norai, būdo ypatybės. Bet kaip sutvarkyti visa, ką gavo iš gamtos, ir kaip išauginti sėklą, jis nežino. Todėl turi imti pavyzdį iš šalies. Taip mokslas kalba apie aukštesniuosius gamtos dėsnius, lygiai tą patį tvirtina psichologija.

Šiandien net sakoma, kad brendimo laikotarpiu žmogus tarsi „išranda" save, ir tai puiki galimybė...

...pasirinkti teisingą pavyzdį. Todėl turime rūpintis tuo procesu ir nepražiopsoti momento, kai reikia apsupti vaiką tikrais pavyzdžiais, pagal kuriuos jis suformuos save iš turimų komponentų. Be to, vaiką vertėtų pataisyti, jeigu jis tai daro ne visai teisingai. Čia reikia jautrumo, bet gali tekti veikti net ir griežtai.

Tuo laikotarpiu jie paprastai neklauso.
Tai priklauso nuo mūsų meistriškumo. Galime veikti geruoju – taip, kad paauglys nė nepajaus, kaip paslapčiomis yra valdomas, ir parodyti jam teigiamus, vertus mėgdžioti pavyzdžius. Bet jeigu matome, kad aplinka nepageidautina ir vaikas gaudamas blogus pavyzdžius ugdomas neigiamai, reikia imtis spaudimo, sankcijų. Kartais pasirinkimo nėra, juk tai gali jį įtraukti į nusikaltimų liūną.

Kartais atrodo, kad vaiką būtina ištraukti iš vienos aplinkos ir perkelti į kitą.
Tai įmanoma padaryti. Žinau iš savo patirties su kai kuriais vaikais, kuriuos tikrąja to žodžio prasme ištraukiau iš policijos ir socialinių tarnybų rankų. Prireikė panaudoti jėgą, bet paskui viskas susitvarkė. Žinoma, pageidautina, jog vaikus suptų teigiami aplinkos pavyzdžiai ir jiems būtų nemiela, sunku sekti neigiamais. Darsyk kartoju: pavyzdys, pavyzdys ir dar kartą pavyzdys – tai galų gale vienintelė auklėjimo priemonė. Bet kurioje auklėjimo metodikoje, ne tik kalbant apie paauglius, nėra nieko svarbiau už pavyzdį. Tiesiog paaugliai jautresni, nes to trokšta.

Trokšta kažko kito?
Jie nori žinoti, kuo būsią – ne kokia bus jų profesija, o kokia bus jų asmenybė – ir tai iš tikrųjų problema. Bet ir kitais gyvenimo tarpsniais nesąmoningai perimame įvairius pavyzdžius ir pritaikome sau, nes keičiamės tik matydami pavyzdžius. Jeigu žmogus ką nors daro

gyvenime, tai dėl to, kad matė pavyzdį. Be pavyzdžio neįstengsime žengti nė žingsnio: tiesiog kybosime ore, nes mūsų viduje esanti informacija neįvilkta į formą. Todėl visada turime žinoti, kaip judėti, kaip sėdėti, kalbėti, ką pirkti ir ką daryti. Tarp daugybės mūsų smegenyse sukauptų fotografinių paveikslėlių nuolatos ieškome mėgdžiojimo pavyzdžių.

Galima sakyti, kad mumyse yra potenciali informacija, kurią būtina realizuoti, ir mes ieškome įvairių formų jai įkūnyti?
Visada! Neištraukęs iš atminties kokio nors paveikslėlio ir jo nerealizavęs aš neveikiu. Netgi yra ligų, kai žmonės praranda tokį gebėjimą ir nebežino, ką daryti. Taip atsitinka, nes žmogus arba negali iš atminties pasiimti informacijos, arba ji išsitrynė, arba jis neturi ryšio su atmintyje egzistuojančiais pavidalais.

Tai matyti keliaujant po užsienį: mes iš karto jaučiamės svetimi kitoje aplinkoje! Ir ne tik dėl kalbos – galime kalbėti kita kalba. Bet aplink matome kitokią kultūrą ir žmonių tarpusavio santykius, taigi prisitaikome, pradedame juos mėgdžioti ir elgiamės taip, kaip įprasta toje aplinkoje, antraip jaučiame diskomfortą. Tai mus veikia labai stipriai. Be to, nors naujoji karta turėtų būti labiau išsivysčiusi, jiems pateikiami modeliai kur kas žemesnio lygio ir primityvesni. Kodėl taip vyksta? Sakytum, vidinė informacija turėtų vesti juos pirmyn, ugdyti, o gyvenimas rodo, kad ši karta menkesnė ir žemesnė už ankstesniąją.
Aš manau, ji protingesnė. Jaunimas supranta, jog ankstesni prisipildymo būdai jų nebetenkina. Mano jaunystėje, jeigu žmogus neperskaitė poros ar trejeto tūkstančių klasikinės literatūros knygų, jei nežinojo šimtų įvairaus žanro meno kūrinių, jei nelankydavo mu-

ziejų užsienio šalyse, t. y. neperėmė žmonijos kultūros, tai nebuvo laikomas kultūringu. Šiandien tai nieko nesako, nieko netraukia! Net jeigu kas nors tuo domėsis, iš jo tik pasišaipys. Vertybės pasikeitė, bet neturėtume manyti, kad tai blogai. Sakote, kad naujoji karta nusirito žemyn, palyginti su ankstesniąja. Ji nusirito, nes vystydamiesi pasiekėme blogio įsisąmoninimo, analizės etapą. Todėl vakarykštės vertybės – šiandien jau nebe vertybės. Ir aš, išaugintas klasikinių pavyzdžių, kuo puikiausiai suprantu šiandienos jaunimą.

Ką gi vertinti? Futbolą? Pinigus?
Nesvarbu. Reikia tiesiog sutikti, kad taip vystosi pasaulis.

Nepaisant to, kad vertybės paviršutiniškos, menkos?
Tai mums jos taip atrodo, tačiau nežinome, kas laukia už posūkio, už istorinės kalvos, į kurią dabar kopiame. Egoizmas auga, norai stiprėja, ryšys tarp mūsų tampa glaudesnis, ir viskas tuštėja. Ištuštėja, kad būtų galima prisipildyti, galbūt dar aukštesne vertybe, kurios kol kas nematome. Bet norint ją įgyti, reikia išsilaisvinti iš visko, kas buvo anksčiau, ir tapti tuštiems. Tai vadinama blogio įsisąmoninimu: mes pradėjome suvokti, kad iš viso to, ką anksčiau turėjome, nėra jokios naudos. Kas iš to, kad išmanau visokias filosofijas, literatūrą ir muziką? Jeigu egoizmas vystosi taip, kad natūraliai negaliu mėgautis ankstesniais „pasiekimais", vadinasi, jis pasirengęs naujam pripildymui.

Bet šiandieniniai malonumai itin menki ir paviršutiniški.
Tai pereinamasis etapas.

ANTROJI DALIS

Tačiau netgi išsivystę ir protingi paaugliai, su kuriais bendravau, paklydę tarp daugybės tuščių dalykų. Viena vertus, jie mato jų tuštumą, kita vertus, negali įveikti priklausomybės nuo jų. Pažiūrėkime pokalbio fragmentą apie pagarbą.

Vedėjas: Tarkim, pas tave užsuks žymus futbolininkas. Nejau tu jo negerbsi?
Vaikas: Gerbsiu.
Vedėjas: O ką jūs gerbiate?
Vaikas: Tą, kurį vertiname.
Vedėjas: O ką dabar vertina pasaulyje?
Vaikas: Tuos, į kuriuos norime būti panašūs, – stipriuosius. Tuos, kurie kažko pasiekė.
Vedėjas: Ko būtent?
Vaikas: Ko nors žaisdami futbolą, krepšinį. Tai tie, su kuriais save tapatiname – svarbūs žmonės, turintys valdžios jėgą.
Vedėjas: O dainininkai, muzikantai?
Vaikas: Priklauso nuo muzikos pobūdžio.
Vedėjas: Bet yra tokių atlikėjų, kurie tau nepatinka, o kiti juos vertina.
Vaikas: Jie vertina, o aš ne.
Vedėjas: Ar pritariate tam, kas šiandien vertinama pasaulyje? Ar verta tai branginti?
Vaikas: Manau, kad ne. Jei ką nors vertini, o jis tavęs – ne, tai kokia to prasmė? Pagarba turi būti abipusė.
Vedėjas: Pagalvokime kartu, kodėl mums taip svarbu, kad mus gerbtų ir vertintų?

Pagarba mus formuoja. Mes turime ego: norime, kad mus vertintų ir pripažintų visuomenėje. Todėl, jeigu kas nors manęs negerbia, tai užgauna manąjį „aš" ir man trukdo.

Labai įdomus pokalbis. Iš vaikų atsakymų matome, kad jie turi konkrečius pagarbos modelius: tas, kas gerbia mane, kas kažko pasiekė ir t. t. Klausimas – ar jie turi visiškai įsisąmoninti blogį ir visiškai nusivilti šiais modeliais, ar jau dabar jiems galima siūlyti alternatyvias vertybes mainais į esančias?

Auklėjimas – tai pasaulinė problema. Jei mums pavyktų išauklėti vieną kartą, su kitomis, ateisiančiomis, nebūtų jokių bėdų. Tai aišku. Tik kurlink krypstame? Per jėgą negali skiepyti ankstesnės kartos vertybių – tai jau neveikia ir nebeveiks, nes gamta reikalauja savo. Todėl vertybės, ateinančios iš sporto ir pramogų pasaulio, yra artimesnės ir suprantamesnės paaugliams. Bet jeigu norime, kad jie iš tikrųjų vystytųsi, tai turime su jais dirbti.

Pirmiausia reikia sukurti aplinką, kuri juos žadintų. Žmogus negirdi to, kam nejaučia poreikio. Pirmiau turi būti poreikis, o jis ateina iš aplinkos. Jei visi pradeda kalbėti apie kokį nors žaidėją, humoristą ar netgi mokslininką – nesvarbu, apie ką, – tai tas kažkas tampa svarbus ir man. Beje, ne dėl to, ką yra padaręs, o dėl to, kad jį vertina žmonės, kuriuos gerbiu.

Jeigu mano draugai, su kuriais esu susijęs, pradeda ką nors vertinti, tai aš negaliu to kritikuoti, juk tada nuo jų nutolsiu. Man irgi verta tą kažką gerbti, nes taip susijungiu su jais. Kuo labiau tą kažką vertinsiu, tuo geriau su manimi elgsis draugai – bendras garbinimo objektas mus suvienys. Būtent tai vyksta uždarame rate. Todėl mums labai svarbu palaipsniui formuoti tokius įvaizdžius ir vertybes, kurie pakeistų ankstesniąsias. Tie įvaizdžiai turi būti patrauklūs ir suprantami, kitaip tariant, nesukurti dirbtinai. Šiandien tai žaidėjai, sportininkai, o anksčiau buvo kovotojai už laisvę. Žinoma, juos irgi slapta diegė į visuomenės sąmonę. Bet kuriuo atveju su jaunimu galima dirbti, bet reikia žinoti, kokias vertybes siūlome, kokią pagarbą ir kokią valdžią.

Aš irgi apie tai klausiu. Ar šie pokyčiai įvyks veikiant aplinkai, kuri pripažins naujas vertybes, ar jaunimas besivystydamas pats supras ir pradės gerbti aukštesnio lygmens vertybes?

Esmė ta, kad jaunimas negyvena atskiroje erdvėje, jis minta iš mūsų, suaugusiųjų. Ir tai, ką gerbia suaugusieji, prasiskverbia iki jo ir susigeria. Todėl reikėtų dirbti su platesniu visuomenės sluoksniu – brandesniu, suprantančiu, išlaikančiu pusiausvyrą, ir mėginti jam įskiepyti naujas vertybes. Tada jaunimas jas perims. Labai tikiuosi, kad blogis bus įsisąmonintas įvairiose srityse, ypač sporte. Pažiūrėkite, kas vyksta su čempionatais! Kažkas siaubinga! Kas žais?! Kokia šalis laimės? Atrodo, kad visos šalys tapo žiūrovais sirgaliais. Patys valstybių vadovai kaunasi dėl teisės surengti čempionatą!

Tai ekonominis interesas.

Bet pats reiškinys tampa svarbiu simboliu. Žinoma, geriau žaisti nei kariauti. Bet dabar šalys žaidžia futbolą – štai kas šiandien vyksta. Tokioje situacijoje sunku ką nors padaryti.

Tiesa, per čempionatus žmonių nuotaika gerokai pakyla. Jaučiama maloni bendra atmosfera.

Savaime suprantama. Pamenu, kadaise policija paskelbė, jog rodant populiarų serialą vagysčių gerokai sumažėjo...

Ar galima sakyti, kad jaunimas ieško modelių, pavyzdžiui, tokių kaip futbolininkai, nes nemato tinkamų pavyzdžių savo aplinkoje?

Jei galėtume jiems atskleisti platesnius, patrauklesnius, žėrinčius horizontus, tai, be abejonės, jie tuo susidomėtų. Tik kiek galime juos sudominti? O tai problema – juk einame prieš visuotinai pripažįstamą nuomonę.

Turėtų būti kažkas daug stipresnio.

Taip.

Tada paklausiu kitaip. Sakykim, futbolas šiandien ne šiaip žaidimas – aplink jį verda visa pramonė: tiesioginis eteris, žaidėjų gyvenimas, specialistų komentarai, didžiuliai pinigai, azartas – ir žmonės visu tuo gyvena. Ar yra kas nors stipresnio, susijusio su jų gyvenimu, ką būtų galima pasiūlyti jiems?

Sunku pasakyti. Dabartinį etapą matau kaip pereinamąją pakopą. Kažkada mums teko sunkiai dirbti, kad apsirūpintume maistu, o šiandien nėra jokios būtinybės. Šiandien 90 procentų gyventojų gali nedirbti ir viską gauti dėl mechanizacijos ir technologijų. Mes gyvename tokiu technologijų išsivystymo laikotarpiu, kai žmogui nėra ką daryti: 2–3 procentai pasaulio gyventojų parūpina žmonijai viską!

Ką darys visi kiti?

Visą laiką žais futbolą! Būtent taip ir šitai vyksta ne atsitiktinai. Turime suprasti, kad susiduriame su problema – arba sunaikinti žmones, arba duoti jiems užsiėmimą. Kalbama apie 10 procentų bedarbių. Kokie 10 procentų? Mes puikiai suprantame, kad yra ne taip. Jeigu žiūrėsime teisingai, tai bedarbių bus 80–90 procentų. Sakoma, kad reikia užsidirbti vieniems iš kitų. Tu darai man, o aš tau, bet ir to, ir kito nereikia. Todėl vieni vagia, kiti sodina į kalėjimą, treti saugo kalėjimą ir t. t.

Bet ar galima suformuoti kritišką požiūrį pereinamuoju laikotarpiu?
Pakaitalo nėra. Šiandien išgyvename ypatingą procesą, kai viskas keičiasi: technologijos, gyvenimas, santykiai tarp žmonių, požiūris į ekologiją, šeimą, save. Anksčiau užpildydavome gyvenimą darbu ir šeima, bet šiandien tai nebepavyksta. Mes vis dar sukamės šiame rate, bet pamažu pereiname prie to, kad tai liausis buvę rūpesčiu. Šeimos beveik nėra, darbo irgi beveik nėra. O ką daryti su žmonėmis? Neatsitiktinai artėjame prie tokios situacijos, kai žaidimas tampa gyvenimu.

Bet juk šiame tarpiniame etape auga karta. Ji vystosi ir patiria sunkią krizę visur. Ir ką gi su ja daryti? Paaukoti?
Niekas negali paaiškinti to, ką dabar patiriame, – tai rodo tyrimai. O integralaus auklėjimo metodikos dar neparengėme taip, kad ji visapusiškai pateiktų atsakymus, kurie būtų paprasti, suprantami ir visų lengvai suvokiami. Prie to verta dirbti. Su vaikais ir jaunimu dirbdami pagal integralaus auklėjimo sistemą galėsime parodyti pasauliui, kaip pasiekti sėkmę.

Kitaip tariant, parodysite pavyzdį, kaip grupė sukuria sau miniaplinką, kuri ją saugo ir vysto?

Taip. Juk bet koks paaiškinimas tėra filosofija ir teorija – nelabai kas tuo tiki. O štai parodžius, kaip pritaikoma metodika, poveikis bus kitoks.

Kokią alternatyvą, kokius didesnės pagarbos vertus dalykus galima pasiūlyti tokiai grupei, jeigu ją taip pat veikia ir išorinė aplinka?
Per vedamus aptarimus švelniai ir nepastebimai paskatinti jaunimą kritikuoti save ir įsisąmoninti blogį. Būtina formuoti žmogaus pojūtį, supratimą, kad egoizmas – blogis. Kaip tik to mums trūksta. Nesvarbu, kuo užsiimsime, visi tie pomėgiai tarsi ir ne blogi. Jie suteikia malonumą, pripildo, tačiau žavėjimasis jais vagia iš manęs amžinybę, tobulybę, begalinį suvokimą, neapribotą, kupiną nuotykių gyvenimą. Būtent tai turiu parodyti jaunimui – ir tada jie įsisąmonina tikrąjį blogį.

Būtina apie tai su jais kalbėti?
Tik per aptarimus.

Mes jų neklausinėjame, neaptariame tiesiogiai, bet galiausiai kiekvienas į tai atkreipia dėmesį?
Teisingai.

Taigi sprendimas kol kas toks, kad reikia suburti pavyzdines vaikų grupes, kurios per savikritiką, įsąmoninusios mūsų dabartinės būsenos blogį parodys visai žmonija, kad yra galimas kitoks pasirinkimas, kitoks pavyzdys.

ANTROJI DALIS

Grupė

Kalbėdamasi su paaugliais dažnai girdžiu skundų, kad jų nesupranta. Jie tai jaučia?

Jie tai jaučia, be to, itin stipriai. Suaugusiųjų nesupratimas sukelia jiems pyktį ir nutolina nuo tėvų ankstyvame amžiuje daugeliui metų. Šis besikaupiantis procesas skatina maištauti, nutolti nuo šeimos. Tai pasireiškia jaunimo noru išvykti kuo toliau ilgam laikui. Šis laikotarpis išsitęsia, o ilgas nebuvimas virsta procesu. Ir nesvarbu, ką jie veikia keliaudami, kur ir kuo dirba. Bėgant metams netgi įgiję prestižinę profesiją jie ilgisi tų laikų ir mėgina juos pakartoti. Nuolatinės paieškos liudija, kad jaunimas trokšta kažko kito.
Skaudu į juos žiūrėti.
Ką gi, aš juos suprantu. Tiesą pasakius, atkakliai reikalavau, kad mano sūnus jaunystėje pavažinėtų po pasaulį. Nupirkau jam studento bilietą kelionei po Europą ir jis aplankė daugiau nei 20 šalių. Paskui išsiunčiau jį į Tolimuosius Rytus. Ir visa tai tam, kad grįžęs jis pajaustų prisipildęs. Taip ir nutiko. Grįžęs jis pasakė: „Gana, daugiau nenoriu."

Bet jie ten lieka, dirba, auga – ir nebegrįžta.
Akivaizdu, kad klausimas yra toks – tau siūlo važiuoti ar tu bėgi pats. Šiaip ar taip tenka pripažinti, kad toks reiškinys egzistuoja ir kaip visi kiti pasaulio reiškiniai skatina mūsų prigimtį keistis. Skirtingai nei gyvūnai žmogus tobulėja: jam būtina pažinti pasaulį, pajausti kitus žmones. Šis poreikis paruošia mus būsimiems ištaisymams,

kuriuos turėsime atlikti. Galiausiai mūsų laukia pakilimas. Tad į šiuos dalykus žvelgiu teigiamai. Bet kaip žengiant pirmyn juos pereiti greičiau, kad išvengtume smūgių? Kaip juos pereiti suprantant, kur mus veda bendra tendencija? Sakoma, kad išminčius mato ateitį, kitais žodžiais tariant, turime suvokti gamtos mums duotą vystymosi tikslą ir kur ji mus kviečia. Taip pat reikia įsisąmoninti savo veiksmus gamtos atžvilgiu. Galbūt jos nesuprantame teisingai, todėl kenkiame sau dabar, kenksime ir ateityje.

Ko gi reikia tokiems nerandantiems vietos jaunuoliams?
Jiems nieko nereikia. Mes negalime iš jų reikalauti. Juk galiausiai jie realizuoja savo vidinius, kylančius iš prigimties, akstinus. Bet mes, suaugusieji, turime padėti jiems ir sau atskleisti gamtos nubrėžtą tikslą, kurio link ji mus gena. Gamta turi programą, ir nieko pasaulyje nevyksta už jos ribų. Žvelgdami į istoriją (vertindami praeitį mes visada protingi) matome, kad gamta vystė žmoniją stiprindama egoizmą. Taip įveikėme visus raidos etapus, kurių kiekvienas būtinas ir davė savo vaisių. Akivaizdu, kad kitaip nebūtume galėję tobulėti.

Nejau itin egoistiškam žmogui nereikia šeimos, vaikų, darbo?
Nežinau, bet veikiausiai ne. Kam gi jam savo egoizmą speisti į kampą? Pavyzdžiui, mane auklėjo, kad savo gyvenimą kurčiau pagal savo egoizmą, norus ir polinkius: sukūrei šeimą, įgijai specialybę, įsidarbinai – viskas pastovu, patikima. Ir toliau gali klestėti: perki naują fotelį, mašiną, didini butą. Tai vadiname klestėjimu, o šiems jaunuoliams klestėjimas reiškia visai ką kita, ir jų negali įpareigoti. Jie pasirengę gyventi viename kambaryje, jiems reikalingas internetas ir šaldytuvas – daugiau nieko. Visa kita galima rasti prekybos

centre. Jeigu tai bendra tendencija, tai į gyvenimą būtina žiūrėti iš tokių pozicijų.

Reikia eiti kartu su šiais jaunuoliais. Tai visiškai nereiškia, kad turime būti tokie kaip jie, tiesiog reikia stebėti, kur ta tendencija veda. Galbūt, jeigu tai išmoksime, suprasime juos, ir jie nesikrims, kad yra nesuprasti. Bent jau pamėginkime suvokti, kas su jais vyksta! Juk turime matyti juos kaip pažangiausią bendrosios gamtos dalį. Kam gi sakyti, kad jeigu jie ne tokie kaip mes, tai jau blogai?! Priešingai!

Būti tokiems kaip mes, prisiminus viską, ką pridarėme, ne taip jau ir puiku...

Iš tikrųjų nėra lengva suprasti, kas vyksta su paaugliu. Dar ką tik jis buvo artimesnis su tėvais nei su draugais, o dabar viskas pasikeitė ir jis daugiau nebenori būti susijęs su tėvais.

Kodėl staiga nutrūksta ryšys su tėvais?

Nes tėvai jo nesupranta, nenori suprasti ir nė nemėgina. Jie jo nepateisina.

Tai tikrai svarbu.

Pirmiausia tėvai turėtų pateisinti paauglį, nes taip atsiskleidžia naujosios kartos prigimtis, o gamta visada teisi. Tą reikėtų pripažinti neatsikalbinėjant.

Kitaip tariant, Jūs sakote, kad tėvai turėtų ne skųstis paaugliu, o, nepaisant visko, jį pateisinti?

Kokie ten nusiskundimai? Argi pasipriešinsi prigimčiai? Tai tiesiog kvailystė. Visa, kas juose yra, turime laikyti tinkamiausiais jiems dalykais. Tokia nauja gyvenimo forma, kurios nepažįstame. Bet jeigu norime padėti savo vaikams, naujajai kartai, tai turime būti su jais ir stengtis palaikyti juos su visomis atsiskleidžiančiomis jų elgesio formomis. Galbūt drauge su jais įstengsime išvysti kitą etapą. Tai galioja visiems tėvams.

Jūsų žodžiai mane nustebino. Bręsdami paaugliai linkę nutraukti ryšius su šeima ir ieškoti kažko savo. Tai vadinama savęs ieškojimu. O Jūs sakote, kad jeigu tėvai būtų labiau išsivystę, tai vaikai nuo jų neatitrūktų. Juk paaugliai nori augti, tobulėti, ir tai sustiprintų ryšį su tėvais. Iš savo patirties žinau, kad jaunimas ieško kokio nors išmintingo ir patyrusio žmogaus, kad galėtų iš jo mokytis. Būtent šios paieškos palieka juos vienišus jų artimiausiame rate.

Tai tiesa, bet aš tikiuosi, kad mes išplėsime šį ratą.

Ar šis ryšys turėtų būti su labiau pažengusiais suaugusiaisiais, ar tai gali būti ryšys su bendraamžiais, kad, užuot bėgus į Indiją, būtų galima susijungti su draugais?

Tai priklauso nuo mūsų gebėjimo suformuoti aplinką, įkurti poilsio stovyklas, sukurti integralaus auklėjimo grupes skirtingose šalyse. Tada bus galima siųsti integralaus auklėjimo instruktorius ir vaikus į Ameriką, Rusiją, Europos šalis, kad ten pasibūtų kurį laiką. Jeigu yra galimybių, kodėl gi nenusiuntus ir į Indiją, kitas vietas?

Kitaip tariant, mes nelaukiame, kol vaikai pabėgs, o patys juos išsiunčiame. Ir visada reikėtų juos siųsti su grupe, o ne po vieną?

Taip, viena grupė priima kitą grupę ir visi kartu pramogauja, keliauja.

ANTROJI DALIS

Panagrinėkime grupę kaip modelį. Koks grupės vaidmuo jaunuoliams ieškant savo vietos gyvenime?

Sakome, kad grupė – visų svarbiausia. Žmogui reikalinga visuomenė, jis negali egzistuoti vienas. Aplinka viską jam nulemia ir suteikia pavyzdžius. Neturėdami jų nežinome, ką daryti. Mes – medžiaga, kurios reikalavimai nuolatos auga: „Aš noriu daugiau! Ko daugiau? Nežinau." Kad žinočiau, ko noriu, turiu pažiūrėti į kitus žmones, tada pamatysiu pavyzdžių, ko jie nori, kaip ieško ir kaip pasiekia tai, ko trokšta. Tuomet jau pagal savo būdą pasirenku, kokį paveikslą, formą ar būseną noriu pasiekti. Susisieja mano vidinės savybės ir išorinės priešais mane esančios formos. Ir tada renkuosi vieną ir kitą aplinką. Pasirinkęs gaunu iš ten visas vertybes ir jos man tampa svarbiausios. Noriu jas pasiekti ir augti toje visuomenėje, kad įgyčiau garbę, pagarbą ar net sukelčiau pavydą.

Jei šnekėsime apie grupę remdamiesi praktiniais pavyzdžiais, tai reikia pasakyti, kad vien burdamiesi paaugliai nesijaučia esą grupė. Jų nesieja nuoširdus ryšys. Nuo ko pradėti? Kokie pirmieji žingsniai norint, kad iš paprastų, bičiuliškų santykių atsirastų grupė?

Ar tai atsitiktinai susirinkę paaugliai?

Jie vieni kitus pažįsta, bet nesijaučia esą grupė. Tiesiog juos pakvietė. Kaip juos suvienyti? Iškelti jiems tokį tikslą? Papasakoti, kaip gera būti grupėje?

Nereikia jų vienų su kitais jungti. Geriausia leistis į žygį, važiuoti į ekskursiją, eiti į muziejų, į stadioną, kad jie pajaustų esą grupė išorinių veiksnių atžvilgiu. Tai pirmasis žingsnis. Jie neturėtų sėdėti ir ko nors aptarinėti – ne. Pirmiausia reikia pasitelkti išorinius veiksnius (piknikas ar kelionė), kad tarp jų susidarytų ryšys, atsirastų grupinis įspūdis: „mes" gamtos ar kitų žmonių atžvilgiu. O dar naudingiau būtų ką nors visiems sukurti.

Daryti bendrą projektą?
 Taip.

Pavyzdžiui, korpusą, kur jie mokosi, reikia suremontuoti.
 Puiku! Reikia pasakyti, kad baigę gaus prizą!

Arba visi kartu gali parengti TV programą...
 Trumpai tariant, jie turi matyti bendrą tikslą, atlikti bendrą darbą ir dėti bendras pastangas – kaip kariuomenėje ar kitose sąjungose. Tokiais dalykais dažnai naudojamasi. Taip tu juos formuoji kaip grupę. O kai tarp jų jau užsimezgė tam tikras ryšys, tai ateina laikas tą ryšį patikrinti: kodėl ir kam susivienijame, kas dalyvauja, ko kiekvienas tikisi iš gyvenimo, kaip žiūri į draugus, į įvairius įpročius ir pan. Pamažu, nepaisant visų skirtumų, ima rastis abipusė priklausomybė. Ir tada pradedama dirbti ne šiaip, kad susivienytum, – dirbama, kad kiekvienas kuo labiau įsijaustų į kitą. Susijungimas tampa vidinis: ne tik susiliesti, bet ir tarpusavyje „įsijungti" vieniems į kitus.

Kitaip tariant, reikia pereiti nuo išorinio ryšio prie vidinio?
 Taip. Norint jaunuolius tiesiog suvienyti į vieną visumą, reikia išorinio veiksnio, o kad „įsijungtų" vieni į kitus, jau reikalingi aptarimai grupėje. Labai naudinga aptarti filmus, spektaklius. Tegu apsilanko teisme, ligoninėje, kalėjime – tokios vietos sukelia stiprias reakcijas į mūsų gyvenimą.

ANTROJI DALIS

O ką aiškintis per tokius aptarimus? Kokio rezultato siekti?

Tu analizuoji pačius jautriausius, ypatingiausius klausimus: gyvenimas ir mirtis, ar verta pasirinkti tokį gyvenimo būdą, ar kitokį. Jaunuoliams tai nepaprastai svarbu, juk jie savo kelio pradžioje tik pradeda atrasti pasaulį

Atskleidžiant ir aptariant išorinį pasaulį, ar verta gvildenti problemas, kurios aktualios jiems kaip grupei: kas su mumis vyksta, ką mes padarėme, ko norime?

Ir viena, ir kita turi vykti drauge. Juk kartais neverta gilintis į save, neverta graužtis, geriau išsiaiškinti tarpusavio santykius trečio komponento atžvilgiu. Taip lengviau. Be to, yra ir kitų formų.

O koks grupės tikslas? Kaip jiems apibrėžiame tikslą: pasirengti gyvenimui, paruošti juos gyvenimui, pažinti gyvenimą?

Ne. Grupės tikslas toks: jeigu po visų aiškinimųsi apibrėžiame kokią nors aukštesnę vertybę (tai gali būti bet kas, pavyzdžiui, žymus futbolininkas ar tiesiog futbolas), tai ši vertybė tampa svarbi visiems. Ir kiekvienas gauna siekį, norą, pasirinkto reiškinio vertinimą tokio dydžio, lygmens ir jėgos, kaip turi visa grupė. Taip žmogus sustiprina savo norą ir jėgą, kurių reikia tikslui pasiekti. Iš grupės jis perima svarbą, jėgą, galią, gebėjimą išgyventi, kad pasiektų tikslą. Ir tai užtikrina žmogui sėkmę gyvenime. Būtent tokį didžiulį laimėjimą gauname iš grupės – kiekvienas pelno visų jėgą.

Daug jėgų!

Bet istorijoje būta nemažai grupių, kurios kėlė sau bendrą tikslą.

Tai svarbiausia, juk mes nenorime, kad vaikai lankstytųsi futbolo kamuoliui ar garsiam futbolininkui! Norime, kad jie turėtų tikrąsias, amžinąsias vertybes. Todėl vaikų diskusijose svarbią vietą turėtų užimti žinios apie bendrosios gamtos dėsnius. Vėliau, kai jie patobulės, galima sudaryti jų komandą, dirbsiančią socialiniuose tinkluose.

Tai jau tarsi kitas etapas: po aptarimų ir aiškinimųsi einama į išorę dalytis savo idėjomis su kitais.
    Paaugliai išeina į pasaulį ir pradeda dirbti. Per aptarimus jie išmoko skirtingų prieigų, veiksmų, įgijo psichologinių žinių ir patirties. Jie žino, kaip kreiptis, ką daryti, kad jų grupė būtų stipri – tokia, kad galėtų kiekvieną, su kuriuo susiduria tinkle, nepastebimai, lengvai ir greitai paversti savo draugu. Ir čia jie gali rungtis – kam tas sekasi geriau? Kaip mums kartu taip pavyksta? Galimybės neribotos, bet svarbiausia nepamiršti aukštesnio tikslo. Taip mokome vaikus tirti save, metodiką, vertybes, kurių jie siekia, ir kaip visu tuo pasidalyti su kitais žmonėmis.

Paaugliui gebėjimas sutelkti savo savybes bei polinkius ir naudingai juos pritaikyti yra tiesiog neįkainojamas!
    Žinoma. Nėra didesnio pasitenkinimo nei tas, kurį patiri duodamas kitiems žmonėms, kai jie pritaria tau ir ima vienytis. Mes juk kalbėjome, kad jaunimas trokšta pagarbos, pripažinimo – būtent tai jie ir gauna. Todėl sukurti grupes, kurios paskui dirbs socialiniuose tinkluose, yra rimta šio nepaprastai kilnaus darbo užduotis ir tikslas.
    Atveriate naują pakankamai plačią temą. Apie darbą grupėje pakalbėsime atskirai. Visas formas reikia išanalizuoti, ir kiekviena iš jų yra galima, bet svarbiausias tikslas pasiekiamas aptarinėjant. O štai

tokia mokymo forma, kai mokytojas stovi prie lentos ir aiškina, paaugliams visiškai nepriimtina.

Netgi mokymo kursai, kur jie mokosi naujojo pasaulio pagrindų?
Mokymo kursai netinka paaugliams, tai sausos akademinės žinios.

Bet jie nori žinoti!
Teisingai. Bet jaunoji karta žinias galės perimti tik jas aptarusi ir išgyvenusi.

Bet jie nemėgsta ilgų pokalbių.
Nesvarbu – kitaip žinios neperimamos. Paaiškinimą žodžiu išgirs vienas iš dvidešimties, ar bus tokių, kurie prisimins ir galės pritaikyti, neaišku. O per aptarimus mes taip išgyvename reiškinį, kad jis tampa bendras visiems: visi žino, kaip jį gvildenti ir kas vyksta.

Net jeigu dalis grupės nedalyvauja aptarime?
Dalyvauti turi visi, grupė turi juos įpareigoti.

Kalbėjome apie keletą etapų: iš pradžių reikia susijungti išorinio veiksnio atžvilgiu, paskui įsitraukti į bendrą projektą. Bet kaip šiuo etapu, dar iki tol, kol tarp paauglių rasis vidinis ryšys, išvystyti atsakomybę už bendrą reikalą? Paprastai grupėje yra keletas žmonių, kurie viską atlieka, o kiti už jų slepiasi.

Bet kokia grupė sudaryta pagal piramidės principą: vieni veikia, kiti galvoja, treti žino, ketvirti padeda – kiekvienas užima savo vietą. Svarbiausia – suteikti galimybę dalyvauti kiekvienam, o ką daryti, nėra taip svarbu.

Bet kaip išmokyti atsakomybės už savo darbą?
Stiprinant aplinkos svarbą.

Visos grupės?
Taip.

Net jeigu tai bus dirbtina?
Žinoma, viskas daroma dirbtinai, kol jie / grupės nariai pamato, kad visa, ką jie turi, dirbtina. Tą dirbtinumą jie turi sukurti patys, kad iš jo pakiltų į rimtą lygmenį.

Kitaip tariant, paaugliams reikia suprasti, kad jų prigimčiai būtinas dirbtinumas, ir todėl jį pasitelkę turi dirbti su savimi?
Taip.

Ar jaunuoliai turi suprasti pereinamus etapus?
Būtinai! Jie turi būti psichologais sau, kad dirbtų su savimi padedami grupės: „Aš žinau, kad aš – egoistinė materija, galvojanti tik apie save. Bet turiu grupę, kurios padedamas galiu save pakeisti. Tada būsiu didis ir nuostabus!"

Reikia įsigilinti į tai, kas vyksta.
Todėl kiekvienas turi vertinti grupę, juk nuo jos priklauso kita jo būsena.

Ar grupė pati turi apibrėžti kitus savo vystymosi etapus?
Kartu su auklėtoju!

ANTROJI DALIS

Tuo ir baigsime. Aptarėme keletą svarbių auklėjimo metodikos principų bei praktinius žingsnius kuriant ir vystant grupę. Sakėme, kad dabartinė švietimo sistema atvedė jaunuolius į akligatvį. Kalbėjomės apie veiksmus išorinių veiksnių atžvilgiu, kurie galėtų padėti suvienyti grupę, ir apie bendrus projektus – tai du pirmieji žingsniai. Trečiasis žingsnis – tarpusavio vidinio ryšio išsiaiškinimas, gebėjimas stebėti save iš šalies, būti psichologu sau. Dar kitame etape suprantamas grupės tikslas ir pradedama dirbti su išoriniu pasauliu. Kitaip tariant, pažinę save ir savo prigimtį, išmokę būti psichologais sau, žinodami visų jaunuolių troškimus ir mintis, šie paaugliai pradeda veikti socialiniuose tinkluose, kad sudomintų bendraamžius savo patirtimi.

PRIEDAS

ARI Institute

http://ariresearch.org/

Ashlag Research Institute (ARI; Ašlago tyrimų institutas) – nekomercinė organizacija, kurios tikslas – įgyvendinti pažangias auklėjimo idėjas, sprendžiant šiuolaikinio švietimo ir ugdymo sistemos problemas. ARI siūloma auklėjimo sistema, grįsta integralaus, tarpusavyje susijusio pasaulio dėsnių koncepcija, yra būtina norint teigiamai pakeisti žmonijos gyvenimą.

Ši auklėjimo metodika paremta kelių tūkstantmečių senumo žiniomis, kurios gali padėti sistemiškai spręsti šiuolaikines problemas.

ARI reguliariai kviečia dialogui apie pasaulinę krizę, parodydama ją kaip teigiamų globalios sąmonės pokyčių galimybę.

Svarbiausias ARI keliamas tikslas – auklėti būsimąją kartą siekiant padėti jai sėkmingai susidoroti su didžiuliais sunkumais, kylančiais keičiantis klimatui, ekonomikai, geopolitikai. ARI idėjos ir auklėjamojo pobūdžio medžiaga skirta visiems, nepriklausomai nuo amžiaus, lyties, tikėjimo, politinių įsitikinimų, kultūrinių tradicijų ar pasaulėžiūros.

ARI stengiasi sustiprinti tarptautinį tarpdalykinį bendradarbiavimą. Prioritetinė kryptis – sukurti ir pateikti praktinius globalaus ir integralaus auklėjimo principus.

ARI įgyvendina savo programas ir per prieinamus multimedijos kanalus perduoda savo žinių bagažą visam pasauliui. Siekiama kelti žmonių sąmoningumą, kuriant abipuse atsakomybe grįstus tarpusavio santykius ir suvokiant būtinybę asmeniškai dalyvauti šiame procese. ARI siūlo būdą, kaip spręsti rimtas problemas, ištikusias šiuolaikinę visuomenę.

Šiuo metu pagal auklėjamąją ARI programą sistemingai mokosi tūkstančiai studentų iš Europos, Azijos, Pietų ir Šiaurės Amerikos, Artimųjų Rytų, Afrikos.

www.ingramcontent.com/pod-product-compliance
Lightning Source LLC
Chambersburg PA
CBHW071216080526
44587CB00013BA/1392